東灣兜村志

东湾兜村志编纂委员会 编

方志出版社
Publishing House of Local Records

图书在版编目（CIP）数据

东湾兜村志 / 东湾兜村志编纂委员会编 .—北京：
方志出版社, 2022.12
ISBN 978-7-5144-5576-2

Ⅰ. ①东… Ⅱ. ①东… Ⅲ. ①村史—湖州 Ⅳ.
① K295.55

中国版本图书馆 CIP 数据核字(2022)第 252702 号

责任编辑：顾　洁
责任校对：张玉霞
责任印制：梅中英
出 版 者：方志出版社
地　　址：北京市朝阳区潘家园东里 9 号（国家方志馆 4 层）
邮　　编：100021
网　　址：http://www.zgfzcb.cn
发　　行：方志出版社图书营销中心（010-67110500）
印　　刷：湖州日报印务有限责任公司
开　　本：889 毫米 × 1194 毫米　1/16
印　　张：27
字　　数：435 千字
版　　次：2022 年 12 月第 1 版
印　　次：2022 年 12 月第 1 次印刷
定　　价：180.00 元

《东湾兜村志》编纂委员会

主　任

钱利平

委　员

闵金建　吴红霞　吴嘉炜　侯玉平　徐世尧

名誉主编

侯国民

主　编

徐世尧

副主编

闵金建　吴红霞

校　稿

施国琴　徐惠林

顾　问

杨伟民　谢占强　沈林江　施国琴　钱和宝

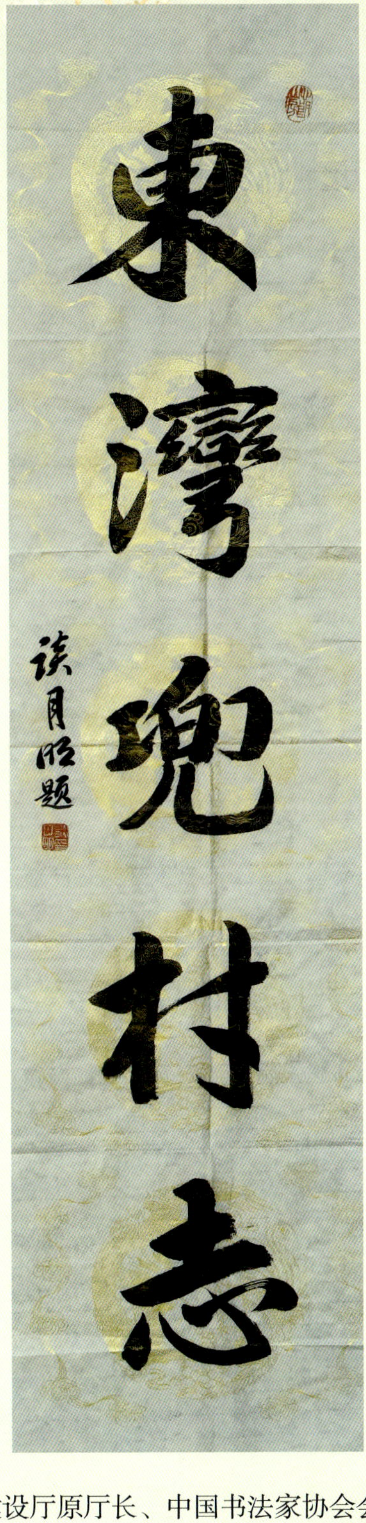

浙江省城乡与住房建设厅原厅长、中国书法家协会会员 **谈月明** 题写书名

航拍村域图

张栋摄影

现域图

东湾兜村现域图（2023年）

旧时村域图

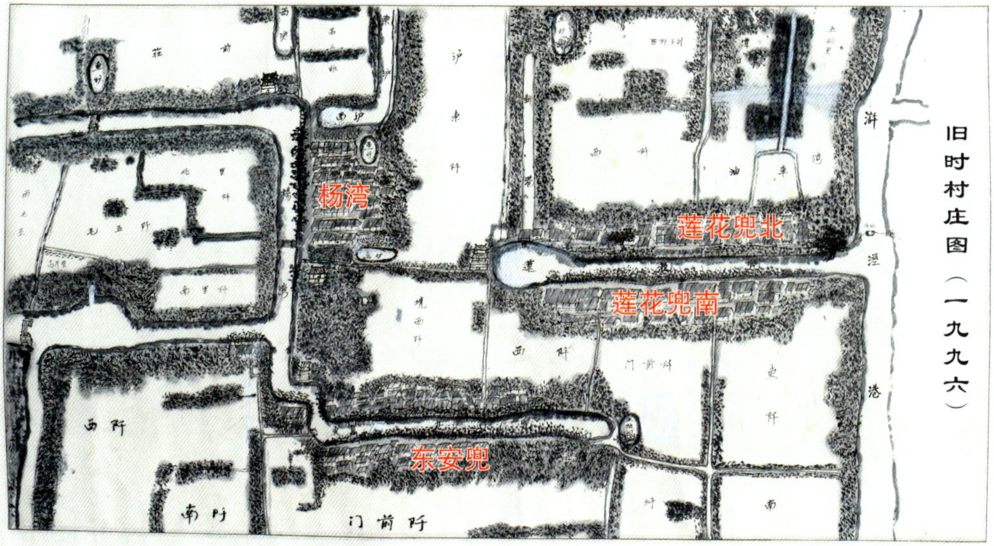

郑铸荣 2016年手绘

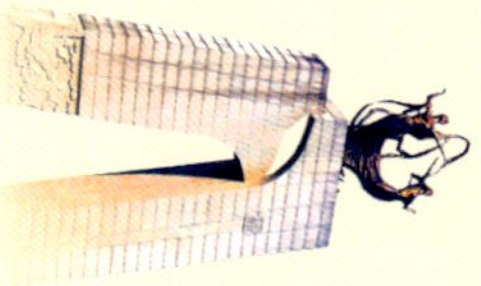

织里镇
织里镇地图（2013年）
湖州市地名办公室提供 审图号浙S〔2014〕26号
江 苏 省
太 湖
七都镇
江 苏 省
南 浔 区
八里店镇
旧馆镇
织里镇
东湾兜
东盛
G50沪渝高速(申苏浙皖段)
G318
G230
世纪大道
南浔
湖州
织里

织里镇地图

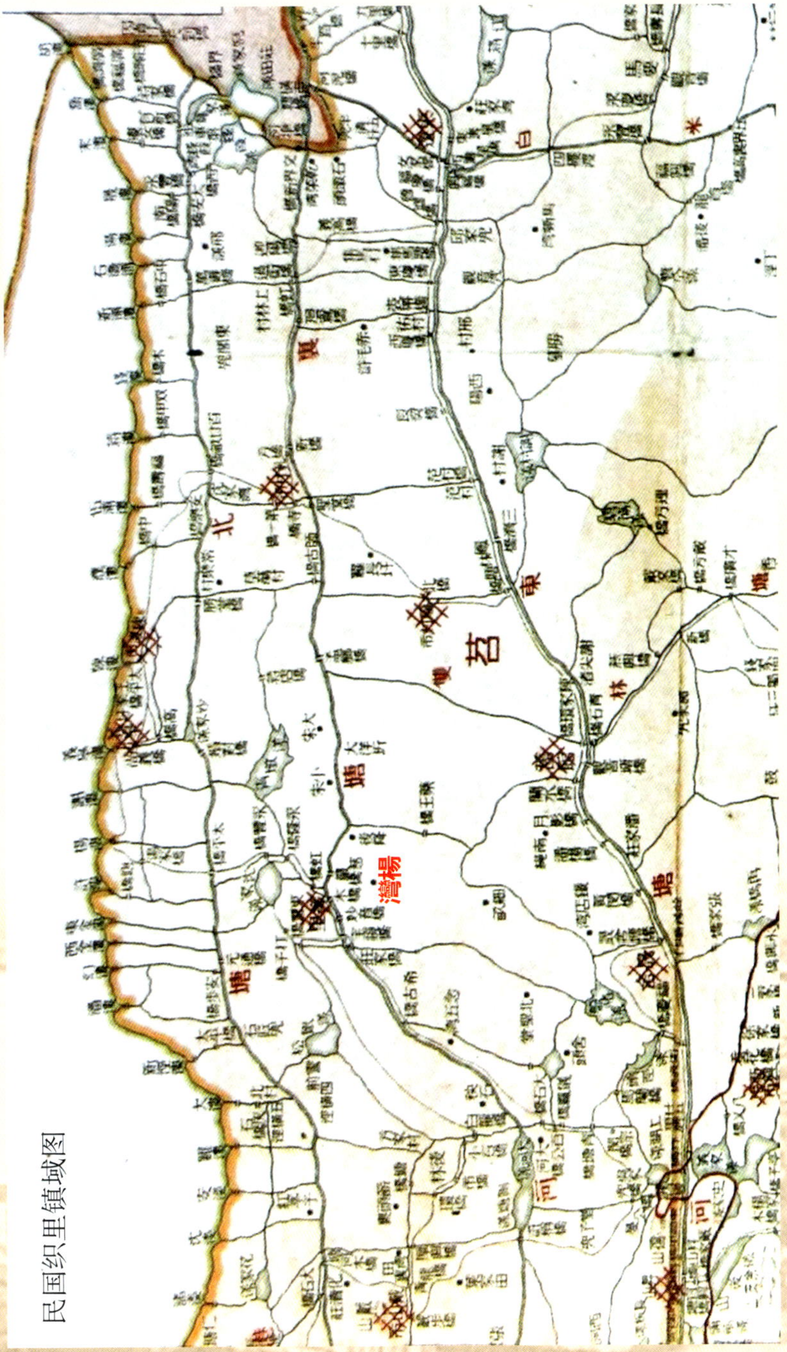

民国织里镇域图

湖州市地名办公室提供

东湾春色（国画）　中国美术家协会会员、著名画家 **刘祖鹏** 题赠（2015）

嘉宾题赠

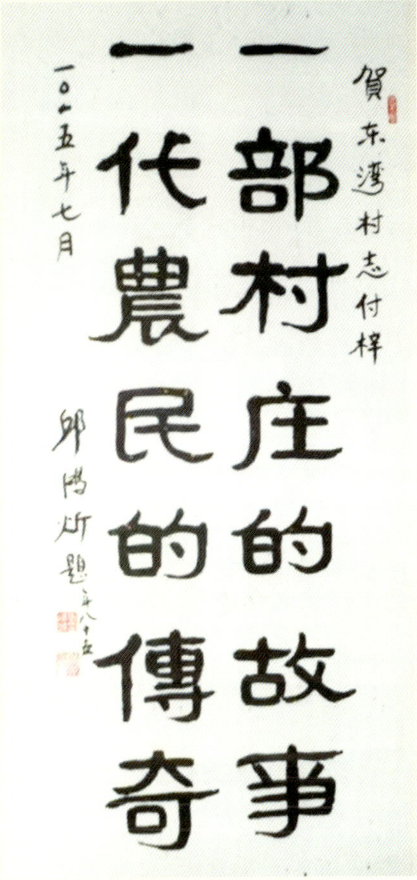

湖州市博物馆首任馆长

邱鸿炘 题赠（2015）

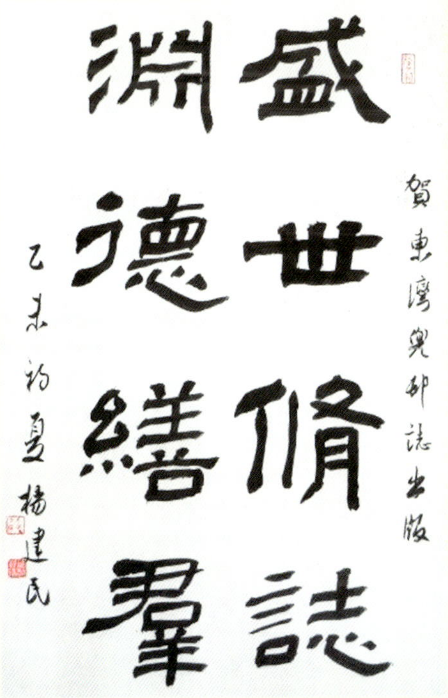

中国书法家协会会员 **杨建民** 题赠（2015）

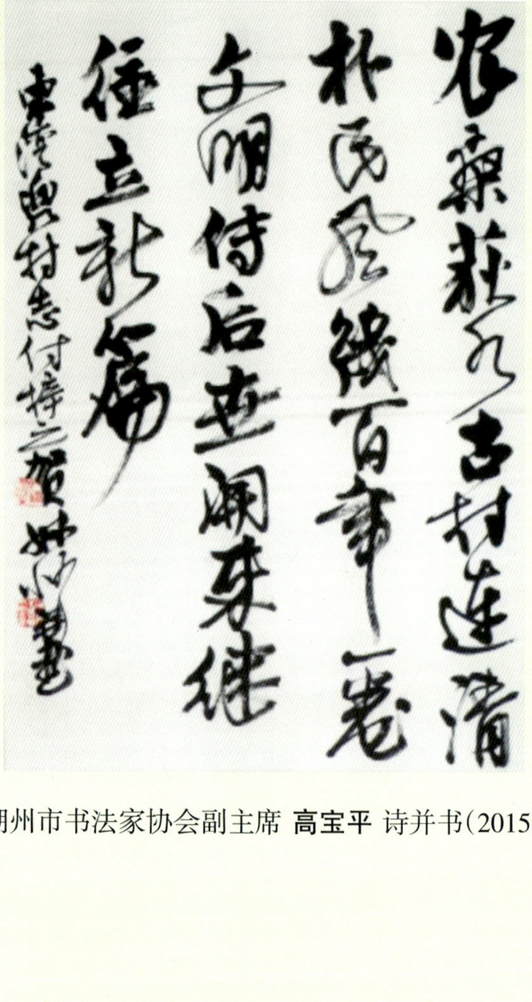

湖州市书法家协会副主席 **高宝平** 诗并书（2015）

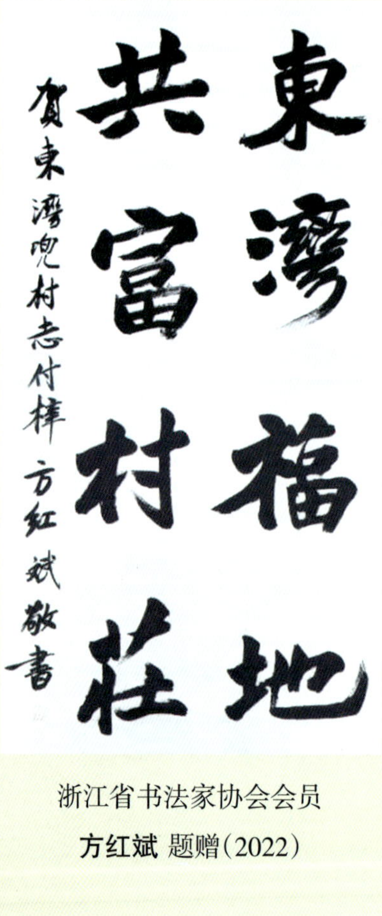

浙江省书法家协会会员

方红斌 题赠（2022）

嘉宾题赠

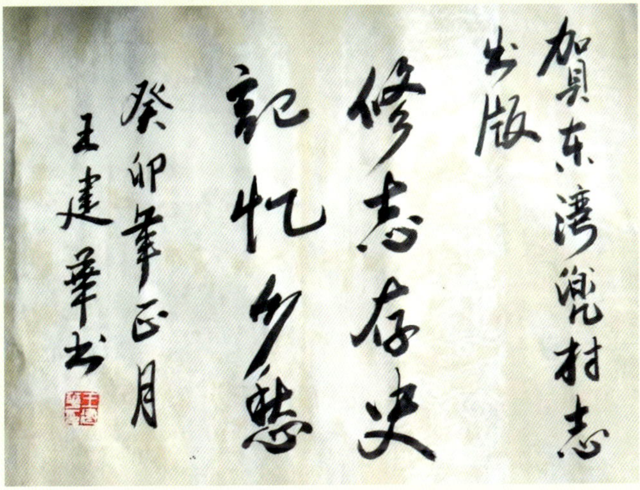

湖州南太湖书画协会副主席 **王建华** 题赠

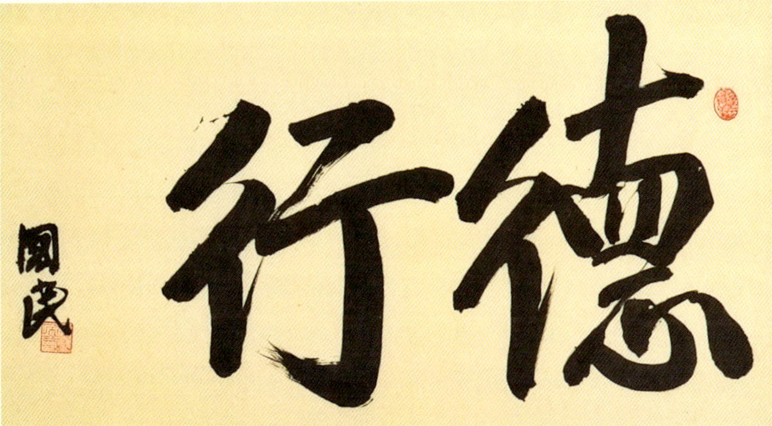

老书记 **侯国民** 为新一届村委会干部题字

东湾晨曦　（**张栋**　摄影）

东湾晨曦

水韵东湾

富民路织女雕塑（沈林江　供图）

东盛国际大酒店

紫荆宾馆（闵金建　供图）

织里加油站（闵金建　供图）

东湾兜
热烈庆祝中
东安村区党支部
东安村区居民委员会
东湾兜村村民委员会

东湾兜村委会办公楼

领导关怀

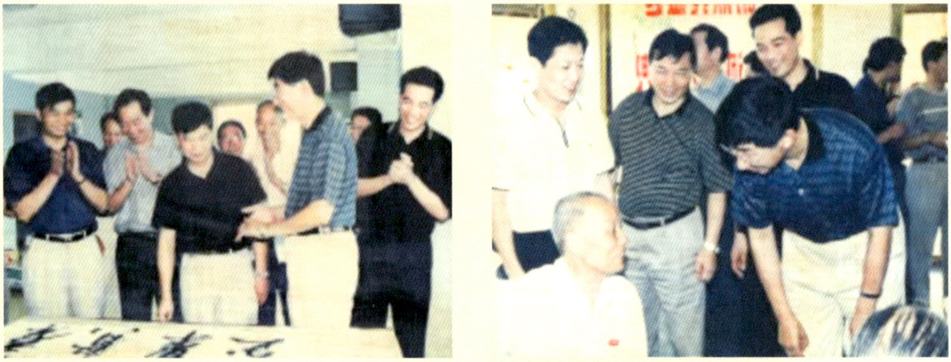

2001年，时任浙江省委副书记梁平波（前右二）视察东湾兜村老年活动中心并题词（右二）

2015年，人民日报原副总编辑周瑞金为《东湾兜村志》撰写序言，并与村支书侯国民合影

老年人参加书写春联活动

每月28日，村委会给60岁以上村民发放养老金

老年生活

幸福晚年

老年排舞

扇子排舞

幼教事业

明君东盛幼儿园全景

荣誉墙

少儿听老师讲故事

少儿活动

少儿军训

旧时村庄

东湾兜村2000年前的民居

东湾民居

东湾兜村2010年的民居及商住房

农民喜摘春茧

河港捻泥

五月种田忙

饲育桑蚕

售茧

谷桶

饲养工具（蚕柱、蚕匾）

旧时收割水稻用的榻车

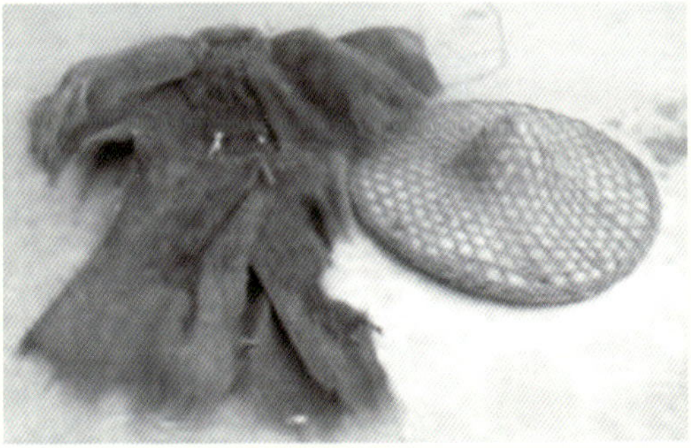

蓑衣、笠帽

旧时脱粒用的稻床

扎草囤

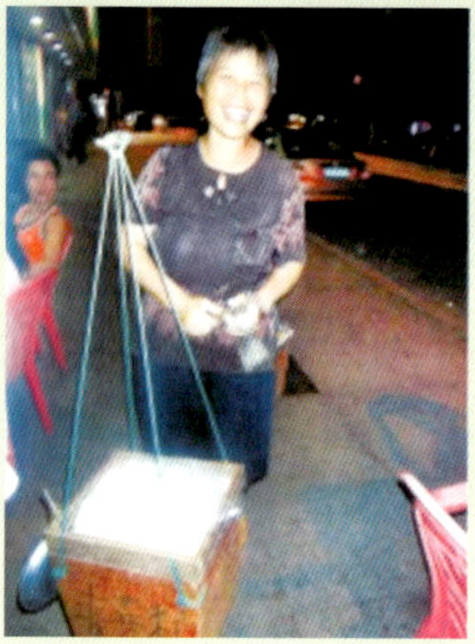
换糖

掰棉兜

老灶台

摊镬糍

记忆乡村

裹粽子

蒸年糕

粢年糕

织麻布

箍桶

老虎帽

东盛越剧团

《五女拜寿》演出剧照

东盛越剧团全体演职员合影

周嘉铭在写书法

自学成才的村民郑铸荣

村民才艺

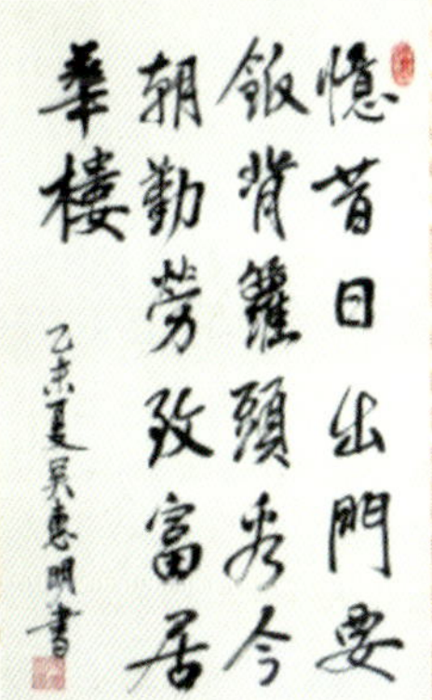

吴惠民老师写书法

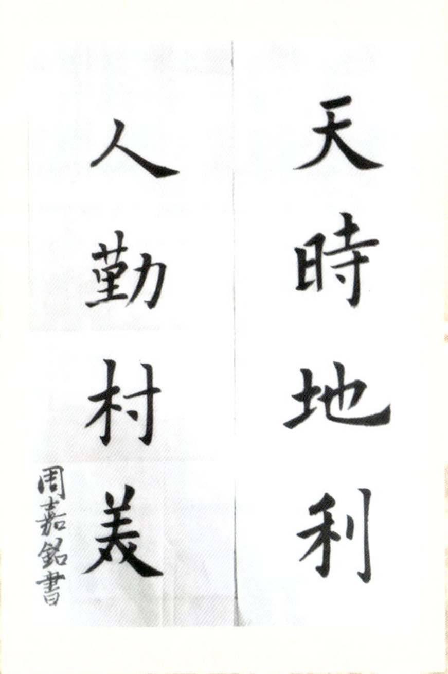

村民周嘉铭书法作品

1973年，知识青年在沈阿章烈士展览馆前接受革命传统教育

1976年，织里大队干部与应征入伍青年合影

1971年，沈阿章烈士展览馆工作人员合影（谭瑞宗提供）

1973年，知青学习插秧

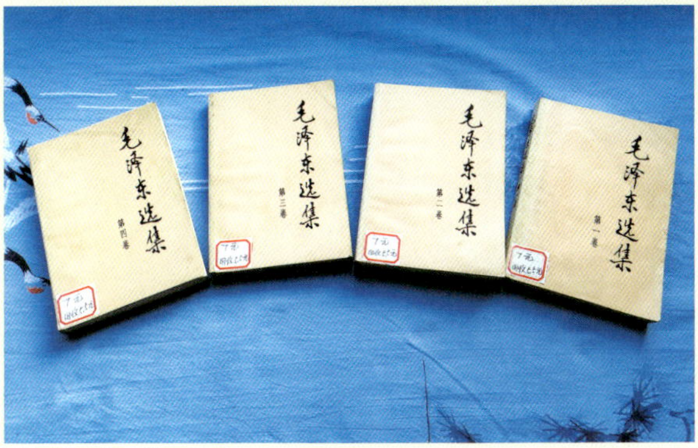

毛泽东选集第1—4卷

1983年，织里老街童装地摊销售场景

1984年5月晟织公路通车

1962年的织里大队机埠

1967年，毛泽东思想文艺宣传队演出《血泪荡》剧照

年代记忆

海军大校陆强强

陆强强(左)舰长在西太平洋军舰上与美国舰长(右)合影

陆强强的“舰艇梦”

军嫂朱金芳在学校

生活中的军嫂

优秀村民

开拓村庄带头人侯国民(右)与老支书侯六寿合影

村民吴小红在绵阳地震现场

孝贤女婿徐毛信（右）一家

东湾兜村全体党员合影

东湾兜村新老生产队队长（村民小组长）合影

东湾兜村全体老干部合影

东湾兜村全体村民代表合影

新两委干部研究工作

老干部回忆

老干部座谈会

东湾兜村五十年党龄的老党员：钱和宝（左2）、黄细毛（左3）、侯六寿（左5）。2021年中国共产党成立100周年时摄

东湾兜村第一次妇女代表大会代表合影

村干部审稿

专家座谈会

编纂村志

村干部发言

专家顾问合影

序

2004年暮春，应邀到“太湖之滨”的浙江省湖州市参加《人文织里》的首发式，让我知道了紧邻中国童装名镇行政中心旁有一个美丽而富裕的小村庄叫作东湾兜，而且这个村庄以敬老孝善名声远扬。后来，因为另外一件事，东湾兜村的有关干部曾到沪上造访敝舍，也算是结下了一种缘分。

东湾兜村编修村志，嘱我为之写篇序言，初时感到有些为难，觉得还是请熟悉村情的人撰序为好。不久徐世尧先生寄来书稿，粗粗翻阅了一遍，竟为其中的内容所感动。恭敬不如从命，感慨之余，忙里偷闲，信笔写了下列文字，权且作为东湾兜村志的序言，也是对乡村朋友的一种交待。

东湾兜村地处古运河支流荻（頔）塘北岸，位于浙北经济雄镇织里镇的心脏地带。织里人靠几架旧缝纫机起家，肩挑手提，南北闯荡，经过二十余年的摸爬滚打，终于造就成中国的童装名都。而东湾兜村借助天时地利的优势，把昔日的旧村改变成一座新型城镇，无疑是一个传奇故事。

每座村庄都有自己的历史，每个村民都有自己的人生故事。

而在特定的时代里，这些历史与故事都会被人们演绎得精彩淋漓。与江南水乡的大多数农村一样，30年前，东湾兜村是一个近乎贫穷的边缘小村。阡陌纵横，遍地桑麻，茅檐矮屋。水稻种植是村庄的主要产业，村民们无怨无悔地耕耘着祖先留下的千亩农田，年复一年地守护着这块古老的土地。

东湾兜村的历届村委会干部都是属于开拓创业型的。他们肩扛沉重的使命和责任，紧紧抓住时代赋予的机遇，从办集体企业起步，先是一个小小的加油站，尔后建筑业、房地产、餐饮、服装、教育业，最后形成企业文化，打造成一个实力浓厚的东盛集团。

知恩图报，感恩乡亲父老。这是以村庄领头人侯国民为首的村委干部们的品德与睿智。创业伊始，初收成效。他们首先想到的是老一辈村民从旧社会一路走来，经历了漫长的集体化生产年代，尝尽了人世间的艰辛，他们应当得到有效的生活保障，享受幸福的晚年生活。“老吾老，以及人之老”，1999 年，村委会拨让出地处织里镇繁华街区的黄金地段，投入巨资建造了设施齐全的村老年活动中心，并从当年起给年满 60 周岁的村民发放养老金，之后逐年增加。如今，老年村民每月都可领到养老金，晚年生活无后顾之忧。这是应该大力赞赏的好事。我觉得，当今的乡村应该努力仿效之，有条件的行政村更是应当如此。

阅读书稿，我的思绪被扯得悠长悠长。东湾兜村内曾有“杨湾莲花兜，讨饭用箩头”的悲苦民谣，可见旧时村庄真切的贫穷面目以及祖辈曾经度过的艰难岁月。编纂村志，村内的历史人物应当占据一定比重，虽然村志中的人物章节中并无显赫人物的记载，但“大跃进”年代的“杨湾七姐妹”、三位已故世的慈善人物，以及感人肺腑的孝贤人物，村志中较为详细地记述了这些平凡人的故事，他们的事迹对于教育和勉励后人，大有裨益。古迹一章中记述了村子里曾经存在过的古桥、古寺、古圩田、古河流，以及现有的繁华街道，若干年后，这些街衢也将成为历史被后人追寻和记忆。农耕岁月章中记述了祖辈们所经历的种田养蚕过程，旧时的各种农村用具和古老物件。民俗文化章中记录的民歌童谣和民俗活动场景。这些正是人们脑海里存在的记忆，一种无法抹去的乡愁。

村民文存章中的回忆文章，读后让人思绵无尽。民国年间的私塾，新中国成立之初的农村合作化过程，都会让上了年岁的人如身临其境。沈爱珠的《赤脚医生是我无悔选择》，谭瑞宗《我与红丰大队的知青情结》，侯团毛《我当生产队长那些事》等文章，字里行间充满着情感。这些饱蘸情感写下的文字，是那个年代中国农村的缩影。

当旧时的景物不复存在，人们总要循着轨迹去寻找一些记忆。文字是寻找这些记忆的最佳方式。一部村志，复原了东湾兜村逝去的历史。《东湾兜村志》的编纂，将为后人留下一部研究农村历史的珍贵文献。

盛世修志，渊德绪群，善莫大矣。岁次乙未新春，谨以此为序。

周瑞金

2015年3月

（周瑞金系《人民日报》原副总编辑，中国社会科学院教授）

一座村庄的传奇（序二）

壬寅中秋节前夕，炎炎暑气于细雨清风中慢慢退去，旷达的初秋华丽登场。在这丹桂飘香的时节，我收到了钱利平先生送来的《东湾兜村志》（以下简称《村志》）文稿，并请我为之撰写序言。这是织里镇乃至吴兴区的首部村志，对研究织里历史、童装文化有着重要的意义，欣喜之余我也倍感荣幸。抽空翻阅志稿，粗略得知这座颇具传奇色彩村庄的前世今生，感慨之余，欣然命笔。

东湾兜村在外界很有名气，一方面它地理位置优越，位于织里镇繁华商区，村民生活富足；另一方面它公共服务齐全，早在十多年前村里的老年活动中心在湖州就属一流，闻名遐迩。我来织里工作的时间不算长，对村庄的历史知之尚浅，正好借此机会深入了解一下当地的风土人情、发展脉络。

细读《村志》，方知东湾兜村由贫困到小康的传奇历史。东湾兜村是一座神奇村庄，“栖梧杨湾，养蚕僵完”，这是历史上的东湾兜村民的生活写照，但穷苦掩盖不了村民骨子里的拼劲。穷则思变，随着农业联产承包责任制的实行，村民开始走出家门，敢拼敢闯，各展神通，借助1990年后镇区向南发展的东风，搭乘童装兴起的快车，东湾兜村快速发展，30年间，一跃成为省级小康之村。在不断发展村级集体经济的同时，东湾兜村也出色完成上级在各时期的中心任务和社会治理工作，先后获得“浙江省文明村”“浙江省卫生村”“浙江省五好村党组织”“湖州市先进卫生村”“湖州市文明村”“湖州市示范村党组织”等多项荣誉，从前的贫困村变成现在远近闻名的富裕文明村。

细读《村志》，方知史志文化传承来之不易。《村志》编写始于2014年，完稿于2022年，在此期间村委会干部、村民为此付出了大量的心血和精力，八载春华秋实里，他们或提供口碑资料与实物资料，或协助调查历史数据，或主笔撰写回忆文章，一点一滴的力量汇聚成河，才有了这部真实记述村庄历史的珍贵乡村志问世。《村志》由“村史村情”“村级组织”“农耕岁月”“古今存迹”“经济民生”“民俗文化”等10章组成，上限溯源至晋代，下限到2020年，设置符合体例、内容详略得当、语言简约朴实，既有严谨的历史记载，又有传奇的民间佚事，体现出较高的编纂水平。随着志稿的成文，那些消失在岁月长河中的圩田河流、遗失的民俗文化，将再次以文字的形式跃然于人们眼前，永不褪色、熠熠生辉。人们不仅能从中感知故乡的变迁历史，体悟人情世事沧桑，还可以从本村的发展轨迹中窥见国家稳步跨越的坚实步伐，聆听时代前进的厚重足音。

“盛世修史，治臣补志，贤达续谱”，《村志》不仅是献给东湾兜村当世村民的一份特殊礼物，也是留给东湾兜村子孙后代的一份珍贵史料。但愿这部《村志》能给读者带来文化上的滋养，道德上的提升，情感上的共鸣，给予东湾兜村人民鉴古知今、继往开来的力量，让东湾兜村这片美丽的土地永远蓬勃、积极，永远向善、向美。

诚挚祝贺《村志》出版发行，由衷向修志老师和方志出版社表示深切感谢！

谨此为序。

杨治

2022年9月

（杨治系中共湖州市吴兴区委副书记、织里镇党委书记）

业绩归功于时代（序三）

盛世修志，功在千秋。《东湾兜村志》的编修工作，始于2014年，中间因故暂停。近年，乡镇修志热潮迭起，行政村也开始编修史志。2021年秋，利平书记上任，拟重新启动村志编撰，不久就付诸行动，《东湾兜村志》的编撰工作顺利开展。在村志文稿即将送审出版之际，主编嘱我写个序言。我看了文稿之后，思绪起伏感慨良多，于是草就此文。

我觉得东湾兜村的发展跟国家的改革开放是同步的。在市场经济的大潮中，东湾兜村民表现出了超群的智慧，他们勇立潮头，与时俱进。

在我的少年时代，村经济受制于集体化生产束缚，没有起色，村民的日子只能维持在温饱水平。

20世纪80年代初，村里已实行家庭联产承包责任制，生产力得以解放。农闲下来，村民开始绣枕套、做童装，肩挑床上用品，走遍大江南北，被誉为“一根扁担闯天下”，生活水平逐步提高。

长期以来，我们的传统思想对商业存在着误解，历史上曾有过“无奸不商”的错误认知。《管子·小匡》里有“士农工商”之说，把从商者放在末位的。今天，在社会主义市场经济体制下，我们认识到，生产是为了消费，消费促进生产。如果没有商业的桥梁作用，生产和消费就不能很好地链接。商业在市场经济中具有不可低估的作用。

东湾兜村的地理环境十分优越，北临太湖，南连荻（頔）塘，水资源丰沛。水润万物，有了水，生产和生活就有了活力。

东湾兜村这块风水宝地跟市场经济有着深厚的历史渊源，地处老织里镇与老晟舍乡之中心，历史上织里的书船业、晟舍的刻书业相当发达，经济颇为繁荣。从这个意义来说，东湾兜人是有良好的市场经济基因。而从社会科学的角度看，东湾兜村的发展还是穷则思变的结果。

让我们再来回顾一下东湾兜村是如何把握历史机遇的吧。

为了改善村庄的道路环境，1986年，我与时任村党支部书记李水庆同志商议，并经村委会干部会议研究，决定修筑环村水泥道路。这一举措得到了村民的大力支持。筑路工程随即开始，从莲花兜港南港北延伸到东安兜、杨湾自然村西侧。这项工程历时一年多，实现了村内水泥路全线贯通。道路总长度5000余米。从此，村民告别了雨天踩踏泥泞小路的历史。1991年，我们还修建了织里区第一条村级公路，改变了出行的交通环境，更拓展了村民的视野。

1990年，我被选为村党支部书记。这年，织里镇的镇区规划正向南扩展，本村被列入织里经济开放区范围。我暗暗思忖：担任了村里的一把手，又逢天时地利良机，应该认真筹划，把握时机，为村民创造福祉。

1991年，镇政府机关已从老街搬迁到中华路。纵向的富民路即将与横向的商城路、长安路贯通。接下来的拓展就是东湾兜村的地域了。这是东湾兜村千载难逢的机遇，也是由贫穷走向小康的历史转折点。从此，东湾兜村进入了经济发展的快车道。

邓小平同志说，社会主义也可以有市场经济，那么，在社会主义市场经济的大舞台上，可以有主导地位的国有经济，可以有“重要力量”的民营经济，也可以有集体经济。

我觉得，东湾兜村经济发展的模式有别于其他地区。20世纪90年代初，政策导向还是强调发展个体民营经济，而我们觉得个体民营经济应与村民共富并行。于是，我们花大力气壮大集体经济的实力，不断组建集体经济的实体。经过10多年的努力，我们村的集体经济具备了规模效应，为实现共同富裕开了个好头。如果当初没有打下集体经济的扎实基础，那么，今天许多的惠民措施就不能实现。我们不是先知先觉，而是抓住了历史的机遇。

随着村办企业资金的积累，我们开始考虑为村民办实事。上级想到的，想做的，我们实践了，也做到了。

1998年，村委会决定：给年满60岁以上的老年人发放养老金，让他们老有所养。这项工作有专人负责，根据户口簿摸清名单，登记造册。2000年以后，养老金数次增加，至2017年每人每月达到了1500元。

为了给老年人提供安享晚年的活动场所，村委会决定在富民路黄金路段投资250万元，建造老年活动中心大楼。大楼于1998年开工，2000年正式启用。在9月28日的开张典礼上，我作了主题为“弘扬敬老之风”的讲话，阐述了建造老年活动中心的意义和宗旨，期望尊老敬老的传统美德在东湾兜村蔚然成风。

村里成立了老年人协会。协会活动形式多样，内容丰富。有的村民还参加了湖州市老年电视大学的学习，真正做到了“老有所乐，老有所学”。

除了日常活动外，逢年过节，村委会还从城里请来专业文艺团体，为老年人演出。村委会还组织全村老年人春游，让大家欣赏湖光山色。

农村工作是繁杂而又艰辛的，尤其是处于开发区范围的行政村更是如此。东湾兜村从一个贫困村落发展成今天的现代化城镇，基本上是在我们这一代村干部任期内完成的，我们是这个时期的亲历者和见证人。

旧村改造、拆迁安置，与每一家农户密切相连，与每一个村民息息相关。为此，村干部做了大量的工作。我深深感到，我们的工作中还有缺点和不足，但我们的村民总能顾大局、识大体，为了村庄的美好明天，真正做到了同甘共苦、风雨同舟。

2003年抗击“非典”疫情时，东湾兜村干部全力以赴，广大村民积极配合，共同完成了“非典”的预防工作。

东湾兜村的精神文明建设也开出了鲜艳的花朵，在2008年四川汶川大地震后，党员干部带头为灾区捐款，村民也踊跃捐款捐物。有的村民赶赴地震灾区，救灾救援，事迹被广为传颂。

2006年秋冬之季邻村的两场特大火灾，给发展中的童装名镇敲响沉重的警钟。2007—2008年，上级下派大批干部，开展了长达2年的童装企业“三合一”整治工作，东湾兜村是积极配合的行政村之一。村域位于长安路南、吴兴大道以北，是童装名镇的“心脏”。村内大多民居出租给童装生产经营户，是那次整治的重点对象。按要求，凡童装厂房都要加装户外消防楼梯和增设逃生通道，室内砌隔离墙，安装防火门和遥感器，每户总开支要花费好几万元。为了村庄的长久安全，村干部率先带头，努力配合政府下派干部的工作，挨家逐户做工作，宣讲“消防安全是百年大计”的道理。精诚所至，金石为开，村民们很快就理解了上级的意图，并积极配合。全村600余间三合一童装厂房全部整治到位。2020年，新冠肺炎疫情来袭，全村在上级的领导下，严防死守，把病毒拒之门外，群众的健康得到保障。

东湾兜村的嬗变是时代的必然，是改革开放的春风复苏了这块沉睡的土地，是全体村民在党的正确领导下共同奋斗所取得的成绩。如今，村民生活已达到小康水平，村民关系和谐，村级经济繁荣，老人生活安逸，这是先民的梦想，也是水乡村庄的传奇。

从1980年到2020年，我在村干部岗位上整整干了四十个年头。回首走过的路程，我觉得是值得的，我做了应该做的事。

东湾兜村是生我养我的地方，有我无法抹去的记忆。编纂这部村志，就是为了留住一代代人共同奋斗的时光……

2022年中秋节

（侯国民系原东湾兜村党总支书记、东盛集团董事长）

凡　例

一、本志以马克思列宁主义、毛泽东思想、邓小平理论、“三个代表”重要思想、科学发展观、习近平新时代中国特色社会主义思想为指导，坚持辩证唯物主义和历史唯物主义的立场、观点和方法，实事求是地记述全村基本地情、经济、政治、文化、社会、老年人事业、村民共富等各方面的历史和现状。

二、载录时限，上限自晋置东迁县始，下限断至2020年（部分统计资料延至2022年）。民国以前按中国历史年代纪元，同时括注公元纪年。民国以后按公元纪年。大事记断至2020年。

三、编纂构架参照地方志体例，为条目体小篇结构，章、节、目三级标题。文体为语体文、记述体，力求简洁、严谨。

四、东湾兜村自新中国成立以来行政体制有多次变革。本志中有关内容仍按当年的“杨湾大队”“红丰大队”表述。

五、村民章节中的人口、姓氏、受教育状况、职业分类、老寿星、服兵役等内容按村委会村民户口簿及调查统计，时间截至2020年12月底，由村委干部负责摸排统计。2014年底村级经济合作社分户人口统计表由村委会提供。

六、乡村记忆章节中收录的文章，为当事人的回忆实录。文章还原了各个时代的场景和事物，真实可信。

七、丛录中编入《织里公社1982年关于农业联产承包责任制的有关规定》等历史文献，留存后世。

八、农耕岁月章节中的红丰大队1969—1981年粮食产量及经济三者关系分配表，由时任大队会计郑铸荣提供。

九、第八章“古今人物”中东湾兜村自新中国成立以来主要干部简介，指已享受织里镇农村退休干部待遇的党支部书记、村委会主任（生产大队大队长）等人的资料简介。

十、数字用法、标点符号用法分别采用国家标准《出版物上数字用法》（GB/T15835—2011）、《标点符号用法》（GB/T15834—2011），计量单位采用国家技术监督局1993年12月发布的《量和单位》系列国家标准。

十一、村域、村境指东湾兜村范围；乡域、镇域指所在织里镇域范围；境域指湖州市范围。

十二、本志资料主要来源于地方文献、档案、老干部保存的资料、老村民回忆口述、编纂者调查采访。

目　录

概　　述

(一)

东湾兜村地处杭嘉湖平原北部，太湖南岸的水乡地带。地理坐标为北纬30.864度，东经120.262度，海拔3~4米。村域面积1.6平方公里。村域属亚热带季风气候，1951年以来年平均气温15.8摄氏度。受南北暖寒气流交替影响，夏季高温多雨，冬季寒冷干燥。冷、热、干、湿变化明显，春、夏、秋、冬四季分明。气候温和湿润，1月平均气温3摄氏度，7月平均气温28摄氏度。雨量充沛，年平均降雨量在1200毫米，无霜期为200余天。

2020年年底统计，全村总户数222户，总人数973人。域内辖2个社区及8个村民小组。农村合作化至人民公社年代，全村有水田70.06公顷，桑白地10.46公顷，内塘0.47公顷。20世纪90年代后期起陆续被开发征用，至2000年征用殆尽。村内进行旧房改造，村民住宅均改建为商住两用排屋，村庄已无旧时痕迹，成为新型城镇。

村域位于中国童装名镇织里镇中心地段，交通便利快捷，至东方大都市上海、省城杭州仅1个多小时车程。村庄东濒浒井港，与织里镇行政中心隔河相望，南接吴兴大道与清水兜行政村紧邻，西隔织里北路毗连朱湾村，北至长安路与织里村为界。

东湾兜村由杨湾、东安兜、莲花兜南、莲花兜北4个自然村组成。南距古荻塘运河2千米，北离烟波浩渺的南太湖5千米。太湖南岸一带史前是一片沼泽，生活于此的先民饱受洪涝灾害之苦。为防洪泄洪，春秋战国时期开挖太湖溇港，形成百姓聚居的村落。条条溇港规整有序，“如梳齿般繁密”。南北方向（纵）的叫“浦”“溇”“港”，东西方向（横）的叫“塘”。有苏南学者把太湖南岸的“塘浦圩田”作为课题进行研究，认为“塘、浦、圩、田”的水系布局，既像城堡又似古城的圩围，圩堤是“城墙”，水闸是“城门”，中间的田埂是“马路”，圩中的水渠是“市河”。网格式的大田种庄稼植物，外围的圩堤种桑植树，每个圩围都有一条绕圩河。塘浦圩田这种城堡式的圩围，具有较强的抗旱排涝能力。荻塘通达幻溇的浒井港穿村而过，1990年前，东湾兜村的农田依然保持着古老的棋盘式格局。

（二）

据记载，村域属古晟舍与织里辖地。《织里镇志》记述的商周时期分水墩、旧馆、谭港等古遗址距村域仅数里之遥。《晟舍镇志》记载“晟舍之名始于唐”。湖州乌程县在宋代置常乐乡，村域属之。南宋时，闵氏从山东迁来，与福建黄氏联姻，遂有宋嘉泰《吴兴志》关于“黄闵桥”的记述。黄闵家族在荻塘北岸繁衍生息，成为著姓望族，东湾兜村域内而今闵黄姓氏甚多。

唐以后至宋元明时期，湖城行政区划多有变化，东湾兜村域均属湖州府乌程县境内。清同治《湖州府志》记载：骥村、小湖、木行兜、莲花兜、梁家兜同属乌程县十一区一百十三庄。清光绪湖州府地图上，清晰标注有“杨湾”村。民国成立后撤乌程、归安两县建立吴兴县，东湾兜村域部分属吴兴县苕东镇、晟舍镇，部分属织里乡、织里镇。

新中国成立后，东安兜、栖梧、刁家兜三村合并，属云村乡。杨湾、莲花兜属织里乡第一村。1953至1957年，先后建立互助组、初级农业生产合作社、高级农业生产合作社。1958年，村域划归太湖人民公社，属织里管理区。1961年，建立杨湾生产大队，属织里人民公社。“文化大革命”期间改名为红丰大队。1970年冬，红丰大队合并入织里大队，其间被称为“红丰片”。1979年冬，从织里大队划出，恢复红丰生产大队。1984年行政区划调整，改为东湾兜行政村至今，属织里镇管辖。

东湾兜之村名来自4个自然村各取1个字组成。东安兜的“东”字，杨湾之“湾”字，莲花兜之“兜”字。

（三）

东湾兜村有着丰饶的土地与水利资源，古圩田、古河流遍布全村。水稻种植是村民的主要产业，千百年来，先民日出而作，日落而息，无论贫贱，无怨无悔地耕耘和守护着这千亩农田。“乡村四月闲人少，才了蚕桑又插田。”村志第三章，用较大篇幅记述先民的农耕岁月。从农田耕作、种植、植保、旱粮到各类蔬果，从饲养桑蚕、家畜到各类农具、蚕具，无不桑之地，无不蚕之家。村民春种秋收，就是村落旧时的面貌。

农闲时节，东湾兜村民还从事多种副业，以弥补家庭日常开销之不足。杨湾村妇女有纺线织网技术，根据市场需要，纺成粗细不一的苎麻线，用毛竹做成梭子，将苎麻线织成搬网、扎网、拉网、赶网等捕鱼工具，到附近城镇市场供渔民选购。东安兜村民就地取材，用稻草编制成各类草囤，有盛米囤、盛物囤、脚缸保暖囤、小孩子立囤（当坐车用）等，农闲时结伴摇船到长兴、安吉县山区交易，换回竹制用具、山薯等物品。莲花兜村民利用农闲做鸡毛换糖生意，足迹遍及荻塘以北多个乡村。莲花兜有李姓村民利用夜晚及农闲时间捕鱼、捉虾、摸黄鳝，每次出手总有收获。还有村民干起孵坊行当，从事乳禽（小鸡、小鸭）买卖，小有名气。

先民在缴纳皇粮国税之余，只能勉强糊口。一旦遇上灾荒，逃荒要饭，落草为寇者不乏其人。民谣“栖梧杨湾，养蚕僵完”“杨湾莲花兜，讨饭背箩头”，反映了旧时村民所经历的艰辛岁月。而民国年间杨湾村被称为“土匪窝”的历史，从侧面反映了旧社会农民为生活所迫而走上歧途的真实情况。

日本侵华期间，东湾兜村民深受其害。1937年冬，杨湾自然村被日军烧毁民房十余间。莲花兜村民吴阿平被迫为日军做苦役，东安兜村民吴杏春等人被日本兵抓走后失去踪影。

查阅地方文献史料，东湾兜村近代史上无大族，亦无显赫人物，更无传世著述。而村域旧属晟舍古镇，受其“人文荟萃，书香蔚兴”之影响，村民素以耕读传家为根本。民国年间，村内有私塾数处，尤其是莲花兜钱梅春先生开设的私塾，一直延存到新中国成立，钱氏私塾留下的记忆，至今还被人们所乐道。新中国成立之初建立的莲花兜小学，人们依稀记得陆连章任教师时对学生规定识字的严格要求。从杨湾大队小学到红丰大队小学，再改为东湾兜村小学，村小几易名称，到1996年9月因学生生源短缺而停办，村小存在了四十余年。粗略统计，任教授课的老师前后共有十余位。这座办在古庙里的小学，留给了村民太多的记忆。而东湾兜村1990年后出生的一代，不仅跨入了国内的名牌高校，有些学子还在国外高校深造，足以告慰时代，足以告慰古老的村庄。

村民是村庄的主体。本志第一章，用较大篇幅记述村民及其状况，包含以下几个方面：古老的民俗文化，村庄的人口变迁，村民姓氏的排列，老寿星排名，知识青年上山下乡的历史，村民的宗教信仰，衣食住行的演变等。

村级组织一章中，新中国成立后的党组织、历届村干部、生产队长、村民小组长，无论是集体化生产年代抑或改革开放的岁月，他们都兢兢业业，无怨无悔地为村庄的建设和发展辛勤工作，村志设立专章记载，让这些名字流传后世。东湾兜的村民还具有较高的文艺素养，从20世纪60年代初期创办的毛泽东思想文艺宣传队到活跃于新世纪文艺舞台的东盛越剧团，演出的剧目都反映了时代的需求，受到观众的欢迎。在村内树起尊老敬老榜样的孝贤人物，传递善行善举的慈善人士，皆有目共睹，村志据实收录。

依法服兵役是村民应尽的义务。新中国成立至2020年，东湾兜村先后有26位村民参加中国人民解放军。无论复员退伍军人或现役军人，他们大多很优秀，复员退伍军人中有的转业后担任基层工厂党组织领导，多次被授予优秀党务工作者称号，还不忘感恩故土，为家乡为村民做了不少好事与实事。退伍军人黄三林、李水庆、李林根、侯玉平、侯金芳，分别担任本村党支部书记和村委会主任、副主任等重要职务，他们尽心尽力工作，带领群众共同致富，为村庄经济发展做出了贡献。现役军人中有人在海军部队努力学习，探索创新，多次创立功勋，成绩卓然，为国防建设做出贡献，为家乡争得了荣光。军嫂朱金芳默默无声、任劳任怨为国防事业、为军人家庭做出的奉献，感动着东湾兜的村民，感动着媒体和社会。

为村庄做过好事的人，为社会公益慈善事业做过奉献的人，即使是件小事，即使当事人已亡故多年，村民都记于心中，村志应为其记述一笔。20世纪80年代初，村民钱连法掏出多年积蓄，在村域田野中建造一座风雨凉亭，十里八方传为美谈；村民吴惠江当了国营厂工人后，心中依然惦记村里那条窄小泥泞的乡间小路，平时省吃俭用积蓄一笔钱，发动乡亲们修筑水泥路方便行人，造福乡里；村民蒋阿黑在经历走南闯北经商致富后，慷慨出资为村民建了一座公共汽车停车站，老年人因此少走许多远路。2008年汶川发生大地震，东湾兜村干部与群众捐款捐物，支援灾区恢复重建。最让人感动的是东湾兜村的出嫁女儿吴小红，听闻汶川发生特大地震，毅然关停正在生产的童装车间，带领十几名员工与

20万元善款，辗转赶赴绵竹灾区参与救灾19天，被人们称为救灾女侠。

(四)

依托天时、地利、人和等条件，凭借敢想敢为、勤劳肯干等精神，与村民走共富之路，东湾兜村做出了表率。

东湾兜村曾以贫穷村著名。1961年，建立杨湾生产大队到后来的红丰大队，村级集体经济几乎是一张白纸。据已故红丰大队会计郑铸荣遗留的1969—1981年统计资料，大队全年经济总收入在20万元左右，人均收入200余元，扣除集体积累等，村民年纯收入在160元左右。

大队的日常开支，民办教师、大队会计工资，由大队经济保管员开具收据向生产队摊派，但由于各种原因，往往拖欠到年终才能支付。大队干部、赤脚医生的误工工分，按照田亩面积向生产队摊派。村民不堪重负。

20世纪80年代后期，东湾兜村结束长达30余年的农村集体化生产体制，土地划分到户，实行家庭联产承包责任制。生产队长的哨子声消失了，村民有了自主权和活动空间，开始涉足棉布和童装产业。在村干部与乡贤的带动下，经过数年艰辛创业，勤劳与智慧播下的种子，终于收获了丰硕果实，古老的村庄脱贫致富。

20世纪90年代后，织里镇区富民路规划向南延伸，东湾兜村被列入一个宏大的开发规划蓝图中。以侯国民为首的村两委会领导班子抓住这一千载难逢的良机，从建筑业起步到东盛实业公司的成立，集体经济得到长足发展。旧村改造、拆迁安置，是东湾兜村亘古未有的民生工程。老祖宗留下的良田和旧宅，逐渐被建设成宽阔的马路、街道。各类童装厂和商店超市鳞次栉比，一幢幢新民居拔地而起。这个艰难繁杂的蝶变过程前后经历了十来年，而村民始终保持识大体、顾大局意识，为了村庄的美好未来，求同存异，甚至甘愿作出放弃和牺牲。

至2020年，东湾兜村拥有织里加油站、村委会办公大楼、紫荆宾馆、东盛幼儿园等集体资产。

2015年成立的村级经济合作社，为股份制性质，资产总额为6097万元。村民皆是股东。每年按所占股份比例分红。村级经济合作社重大事项由全体股东讨论决定。

集体经济长足发展后，东湾兜村委会首先想到的是古训“百善孝为先”，努力创造条件让祖辈、父辈过上幸福快乐的晚年生活。1999年，在织里市区黄金地段投入重金建造设施一流的老年活动中心。老年活动中心于2000年国庆节前夕启用，时为湖州市档次最高的农村老年活动场所。活动内容丰富多彩，孝行村庄蔚然成风。村级集体经济及东盛集团稳固的发展，皆为村民福利和老年人事业提供了经济上的保障。1998年起，为了使老年村民老有所养，在集体经济尚不宽裕的情况下，村委会拍板给60岁以上老年村民每月发放养老金，从开始的36元至2017年增加到每月1500元。截至2020年，总共发放养老金3761万元。从1999年到2020年，村两委会班子已换了数届，而崇善敬老，在东湾兜村成为一个永恒的主题。

东湾兜村跨入小康村行列后，村民丰衣足食，职业多样化，人居环境大大改善。百分之九十以上村民有商业房、住房出租。2021年，每户平均年房租金收入达37万元。全村有小轿车666辆，户均3辆，是人们众口称誉的共富村庄。

一座村庄的发展，干部起着重要的作用。改革开放以来，东湾兜村的领导班子抓住机遇，以敏锐目光，统筹规划发展蓝图，勇于担当作为，终于把一座贫困村建设成远近闻名的小康村。

从老干部黄细毛、侯六寿、钱和宝、侯阿三、钱火林到20世纪80年代后期的村领导李水庆、侯国民、李土根、侯玉平、陆荣炳、黄林江、钱坤林、李林根，21世纪后的新领导严国强、黄三林、侯金芳、钱利平、闵金建、吴红霞、吴嘉炜，无论是担任村支部或村委会职务，他们一任接一任，兢兢业业，任劳任怨。旧村改造、发展企业、三合一整治，抗击“非典”、调解各类矛盾纠纷、抗击“新冠肺炎病毒”，都努力踏实地做好自己的工作。

侯国民在村干部岗位上40年，担任东湾兜村主要领导长达36年。在长期的“父母官”生涯中，他初心未改，坚守生于斯的土地，踏踏实实为乡亲服务。从贫困村到小康村，从小小的加油站到东盛集团，从低矮的农民群居房到成片商业房，付出了大量心血，尽了村民共富领头羊的责任。

（五）

村民的记忆是《东湾兜村志》的重要组成部分。第九章“村民文存”，编收8位村民的回忆文章。撰稿者都是村庄老人，他们大多已经历了大半个世纪的人生，认为参与编写村志是自己义不容辞的责任。他们认真地梳理村子里曾经发生过的故事，从每个时代的各个侧面写出了自己的经历和感受，还原了各个时代发生在东湾兜村里的许多个真实场景和事件。

老干部侯六寿、钱和宝的文章，从“土地改革”“大跃进”到“文化大革命”，是东湾兜村这几个时期的历史缩影。郑铸荣的旧时私塾，吴惠明的古庙里办小学，记述了当年东湾兜村的教学环境和师资，反映几代人艰苦办学的状况。

陈梅林撰写的《那年我们办文艺宣传队》，记述了20世纪60年的政治环境和村里年轻人的文艺热情。沈爱珠的《赤脚医生，我的无悔选择》文章，记述了缺医少药年代的农村医疗状况以及赤脚医生和合作医疗这一新生事物产生和发展过程。

生产队这个组织形式在乡村存在了20多年，“生产队长”的概念在老年村民脑中根深蒂固。侯团毛撰文《我当生产队长那些事》，记述吹哨子开早工，自留地种香瓜，借储备粮过春节，唤起了人们集体化生产年代的诸多记忆。

知识青年下乡，是二十世纪六七十年代中华大地上的大规模青年运动。东湾兜村先后接纳了22名知青插队。他们与村民同劳动同生活，其中时间最长的超过十年之久。谭瑞宗的回忆文章，是插队知青的共同经历，他们的乡村情结，是知识分子与工农结合道路的见证及成果。

当代军嫂朱金芳，嫁与东湾兜村的海军军官陆强强，结婚18年来聚少离多，而她坚守乡村教师岗位，持家教子，侍奉公婆，言传身教，处处楷模，为当代最美丽军嫂。

村志丛录除收录有关历史文献外，还收录了施国琴老师撰写的《援川女侠吴小红》人物专记。出生在东湾兜村的吴小红勤劳善良，2008年汶川发生特大地震，她在电视上看了灾区的场景后，决定前去救助，毅然关停了正在生产的童装车间，携20万元善款和十多名员工，辗转到绵竹市剑南镇，救儿童抬伤员，日夜参与救灾19天，还与小学生在学校废墟上共度“六一”国际儿童节。她的善行善举，被人们赞为援川女侠。

村志第三章和第八章，分别记述东湾兜村的农耕岁月和民俗文化。农耕桑蚕、农具蚕具、民俗俚语、婚丧喜庆，皆有收录。而作为乡域的一部村级地方志，不可能全方位记述，本志根据需要侧重记录，以便传承。

“漠漠水田飞白鹭，阴阴夏木啭黄鹂。”《东湾兜村志》浓缩了村落的千年历史，是一部集村庄沿革变迁、农耕生活、民间习俗，特别是记述改革开放成果、村民共同富裕于一书的资料性文献，将为社会、为后人留下历史资料和乡村记忆。

大 事 记

两晋、南北朝

（265—589）

西晋太康三年（282），乌程县分西乡地置长城县（今长兴），分东乡地置东迁县。县治设于今织里镇旧馆村（距村境仅5里地），为当时东迁县的政治、经济、文化中心。村域属之。

东晋永和年间（345—356），吴兴太守殷康始筑荻塘。因沿塘芦荻丛生，故名荻塘；又因在城东，亦称东塘。荻塘沿织里镇南而过，距村域仅三四里地，先民参与修筑。

南朝齐永明四年（486），吴兴太守李安民发动开泾（溇港）泄水入太湖。此为六朝时期六大水利工程之一。先民参与修筑。

隋　　朝

（581—618）

开皇九年（589），陈亡，废吴兴郡，并东迁、长城两县入乌程。村域属乌程县管辖。

仁寿二年（602），置湖州，治乌程。因滨临太湖而得名，湖州之名自此始。复置武康、长城两县属湖州。大业末，复改湖州为吴兴郡。村域属吴兴郡。

唐　　朝

（618—907）

广德年间（763—764），湖州刺史卢幼平发动开修荻塘。先民参与修筑工程。

贞元六年（790）夏，乡域大旱。

唐贞元八年（792），湖州刺史于頔大规模重修荻塘，先民参与修筑。为感念于頔修塘恩德，此后荻塘又称頔塘。

元和六年（811），乡域秋旱。

元和八年至十年（813—815），湖州刺史薛戎发动疏浚頔塘百余里。先民参与修筑。

中和五年（885），湖州刺史孙储培发动修頔塘一百三十里。先民参与修筑。

五代吴越国

（907—978）

吴越国后唐长兴三年（932），吴越王钱镠卒，钱元瓘继位。钱氏在位时以保境安民为国策，重视兴修水利，筑塘治湖，修堤浚河，开发塘浦圩田，纵浦通江，横塘分水，纵横成网，圩圩环水，排灌得宜，扶植农桑，使吴越富甲东南百余年。先民参与水利工程。

后晋（940）八月，太湖南岸大水，村域受灾。

宋　　朝

（960—1279）

北宋初，晟舍、织里开始形成集镇。

北宋太平兴国三年（978），吴越国王钱氏纳土归宋。七年，湖州府将乌程县分出十五乡新置归安县。村域属乌程县。

北宋熙宁三年（1070），乡域大旱，太湖水涸。湖心可以看见古墓、街道。

北宋熙宁八年（1075）夏，乡域大旱，太湖水退数里，内见丘墓街道，秋无稼，民多死。

北宋元丰元年（1078）七月，大风雨，太湖水高二丈余，淹没塘岸。村域受灾。

北宋元丰六年（1083）正月，大雨，至六月，太湖泛滥，村庄遭水浸，田不插种，庐舍漂荡。

北宋宣和二年（1120）九月，方腊军队至双林、织里等地，乡域有民房被焚毁。

南宋绍兴二年（1132）春饥，粮价大涨，斗米千钱，老百姓日子艰难。八月地震。

南宋乾道年间（1165—1173），乌程县主簿高子润发动民夫疏浚三十二溇，通畅水势。溇港水达于太湖，修复晋宋时水利设施，减轻水患。乡域先民参与疏浚。

南宋庆元年间（1195—1201），乌程县在旧馆、轧村设酒坊课税。距村境仅数里。

南宋嘉泰二年（1202）春旱，至于夏，大蝗卷烟雾蔽天，乡域严重受害。

宋末元初（1227—1311）年间，牟巘撰写《朱雪崖朝奉墓志铭》（《陵阳集》卷24），有“（朱雪崖）以乙巳正月廿六日癸酉，葬于东职里余庆之原”的记载。明清朝湖州地方志记载，“职里”“织里”地名互通。宋末职（织）里已是乌程县常乐乡重要的乡镇聚落。“织里”地名始见文献。村域属之。

元　　朝

（1206—1368）

至元十三年（1276），元廷改安吉州为湖州路安抚司。次年，改为湖州路总管府。乡域为属地。

大德十年（1306）大水害稼。七月大风，太湖溢。至大元年（1308）六月，洪水、饥荒。疫疠大作。

至顺二年（1331）八月，水涝害稼，九、十月大风久雨，太湖溢，淹没沿岸民居近三千，溺死男、女近三千人。乡域受灾。

至正元年（1341）夏，久雨，太湖湖翻，内溢成灾，太湖南岸的村庄民房顷刻倒荡，大量农田淹没。村域受灾。

至正二十六年（1366）八月，朱元璋部将徐达、常遇春在湖州东门外旧馆、东迁、元通桥、太平桥一带，与张士诚部激烈战斗。十月二十九日，徐达攻占旧馆，张士诚部6万大军悉数被歼。村域处于战火之中。

明　朝

（1368—1644）

洪武十年（1377），乌程县主簿王福巡沿太湖疏浚三十六溇，并设溇制，每溇配役夫10人守御，每年拨1000户开挖淤泥。先民参与疏浚。

洪武二十八年（1395），乌程县主簿王福等官员率领民众疏浚太湖三十六溇。先民参与修筑。

正统九年（1444）六月大水，七月十七日大风暴雨，昼夜不息，太湖水高一二丈，滨湖庐舍无存，渔舟漂没。闰七月又大水，堤防冲决，淹没禾稼。村域受灾。

景泰四年（1453）十一月至次年春，大雪数尺，压塌民居，太湖诸港皆冻断，舟楫不通，禽兽草木冻死。村域受灾。

天顺五年（1461）七月大水，太湖溢，淹没民居，村域受灾。成化七年（1471），湖州水利通判李智，率民众修浚、疏通太湖二十八溇。先民参与修筑。

成化十七年（1481），春夏久雨。七月雨，有飓风，八月连大雨，太湖水溢，平地深数尺；九月初一大风雨，昼夜如澶；至冬无日不雨，禾稼仅存者，淹没。次年大饥，人相食。村域受灾。

弘治十六年（1503），旱，饥，谣传妖魔压人。冬大雪，积四五尺，太湖结冰。村域受灾。

嘉靖元年（1522），水利郎中颜如环督湖州同知徐鸾开浚大钱港及沿湖七十二溇。先民参与修筑。

嘉靖二十四年（1545），大旱。太湖涸，民有得轩辕镜于太湖岸者。人食草根树皮，大疫。村域受灾。

嘉靖三十九年（1560），四月地震，屋庐摇动如帆，河水冲击，鱼皆跃怨。七月，天目山发洪，水灾。十二月雷电大作。

嘉靖四十年（1561）正月，雷雪，闰五月至十月，雨不息，大水。高淳堤决，五堰之水下注太湖，横溢，六郡皆灾。平地水高数尺，禾沉水底，大饥。嘉靖四十四年（1565）六月，地震。村域受灾。

隆庆三年（1569），太湖涸为陆地，溪流绝，井泉竭，运河见底，水绝无鱼。

万历七年（1579），乡域洪涝灾害频发，造成稽天巨浸，太湖泛涨，庐室败坏，河鱼游于灶下，村庄发生饥疫。

万历十五年（1587）正月初一，雨雪不止，大风拔木，太湖水溢，平地水深丈余，十月，米价每斗千钱。乡域随后饥疫，弃尸满道，河水有腥臭味。

万历十七年（1589），六月至八月不雨，无禾，大旱，太湖涸为陆地，溪流绝，井泉竭，运河见底，水绝无鱼，渔民失业者万计。饥殍疫死无算。夏雪。

万历二十四年（1596）五月不雨，七月旱。七月十一日将夕，河水忽涌起二尺余，少许疫平。八月雨如澶，狂风大作，伤苗，拔木，屋瓦皆飞，日夜不息，大水。山洪暴发，庐舍倾地，圩岸崩塌，郊原皆成巨浸。冬大雪，寒，湖冰冻，舟楫不通。乡域受灾。

万历三十六年（1608），湖州知府陈幼学发动民众修筑东塘（荻塘），并用青石垒砌河岸。乡域先民参与修筑东塘护岸工程。

万历四十二年（1614），乌程知县杨国桢为杨溇等十九处浚流通源，筑崩补坏，陆续完工。先民参与修筑。

天启六年（1626）六月蝗灾，七月初一，大风拔木，暴雨如湮，屋庐俱倾，两昼夜方息。八月十六日辰时，风从西北方起，蝗飞集，至酉时止。田禾地麦食尽。

崇祯十三年（1640）五月，大雨七昼夜，淹没庄稼，乡域受灾。秋季发生蝗灾，人食树皮草根。十四年大旱，疫病流行。

崇祯十七年（1644），湖州地区大旱。四至九月无雨，太湖枯浅行人可涉，乡域旱灾严重。

清　　朝

（1616—1911）

顺治二年（1645），清兵进攻湖州。明湖州知府逃遁，其下属冯推官献城，升知府。随后，清兵占领湖州府所属各县。乡境被占。

顺治十一年（1654）冬，连续下大雪十余天。天气大寒，太湖冰厚二尺。村庄受灾。

康熙五年（1666），乌程县境闰六月下雪。乡域受灾。

康熙九年（1670）正月，大雪，二十八日积雪未消，昏时红光如电，须臾星陨，有声如雷，五月湮雨连旬，田尽没，六月十二日，太湖水陡涨丈余，湮没人畜坟墓、庐舍无法计算。民大饥。九月雨雪，十二月大雪丈余，鸟兽冻死。

康熙四十七年（1708）二月，大风雨雷雹，五月雨，夏秋连旬积阴，至十月始霁，田庐尽淹，春花不下种，禾淹民饥，食渣树皮，哭声不绝，太湖水浔于岸。村域受灾。

雍正二年（1724）正月大暖，七月大风，太湖溢。太湖中飞蝗蔽天，湖洪芦叶皆食殆尽。村域受灾。

雍正六年（1728），湖州知府唐绍祖发动民众重修东塘（荻塘），沿途村民参与修塘工程（织里先民参与修筑）。

雍正七年（1729），顺庄法在湖州府推开，乌程县编为224庄。村域编在其中。

乾隆九年（1744）七月初四，天目山水冲溢湖州，太湖水泄不及，村庄受灾。

道光元年（1821）夏，大疫，俗称吊脚痧，死者无算。

道光三年（1823）正月十四日，雷，湮雨自三月至五月不止，禾未插秧，大半淹死。六月初七日大雨雹，水势渐退。七月初二日大风骤雨，水后顿涨数尺，圩田仅存者夕皆没，太湖水溢，村域受灾，至冬始平。

道光十二年（1832）夏旱，饥。筑运河石塘，以工代赈。先民参与。

咸丰四年（1854）夏霖雨，十一月初五日申时，河水忽涨数尺，沟渠池沼皆然，顷即平，东至吴江，西至长兴。

咸丰六年（1856），大旱，乌程境内河道近乎干涸。村域受灾。

咸丰十年（1860）十二月初八，太平军至双林、织里，初十日始退。村域处于战火之中。

咸丰十一年（1861）九月初六，太平军攻占轧村、骥村、晟舍、升山。

同治三年（1864），太平天国军队在镇境北塘河区域与清军交战，村域夹在其中。同年五月十二日，太平军在吴溇、陆家湾、轧村等地布防。十六日，太平军把主力撤到晟舍布防，在水中打树桩，桩上钉铁钉，并埋火药，在晟舍战斗一个半月。村民外出避难。

光绪二年（1876）三月，乡域讹言有妖人夜剪百姓头发，七月又讹传妖人剪纸压人，乡民纷纷惊扰，彻夜不眠。乡境人心惶惶，天将晚即入室关闭门窗，而这皆是谣传，地方无损。也有人趁机滋事，遇外来人即指为妖，抢掠财物或投于河，八月止。

光绪十二年（1886），湖州知府林祖述倡捐修筑荻塘，翌年完成。先民参与修筑。

中华民国

（1912—1949）

1912年1月22日，浙江省都督公布乌程、归安两县合并为吴兴县。织里境域置织里乡、莕东镇、东北镇，隶属吴兴县第二区。村域分属莕东、织里。

同年4月3日，吴兴境内地震，村域有震感。

1917年1月24日，吴兴境内地震。村域有震感。

2月28日黄昏，吴兴县境内冰雹，粒大如蛋，伤人毁屋。村庄受灾。

1919年夏秋季，太湖南岸大涝，乡境大量农田被淹。

1921年，夏、秋大水，太湖流域洪水成灾。乡境严重受灾。

1923年，吴兴县动工疏浚荻塘。至1928年竣工共花银82万余元，其中南浔庞氏先后捐款9万余元。村民参与修筑。

1929年，春旱夏涝，湖州螟害成灾（为民国史上三大自然灾害之一）。村域受灾。

1931年，特大涝灾。春涝接夏涝，黄梅期长达61日，梅雨居多，太湖水倒灌，农田淹没，禾苗浸烂。船停航。湖州各县12万公顷农田被淹，受灾民众37万余人，死亡十余人。乡境受灾严重。

1932年，吴兴县因涝灾发生饥荒，东乡（县城东织里镇域范围）饥民2000余人到乡镇米店索米，该事件影响全县。

1937年11月20日，侵华日军第六师团主力部队猛攻旧馆镇附近阵地，国民政府军第七军一七〇师某团进行了猛烈抵抗。旧馆、晟舍的民居和商店被烧为灰烬，平民被害500余人。激战两昼夜，一七〇师副师长夏国璋殉难，第七军在八里店牺牲2000余人。同年11月22日《东南日报》报道："吴兴东旧馆21日敌我仍在激战中。"同日，侵华日军侵入织里镇。在大港、河西、朱湾、云村、骥村、东兜等村庄，杀害村民137人，另有27人失踪。同月，杨湾村十余间民房被日寇烧毁。

1938年春，日军窜到东安兜自然村，将村民吴金六、侯杏春抓到晟舍利济寺，逼迫他们参加抢劫物品。

1945年8月，抗战胜利。冬，利济禅寺住持浩春法师组织规模浩大的"水陆道场"，超度抗战中牺牲的将士和死难民众。法会历时7天7夜，上百僧人念经，参与信众数千。有村民参与法会。

中华人民共和国

1949年

4月，湖州和平解放。村民参加庆祝活动。

1950年

6月，织里、晟舍镇划分为织里乡、织东乡、云村乡、大河乡。杨湾、莲花兜编为云村乡第一村，东安兜编为云村乡第五村。

6月，朝鲜战争爆发。冬，国内掀起抗美援朝、保家卫国高潮。

东湾兜村村民参加抗美援朝宣传与募捐活动。

是年，国家开展土地改革运动。村域建立农民协会，丈量土地，划分农村阶级成分。

是年，人民政府开展剿匪运动。因有人向吴兴县误报匪情，东湾兜村有百余村民被当作土匪抓到西陈家兜周冠英家关押审讯，县卫队核清情况后将被押村民释放。

1951年

上半年，湖州土地改革工作结束，村域无农户被评为地主成分。

1952年

春，农村开展合作化运动，村域办起互助组。

秋，政府提倡扫除文盲。村内办起扫盲夜校，校址设在莲花兜庙内，杨湾自然村村民陆连章担任老师，学生30余人，陆连章对学生有严格要求，每天须认识5个汉字。

1953年

1月，多霜，乡域农作物受损。

7月25日至8月15日，乡域连续高温22天。

春夏，村域办起民主、勤新、勤民3个初级农业生产合作社。

12月，全国实行粮食、油料统购统销，村域农民开始向国家缴纳公粮、出售余粮。

1954年

5至8月，连续阴雨92天，太湖流域发生特大洪灾，大量农田村庄被淹。“大家缺”决裂，圩田成汪洋，全村男女老少上阵，80余部木质水车昼夜转动，并从湖州、上海请来机器船抽水。2个多月后洪水退去。

是年，织里乡第一高级农业生产合作社在村域成立。大型农具折价，村民的农田桑地入股。

1955年

是年，创办莲花兜小学，织里老街狮子桥郑之慎老师任教。后来有小河村王老师，轧村费宝生老师任教。

是年，政府组织查田定产，实行粮食定购定销政策。

1956年

4月，中共吴兴县委批准撤并乡镇。撤织里、织东、云村、大河乡，合建为织里大乡。村域属之。

8月上旬，12号强台风过境，狂风暴雨，村域受灾。

是年，村域高级农业生产合作社建立，蚕具、水车、农船等折价入社，社员实行工分制。

1957年

6日30日至7月5日，受5号强台风影响，湖州境内连降暴雨，村域受灾。

11月，织里地区开展打击取缔“一贯道”组织活动，东湾兜村的“一贯道”小道首受到严厉打击，有的被逮捕法办。

1958年

6月，全国掀起“三面红旗”运动，号召全民大办钢铁，村民陆水林等20余人报名参加。李顺林在西门耐火厂担任车间主任，厂内发生机械事故，某职工脚被轧断，李顺林为工伤职工献血300cc，厂部给李半斤猪肝，一斤赤糖作为营养奖励。

10月1日，太湖人民公社成立，下设10个管理区。村域为织里管理区杨湾生产队，短时间内农村实行军事化编制，成立杨湾连（1959年夏撤销）。

是年冬，莲花兜自然村农户的土灶台被湖州中学派来的20名教师一夜之间全部拆除，铁锅砸碎，灶台土砖被作为农田肥料。

是年，全村办起4个公共食堂，村民“敞开肚皮吃饭，吃饭不收钱”。1959年上级下发文件，公共食堂停办。

1959年

是年春，“五风”（官僚主义风、强迫命令风、瞎指挥风、浮夸风、共产风）盛行，人民公社开展“拔白旗”撤销相关农村干部的职务。

是年秋，莲花兜钱阿毛等人响应国家号召，参加支援宁夏建设。同年，织里漾西滩机埠建造。

1960年

5月，连续阴雨22天，春粮病害严重。

7月中旬，湖州境内连遭冰雹和龙卷风袭击。

7月下旬至8月上旬受7号8号强台风影响，连续暴雨，农田被淹，村域受灾。

10月起，火柴、肥皂等民用物品限量（凭证）供应。

1961年

是年春，遭受自然灾害。乡域农民口粮严重短缺，以蚕豆叶、豆腐渣、糠圆子充饥，艰难度日。杨湾村钱团毛俩兄弟外出讨饭，莲花兜黄根宝、黄集才等人因饥饿而患浮肿病。

6月，太湖人民公社撤销，划建织里等5个小公社。村域成立杨湾生产大队，建立党支部，属织里公社管辖。黄细毛为首任党支部书记。

是年，村域音四圩机埠建造。

1962年

春夏，杨湾生产大队贯彻中共中央关于“三级所有，队为基础”文件精神，以生产队为基本核算单位。试行包工包产到户。

9月，14号台风与冷空气交汇，普降大雨，村域受灾。

秋冬，国家提倡计划生育，动员男女社员响应计划生育号召。

是年，部分城镇职工精简回乡，村委干部做了安置工作。有吴新宝、陆水林、李杏元、陆火江、侯六寿等5人。

1963年

春夏，公安机关开展取缔“一贯道”组织活动，全村道徒数十人受到打击。据统计，东湾兜村因参加“一贯道”组织的村民共有9人被政法机关判处刑罚。

9月，12号台风过境湖州，普降大雨，山洪暴发，村域受灾。

是年，村域农户开始纺麻线，纺成苎线麻线分别到后林供销社、双林水产大队等处出售。还有村民从事扎笤帚、扎草囤等传统手工制作，到周边市镇售卖换钱以补贴家用。

1964年

春夏，国家开展“四清”运动，东湾兜村有少数干部和村民被清查。

是年，村域的县桥排灌机埠建成。

是年，杨湾大队俱乐部（文艺宣传队）成立，陆荣炳、侯团毛担任俱乐部负责人。

是年，毛泽东主席发出“农业学大寨”号召。村民投入学大寨运动，农业学大寨运动延续到20世纪70年代末结束。

1965年

春，贯彻中央关于农村工作的“二十三条”文件，进一步开展以“四清”为主要内容的社会主义教育运动。

是年春，村域开展爱国卫生活动，社员参加春季灭除钉螺，防止血吸虫病传播。

是年，杨湾大队村部办公室从大仙庙搬迁到莲花兜庙里。

是年，村干部从晓河大队葫芦井机埠接来电线，村民用上15支光电灯。

1966年

夏秋之交，“文化大革命”运动开始。

是年，濮溇港拓浚，杨湾大队派社员参与挖河工程。

1967年

秋，全村开展“三忠于”活动，参加全公社大游行，家家户户门上印刷大红“忠”字，社员人人背诵毛主席语录。干部与社员积极分子参加“毛泽东思想学习班”，很多人自发在夜间帮其他大队割稻插秧，好人好事不留名。

是年，俱乐部改为“杨湾大队毛泽东思想文艺宣传队”，社员40余人参加，侯团毛任宣传队队长。排演现代剧《血泪荡》和《东海小哨兵》，到村域周边生产大队及晟舍、太湖等公社演出，广受欢迎。

是年，杨湾大队合作医疗站建立，沈爱珠担任赤脚医生。

是年秋，村开办农民夜校，朱玉春（李家坝村人）担任授课老师。

是年冬，莲花兜港北村民黄阿和、黄毛宝家发生火灾，烧毁平房2间。

1968年

春，杨湾大队开展“忆苦思甜”教育，邀请姚家甸党支部书记姚兴宝上阶级教育课，全体社员听课。

是年，受附近村庄影响，杨湾大队有村民30余人到上海公墓挖盗棺材板。

是年，杨湾大队开展“清理阶级队伍”运动。

1969年

1月29日，有雷，下大雪。

2月6日，最低气温零下摄氏11度。

秋，织里公社贫下中农毛泽东思想宣传队进驻杨湾大队。

10月，杨湾大队更名为红丰大队。红丰大队革命委员会成立，7人组成，公社批准黄细毛担任主任。

1970年

4月，湖州知识青年谭瑞宗、周风英等来杨湾大队插队落户。此后至70年代末，先后有上海、湖州、织里镇的20余名知识青年插队落户，数年后陆续返城。

是年春，织里公社开展“一打三反”（打击现行反革命破坏活动，反对贪污盗窃、投机倒把、铺张浪费）运动，倡导勤俭节约，婚事新办。婚宴酒席规定长辈参加，限定3桌，名单张榜公布，入席亲友须对号入座。杨湾自然村青年钱某、莲花兜青年李某因摆喜酒超席，被公社派人予以处罚。

是年冬，织里公社调整生产大队规模。红丰大队与织里、姚家甸三大队合并为织里大队。

1971年

春夏，杨湾自然村3个小队合并为杨湾生产队，东安兜自然村2个小队合并为东安兜生产队，莲花兜5个小队合并为莲南、莲北2个生产队。

6月28日，中共嘉兴地委在湖州人民广场（海岛）隆重召开四万人大会，追认英雄民兵沈阿章为中国共产党党员，织里大队每户派基干民兵1人步行至湖州参加大会。

是年秋，织里公社进一步开展学习英雄民兵沈阿章活动。

12月至1972年，吴兴县组织民兵拓浚大钱港，大队组织民兵参加拓浚工程。

1972年

夏秋，连续阴雨引发洪涝，村域水稻受到影响。

冬，杨湾自然村村民钱坤林、钱团毛家发生火灾，起因是老人取暖用脚缸灰引起，烧毁住房，钱团毛双胞胎幼女在火灾中丧生。大队干部发动村民开展捐助，帮其重建住宅。

1973年

3月，吴兴县组织开挖幻溇港进口段，部分村民参与。

是年，全国开展农业学大寨活动，村民全力投入挑田埂，填污潭造田，整理渠道兴修水利。

1974年

春夏，织里大队组织干部参观解放军驻湖某部防化连。

4月22日晚，江苏省溧阳发生5.5级地震，村域有较强震感。

8月19日，第13号强台风袭击湖州，大风暴雨给当地造成影响，部分农田被淹。

1975年

6月，中共织里区工委成立，辖织里、戴山、晟舍、轧村、漾西、太湖6个公社，1977年改为“织里区委”。村域属织里区范围。

是年，“农业学大寨”运动在村域深入开展。村民挖平地墩、填平鱼塘造田。

1976年

1—9月，周恩来、朱德、毛泽东3位伟人先后逝世，村民佩戴黑纱沉痛悼念。

7月28日，河北唐山发生大地震，20余万人遇难。乡域开展防震工作，家家户户搭建简易防震棚。

9月18日，红丰片购买9英寸黑白电视机1台，在莲花兜庙组织村民收看毛泽东逝世追悼大会实况转播。

10月，中央粉碎“四人帮”，村民参加游行声讨。

1977年

9月，第8号强台风过境湖州，大风暴雨连续2天，村域部分农田被淹，粮食产量减少。

是年，汤溇港拓浚，部分村民参与施工。

1978年

夏，晴热干旱，久热无雨，农作物枯萎。

12月18—22日，中共第十一届三中全会在北京召开，村民学习全会公报。

是年，“文化大革命”中的冤假错案开始平反。

1979年

春，大队干部参加公社组织的传达学习十一届三中全会精神，讨论把工作重点转移到社会主义现代化建设上来。

冬，上级调整生产大队规模，红丰片在织里大队划出，恢复红丰生产大队。

是年，村域“四类分子”（地主分子、富农分子、反革命分子、坏分子）摘帽工作结束。

1980年

9月，吴兴县委办公室批复红丰生产大队4个自然村编为8个生产队。

夏，梅雨期44天，连续暴雨，农田受损。

是年，红丰大队在莲花兜建造3间办公楼房。

是年，公社实行农业“定额奖励”责任制，但不搞包产到户。

1981年

春夏，部分村民开始绣枕套、缝制连衣裙，到全国各城市推销。后有部分村民开始做领带和童装生意。

是年，老街虹桥两岸形成绣花制品自由交易市场。村民前往设地摊销售。

1982年

3月，村域开展“五讲四美”活动。

秋，在莲花兜村创办集体企业“红丰服装厂”，钱和宝任厂长，吴金根为供销员。

是年，中共十一届三中全会精神传达到生产队，推行农业联产承包责任制。各生产队农田承包到组。

1983年

是年，红丰大队全面落实农业联产承包责任制。农田按人口和底分划分到户，各户主签订联产承包责任制协议。集体房屋、船只作价后，抽签分给个人。东安兜、莲花兜自然村所有事宜一次性处理完毕，杨湾自然村2年后处理完毕。

1984年

1月，湖州连续下雪，村域受灾。

5月1日，晟舍乡至织里的乡村公路通车，公路穿越村境。

8月，上级实行行政体制改革，撤乡建镇，撤队改村。撤销红丰生产大队，村民商量决定东安兜、杨湾、莲花兜自然村各取一个字作村名，建立东湾兜行政村。侯国民当选首任村委会主任。

1985年

秋，浇筑贯通村内水泥路，莲花兜港南港北至东安兜，杨湾自然村筑路两条。全村筑路总长度5000余米，宽约0.6米，改造原先的泥泞小道，村民告别下雨路难行的历史。

是年，国家改革农副产品收购政策，取消粮食统购和生猪派购任务，改为合同订购和议价收购。

1986年

6月22日，湖州地区遭受暴雨和冰雹袭击，最大风力11级，东湾兜村受到影响。

9月5日，全村16岁以上村民居民身份证发放工作开始。翌年12月，首次发放居民身份证工作结束。

是年，村部后面地块建造4间半楼房，为集体资产。

1987年

春，湖州市开展打击拐卖妇女儿童专项斗争。村委会干部组织村民参与。

秋，莲花兜村接通晟织公路栖梧段村级公路动工修筑。公路全长1000米，全体村民参与填土筑路，至年底完工通车，这是织里镇范围首条村级公路。

是年，莲花兜自然村村民蒋阿黑捐助现金1280元，建造晟织公路杨湾汽车停靠站，方便村民乘车。

1988年

5月，织里至太湖乡村公路开始修筑，村民参与施工。

是年，由吴惠江发起捐款，村里给予部分补助金，村民自愿参加，将莲花兜通往织里老街的田间小路修筑成水泥道路，方便行人，此善举受百姓赞扬。

是年，村委会决定减免根据田亩分摊到农户的农业税（公粮）。该税额由村集体经济支付。

1989年

10月，由于价格差别，织里镇部分村民将中秋蚕茧运到江苏吴江县出售，从而引发“蚕茧大战”。

1990年

7月1日，开展第四次全国人口普查，村委会安排专人发动村民参加普查工作。

夏，村域持续高温干旱。

8月，织里邮电支局开始安装程控电话。莲花兜村民李水荣等人安装了电话座机。

10月8日，织里轻纺绣品市场被评为“全国文明集贸市场”。

1991年

3月12日，湖州至织里通信光缆架通，村民用上6位数程控电话。

7月，暴雨倾注，河水猛涨，部分农田受损。

是年，织里镇政府从老街迁至中华路办公大楼。

是年，村委会在织里北路西侧投资建造织里加油站。

1992年

夏，湖州市织里东安建筑工程队成立，为东湾兜村集体企业。

8月8日，织里经济开放区成立，东湾兜村域属经济开放区范围。

11月18日，环太湖大堤市区段和长兜港工程全面动工，村民参与此工程建设。

1993年

1月1日，湖州市废除使用粮票。粮食市场全面放开。

1月18日，中国织里商城开业，东湾兜村经营户迁入营业。

是年冬，村委班子换届。晟舍乡撤销并入织里镇。

1994年

6月26日，湖州市三县两区电话号码升至7位。长途区号为“0572”。

是年，东盛实业有限公司成立，为村办集体企业。

1995年

春，东盛实业有限公司大楼选址织里北路，并开工建造。

7月1日，织里镇被确定为“全国小城镇改革试点镇”。村域列入其中。

是年，湖州市乡镇全面实行九年制义务教育。

1996年

春，东安建筑工程有限公司成立。

9月，根据上级指示，莲花兜小学撤销停办。

是年，富民路建造工程启动，织里镇政府负责处理莲花兜自然村有关农户拆迁安置房事宜，东湾兜村列入中心镇区。

是年，东湾兜村部由莲花兜搬迁到织里北路新村部办公楼。

1997年

4月，织里镇首届“十大童装企业”“十大童装商标”评选揭晓。东湾兜村的“乖伦”“佳士曼”品牌入选。

5月，政府再次拓浚幻溇港，部分村民参与施工。

1998年

春，富民路建造工程向东安兜、杨湾自然村扩展。

是年，第二轮土地承包延长30年，村委会做好发证工作。

是年，村委会给60岁及以上老年人每月发放养老金。

1999年

夏，太湖流域发生百年一遇特大洪灾。东安兜自然村的古老辫圩堤埂垮塌，洪水涌入圩内，200多亩农田被淹。村民打桩挑土，齐心协力抗击洪灾。东湾兜村被评为全市抗洪先进单位。

是年冬，太湖、漾西、轧村并入织里镇。

2000年

3月，村委会组织全村老年人游览杭州，包租6辆大巴，村委会干部、党员及村民小组长全程陪同。

3月31日，千年古刹利济禅寺重建工程举行上梁仪式，部分村民与善信捐献善款。

是年，位于富民路康泰路交叉口繁华路段的村老年活动中心落成开业。

是年，根据织里镇区发展规划，莲花兜河港被填为平地，即现康泰路地段。

2001年

6月4日，东盛社区居民委员会成立。侯玉平兼任主任。

9月24—26日，织里镇举行首届中国·织里童装博览会。东湾兜村乖伦童装被评为十大童装企业之一。

是年，东湾兜村老年活动中心被省老龄工作委员会评为“浙江省先进老年活动中心”。

2002年

1月，晟舍至织里1路公交线开通，线路穿过村境，方便村民出行。

8月，中共浙江省委副书记梁平波考察东湾兜村老年活动中心，题赠“群贤毕至”墨宝。

是年，东湾兜村党支部、村民委员会班子换届。

是年，湖州东盛房地产开发有限公司建立。

2003年

4月，国内部分地区发生传染性非典型肺炎。村干部与群众合力抗击“非典”。

8月，中共浙江省委常委、宣传部部长陈敏尔视察东湾兜村老年活动中心。

冬，根据织里镇政府安排，村域全体农户的祖宗坟墓由织里“三千亩圩”迁往妙西金家坞公墓。村委会租赁16辆货车，由全体村干部、党员、村民小组长具体负责搬迁事宜。

是年，东湾兜村投资建造雅格里香（东盛国际）大酒店，该酒店与织里镇行政中心比邻。

是年，位于浒井港西岸的东盛幼儿园建造工程启动。

2004年

5月，第二届中国·织里童装博览会举行。吴小章被评选为“织里童装第一人”，东湾兜村的童装企业参加博览会活动。

7月，东湾兜村第二轮农民土地承包签订合同完成。

是年，东湾兜村党总支部委员会成立。下设东湾兜、东盛集团、东盛幼儿园3个支部。侯国民任党总支部书记。

是年，位于吴兴大道与富民路交叉口的标志性建筑紫荆宾馆竣工。

2005年

5月，村级班子换届选举工作完成。

秋，村老年活动中心授牌“织里镇中学学生社会实践基地”。

冬，湖州市委书记孙文友到东湾兜村考察工作。

是年，东盛幼儿园投入使用。幼儿园占地5公顷，位于富民路东、浒井港西岸，设施完备。

是年，东湾兜村委、东盛集团搬迁到新建村办公大楼（吴兴大道紫荆宾馆）10层办公。

2006年

9月14日、10月21日，织里镇福音大厦和秦家港出租房发生两次震惊全国的特大火灾，20余名职工遇难。东湾兜村委组织力量在村域内全面排查火灾隐患，教育村民注重消防安全。

2007年

1月始，东湾兜村投入大量财力物力，配合织里镇对辖区童装厂进行“三合一”（职工住宿、生产、仓储与经营混合一处的企业）整治，建造消防楼梯，户内安装防火门，修筑防火墙，前后历时两年。

8月，村民陆淦荣向湖州市社会福利院儿童赠送服装一批。8月30日，市福利院给陆淦荣写来感谢信。

是年，村老年活动中心被评为“湖州市三星级老年活动中心”。

2008年

1月25—29日，天降大雪，漫天皆白，村庄银装素裹。雪量之大、连续降雪时间之长，为历史罕见。大雪封道，屋顶积雪严重，东湾兜村民全力投入抗击雪灾行动中。

5月，四川汶川发生严重地震，村民捐款捐物支援灾区。党员与村干部给湖州红十字会捐赠救灾善款5万元。

2009年

2月，东湾兜村获2008年度“浙江省文明村”称号。

8月15—20日，织里镇举办2009中国·织里童装活动周。村域童装企业参与。

是年，东盛国际大酒店隆重开业。新老年活动中心建造工程动土奠基。

2010年

11月，2010中国·织里童装文化节举办。村域童装企业参与。

是年，东湾兜村委及东盛集团搬迁到吴兴大道凯旋路口新址。

是年，老年活动中心从富民路搬迁到康泰桥（莲花兜口）南侧新址。

是年，东湾兜村获“浙江省卫生村”称号。

2011年

春，东湾兜村两委会班子换届。

10月下旬，织里镇发生“税务”事件。由织里征税人员与皖籍童装生产户引发，镇区、村域交通阻塞，东湾兜村民有私家车辆被砸，全镇商店闭户，停工停业，造成极大影响。政府调派来大批干部和警员处理，数天后事件平息。

是年，东湾兜村档案室被命名为“浙江省行政村示范档案室”。

是年，村老年活动中心被市民政局、老龄办评为“湖州市农村居家养老服务市级示范点”。

2012年

7月，织里镇全面落实以社区为主体的“1+1+N”的全科管理、综合服务模式，社区管理网格化。

是年，东湾兜村获省“农村基层组织建设先锋工程五好党组织”称号。

是年，东湾兜村获“党建工作省级示范村”称号。

2013年

是年，国土资源部在东湾兜村召开全国农村征地安置工作会议。

是年，织里镇启动智慧织里建设，全面启动基础信息采集平台，并建成综合指挥中心、地下信息系统、道路视频监控系统等。村域列入其中。

2014年

1月起，东湾兜村60周岁以上老年人养老金增至每人每月800元。

夏，政府有关部门在富民路建造人防工程、地下商业店铺。

9月，《东湾兜村志》编纂工作启动。老干部老党员与村民热情提供历史资料，撰写回忆文章。

冬，东湾兜村经济合作社确认村民股权。

2015年

2月14日，湖州市吴兴区织里镇东湾兜村股份经济合作社成立并颁发登记证，类型为“集体经济”，法定代表人钱利平，资产总额6097.93万元。

4月，东湾兜村被评为织里镇卫生工作先进集体。

6月16日，村老年活动中心从莲花桥南堍搬迁至康泰路88号。

7月，织里镇推广使用“公共安全监管”“智慧用电”“智慧用水”“智能预警”四大系统。村域被列入使用范围。

是年12月，村民与社区卫生服务站签订《社区居民全科医生（家庭医生）服务协议》。

是年12月，位于村域富民路地下商业街主体全线贯通。工程北起兴盛路，南至吴兴大道，建筑面积21000平方米。

是年底，东湾兜村村委会发给钱伟杰等5名考上大学（大专）的学生补助金每人5000元。

2016年

1月1日，国家全面放开二孩生育政策，生育第二个孩子无需审批。东湾兜村计划生育工作从管理为主转向服务为主。

1月22日暴雪，23—25日严重冰冻，最低气温零下9摄氏度。湖州市中小学校停课。

5月19日，百岁老人李和珍（1916—2016）在本宅逝世，东湾兜村委会送花圈悼念。

2017年

3月4日，东湾兜村村级班子换届。侯国民任村党支部书记，钱利平当选为村民委员会主任。

9月17日，以“童趣”为主题的第四届“中国·织里”全国童装设计大赛举行颁奖仪式。村域童装企业参加。

10月16日，东湾兜村村委办公室由康泰路49号搬迁至湖滨路66号。

2018年

3月，织里镇开展“环境大整治、法治大宣传、素质大提升”的城市管理“六个精细化”活动。东湾兜村干部群众参与垃圾分类等项活动。

6月1日起，织里镇全面禁止销售燃放烟花爆竹。东湾兜村属于禁放区范围。

9月8日，织里镇入选中宣部“庆祝改革开放40年”唯一镇级典型。国家主流媒体、各大电视台、报纸记者前来采访。东湾兜村干部群众参与此活动。

2019年

6月，织里镇全面推广农村生活垃圾分类工作。东湾兜村干部群众参与此活动。

9月10日，村委办公室由湖滨路66号搬迁至吴兴大道199号。

11月21日，“2019首届织里童装时尚周”在织里镇举行，中国服装协会、吴兴区政府主办，村域童装企业参加。

11月，国务院新闻办公室、新华通讯社、浙江省政府主办的“中国治理的世界意义”国际论坛在湖州举行。省委书记车俊向与会嘉宾介绍织里镇“华丽蝶变”的社会治理成效。

2020年

2月，湖北武汉发生新型冠状肺炎病毒疫情，全国齐心抗疫。东湾兜村干部根据上级部署，落实各项措施，设卡点值岗，组织村民抗击新冠病疫。

春，东湾兜村21名党员向武汉捐款10100元。村民和企业自发捐款和捐献防护口罩、手套、方便面等物资。

4月17日，莲花兜村民吴阿平（1919.1—2020.4）在本宅安然逝世，享寿102岁。镇村有关部门献送花圈悼念。

10月，第七次全国人口普查开始。东湾兜村落实专人参加人口普查工作。

11月，村级班子换届工作结束。钱利平当选为东湾兜村党支部书记、村民委员会主任。闵金建当选为东湾兜村党支部副书记。

12月15日，东湾兜村老年活动中心从康泰路88号搬迁至湖滨路66号。

12月29日中午起，冷空气影响织里，村域气温平均下降12度左右，伴有大风、雨雪，31日早上最低气温零下6摄氏度。

第一章　村史村情

东湾兜村位于中国童装名镇织里镇中心地段。交通便利，至东方大都市上海、省城杭州仅1个多小时车程。村庄东濒浒井港，与织里镇行政中心隔河相望；南接吴兴大道，与清水兜行政村紧邻；西隔织里北路，毗连朱湾村；北至长安路，与织里村为界。

村域面积1.6平方公里。据2020年年底统计，全村总户数221户，总人数973人。域内辖2个社区及8个村民小组。农村合作化及人民公社年代，有水田70.6公顷，桑白地10.46公顷，内塘0.47公顷。20世纪90年代起陆续被开发征用，至2000年征用殆尽。村内进行旧房改造，村民住宅均改建为商住两用排屋，村庄已无旧时痕迹，成为纯粹的新型城镇。

东湾兜行政村包含杨湾、东安兜、莲花兜南、莲花兜北4个自然村。历史上以水稻种植和种桑育蚕为主要产业。村庄周围阡陌纵横，河港交错，圩田汇聚，桑园无际。村内民居连片，炊烟袅袅，人们和睦相处，其乐融融。

本章分为村庄简述、历史沿革、村民状况3节，概要记述村史民情。

第一节　村庄简述

古　　代

据地方志记载，明清时村域隶属乌程县常乐乡晟舍和织里。晟舍历来是兵家必争之要地。元末朱元璋部将攻打湖州城，围城时间长达数年，而晟舍作为主要战场，殃及附近村庄，民房被焚为焦土，百姓流离失所。清咸丰十年（1860），太平军向浙江大规模进军。同治元年（1862），清政府在外国势力支持下，形势发生逆转，太平军所占领的浙南六府相继失守，嘉兴也在同治三年（1864）被清军收复，剩下湖州最后一个据点。因此太平军的湖州保卫战打得非常悲壮激烈，而晟舍阻击战更是惨烈，村域与晟舍紧邻，严重遭殃。

民国时期

1937年7月7日，卢沟桥事变爆发，日本军队全面侵华，抗日战争全面爆发。11月5日，侵华日军11万人在上海金山卫长约15里的海滩偷袭登陆，中国军队虽组织抵抗，但难御强虏。日军沿今318国道西进，一路烧杀抢掠，旧馆、晟舍大多民房被焚，老百姓逃到太湖边上避难。11月24日，吴兴沦陷。

东湾兜村民在长达14年的抗日战争中饱受灾难。1937年冬，一队日军窜到杨湾自然村，索要物品和找“花姑娘”。此时杨湾村民已去外地避难，鬼子兵一怒之下，放火烧毁了十几家民房。

1938年春，东安兜自然村村民吴金六、侯杏春被日本兵抓到晟舍利济寺，日军又逼他们到清水兜抓鸡抓猪。吴金六趁天黑伏在稻田中逃回家里，而侯杏春因舍不得自家农船，又被日本兵抓回利济寺，从此之后侯杏春就失去踪影，家人悲痛欲绝。

2014年，97岁高龄的吴阿平在编写村史时回忆：1931年遭遇特大洪水，圩埂坍塌，成片农田被淹，是年吴阿平才14岁，就到邱家塘去踏水车，因为人矮小，够不着水车坐板，只得用一根扁担绑在车上踏水，连续几天车水，屁股也溃烂了。洪水退去后，稻苗受损歉收，只得捞些菱网头煮熟充饥。而东安兜自然村的小狗（绰号）等村民则到外地去讨饭。日军全面侵华那年吴阿平20岁，闻讯日军到达晟舍后，村民就出外到太湖边上避难。此后，吴阿平两次被抓去帮日军摇船，命令摇到那里就必须摇到那里，吃尽苦头。

抗日战争期间到新中国成立前的几年，杨湾村陈金富任国民革命军第62师某部第一别动队大队长，陈金富20岁时就在湖城市陌路徒手杀死1名日本兵，名扬塘北。抗战后期，陈金富曾率部属缴过日汪伪军枪械，但陈金富的队部经常骚扰百姓，人们称之为土匪部队。村民因生活所迫，有少数人参加陈金富的部队。

民国年间，与太湖南岸古村落同样命运，村民在灾荒兵祸中艰难生活。

新中国成立后

东湾兜村从土地改革、农村合作化、人民公社化一路走来，经历了三年困难时期，十年“文化大革命”，历尽艰辛曲折。

1954年村域遭受特大洪水，全村农田被淹，灾后村民采摘菱网头煮熟充饥度日。三年困难时期，多数村民以食蚕豆叶、豆腐渣为生，杨湾有村民曾去邻村乞讨。

在以“阶级斗争为纲”的年代，农户自留地及饲养家禽被严格限制，村民才智和创造力受到严重束缚。

历史上，东湾兜村民除了主业农桑耕作外，副业多种多样。换糖换捻线就是许多村民曾经的副业。二十世纪五六十年代，杨湾自然村郑阿应等人农闲时结伴摇船到长兴山区换糖，来去一趟要十来天，食宿均在小木船内。莲花兜村民吴阿宝、李六贵等人从事鸡毛换糖和卖鸡苗生意，穿梭于荻塘北岸，在织里区范围小有名气。而从事泥木匠、捕鱼捉黄鳝、打鸟、扎草囤的村民不乏其人。

改革开放后，东湾兜村实行农业联产承包责任制，村民开始做童装，办厂经商，走南闯北，如鱼得水，迅速勤劳致富。

东湾兜村地理位置得天独厚。1996年起富民路修筑并向南延伸，21世纪初，由于位于织里镇区繁华地段，东湾兜村从此为众人瞩目。年轻一代村委班子具有开拓精神，创新理念，步子稳健。利用优越的地理位置和广泛人际关系，创建东盛集团等多个村级集体企业，积累雄厚的集体财富。东湾兜村委注重民生，关心群众生活与生命安全。2003年“非典”蔓延，人心惶惶，村委全力组织预防。2006年秋冬交替之际，织里镇连续发生两次特大火灾。20余条生命在熊熊烈火中丧失，事件震惊全国。在尔后的童装企业“三合一”整治中，村委会全力以赴，投入大量人力财力，将辖域内的童装企业整治到位，确保人民群众生命财产安全。

东湾兜村民历来承担保卫国家的责任。新中国成以来，先后有26位村民参加中国人民解放军。20世纪50年代以来，村民同时承担筑铁路、修水库、做公益慈善等社会责任。

“百善孝为先”。行孝敬老，将集体财富回报父老乡亲，是东湾兜村村委干部一如既往的诺言。1999年，在织里镇繁华地段建造多功能老年活动中心，老年村民每天在这里喝茶聊天，棋牌娱乐。1998年起村里给60岁及以上老人每月发放养老金，尔后逐年增加，到2017年已增发至每人每月1500元。逢年过节请城市专业文艺团体演出，老人们颐养天年。

东湾兜村的文化教育事业发展迅速。村委会对考上专科以上的学子予以资金奖励。东盛幼儿园设施齐全，师资力量雄厚，面向织里全镇招生，获社会好评。东盛越剧团由湖州市中青年演员组成，剧目源于生活，为群众所喜闻乐见。

改革开放40年，凭借天时地利，东湾兜人用自己的智慧，付出超乎常人的努力，创建了一个新型村庄。

第二节　历史沿革

村名来源

1984年，由杨湾、东安兜、莲花兜南、莲花兜北4个自然村组成行政村。经村干部与村民商量同意，各自然村取出一字为行政村村名，此为“东湾兜”村名之来历。

行政村沿革

历史上归属湖州府乌程县常乐乡，东湾兜村域分属晟舍与织里。湖州的县以下行政区划，隋朝以前，无可查考。

唐代行乡里制，村域隶属乌程县。唐以百户为里，五里为乡，四家为邻，三家为保。在邑居者为坊，在田野者为村。宋代行乡里制，村域隶属乌程县常乐乡。元代乡里区划沿宋制，村域隶属乌程县。

明代实行区都里制，村域隶属乌程县。明成化八年（1472），行区都里制，并将城厢之界归县辖。计乌程所辖有二十三区八界五十三都二百八十三里。

清雍正七年（1729）浙江巡抚李卫推行顺庄法，将通县民图拆散甲分，查照烟户住址，编为区庄，计乌程所辖有二十三区，共分二百二十四庄。同治《湖州府志》卷二十二《舆地略·村镇》记述“骥村、小湖、木行兜、莲花兜、梁家兜”同属乌程县十一区一百十三庄。同治《晟舍镇志》有“栖梧市河，西受澄鉴滩漾诸水，东受王家荡诸水，过东经杨湾，入织里界”的记载。光绪十九年（1893）刊印的《乌程县五里方图》上，清晰标注“杨湾”两字。

1912年，撤乌程归安两县合并为吴兴县。并采照清末所颁城镇乡自治章程，凡县治所在之地为乡，吴兴县划分计城一，镇十三，乡十一，共25个区域。东湾兜村域隶属吴兴县苕东镇、织里乡。

1929年，吴兴县村里编制完成，全县划分为10个区，计共编划57里326村。东湾兜村域属吴兴县第二区晟舍里、织里里。

1935年，吴兴县扩并乡镇编组保甲。保甲编制取十进划一制，即十户为甲，十甲为保，十保为乡或镇。同年撤苕东镇建置晟舍乡，村域隶属吴兴县第二督导区晟舍乡、织里镇。

抗日战争中之乡镇区域。卢沟桥事变后，淞沪抗战爆发，湖城沦陷，政府后撤，敌寇横行，乡镇解体。其间吴兴县重新编划为6个区。村隶属织里区晟舍、织里两乡镇。

1945年，抗日战争胜利。1946年2月，吴兴县奉令扩并乡镇，并提经县参议会决议，共计扩并为63个乡镇。村域仍隶属晟舍镇、织里镇。

新中国成立之初，东安兜村隶属晟舍镇，杨湾属织里镇。1950年6月，撤晟舍镇设置云村乡、大河乡。东安兜自然村隶属云村乡第五村，杨湾、莲花兜编为云村乡第一村。

1956年，撤销织东乡、云村乡、大河乡，合并入织里大乡。

1958年10月1日，成立太湖人民公社，设10个管理区。村域为织里管理区杨湾生产队。

1961年，撤销太湖人民公社，划分5个小公社，村域隶属织里公社。建立杨湾生产大队。

1969年10月，杨湾生产大队改名为红丰大队。

1970年冬，红丰大队并入织里大队。设置“红丰片”，1979年冬从织里大队划出，恢复红丰大队。

1984年，行政体制改革，撤队建村。撤销红丰生产大队，各自然村取一字组合村名，改名为“东湾兜”，建立东湾兜行政村。

2000年，建立东湾兜社区和东盛社区。

自然村沿革

杨湾自然村

东与莲花兜自然村毗连，南接东安兜自然村，西为栖梧自然村，北邻郑打古自然村。清末民初又称作“阳湾”。自然村位于杨湾河东岸，民居集中。民国年间为保甲制。新中国成立之初属织里乡，先后成立互助组、初级农业生产合作社、高级农业生产合作社。1961年属织里公社，编为3个生产队，为杨湾生产大队第1至第3生产队。1969年属红丰生产大队。1971年3个小队合并，为织里大队杨湾生产队。1979年红丰大队从织里大队划出，杨湾自然村编为2个生产队。1984年撤队建村后，编为2个村民小组。杨湾自然村现位于富民路与织里北路繁华路段。自北而南，有长安路、繁荣路、兴盛路、迎春路、康泰路横贯村域。自东向西，有国泰路、富民路、鹏程路、织里北路等纵向道路串连街区。域内有织里街道办事处、织里医院（2019年迁至新院址）等机构。

东安兜自然村

东北与莲花兜自然村相连，南依吴兴大道、隔浒井港与清水兜行政村为邻，北为杨湾自然村。民国年间为保甲制，初期属吴兴县苕东镇。新中国成立之初属云村乡，先后成立互助组、初级农业生产合作社、高级农业生产合作社。1961年属织里公社，编为2个生产队，以港南港北划界，编为杨湾生产大队第4生产队、第5生产队。1969年属红丰生产大队。1971年2个小队合并，为织里大队东安兜生产队。1979年红丰大队从织里大队划出，东安兜自然村编为2个生产队。1984年撤队建村后，被编为2个村民小组。

东安兜自然村现为织里镇主要街区。自南至北有吴兴大道、星光路、步行街、富盛路、民盛路、东安路等横向道路，是重点童装户生产经营区域。由东向西有凯旋路、富民路、织里路等纵向道路。域内有村委会办公楼、国土大厦、电信、移动营业厅、紫荆宾馆等建筑。

莲花兜南自然村

隔浒井港东为晓河村，村东侧莲花桥与织里镇行政中心相连，南连东安兜自然村，西接杨湾自然村，北与莲花兜北自然村相邻。莲花兜为东西向河流，西端则是瞒兜浜。民房沿河而筑，分为港南港北。两岸村民隔河相望，信息传递非常方便。民国年间为保甲制。新中国成立之初，先后成立互助组、初级农业生产合作社、高级农业生产合作社。1961年莲花兜南编为2个生产队，为杨湾生产大队第6生产队、第7生产队。1969年属红丰生产大队。1971年合并为织里大队莲南生产队。1979年红丰从织里大队划出，莲花兜南自然村编为2个生产队。1984年撤队建村后，被编为2个村民小组。

莲花兜南自然村现为织里镇重要商贸街区和童装生产区。自北而南，有康泰路、吉昌路横贯村域；有凯旋路、富民路等纵向道路通达四方。域内有老庙金店等商贸场所。

莲花兜北自然村

隔浒井港东为晓河村，东侧莲花桥与织里镇行政中心相连，南连莲花兜南自然村，西与杨湾自然村紧邻，北至长安路连接织里行政村。1961年莲花兜北编为3个生产队，以港南港北划界取名。港北为第8—10生产队。1969年属红丰生产大队。1971年3个生产队合并为1个，为织里大队莲北生产队。1979年红丰从织里大队分出，莲花兜北自然村编为2个生产队。1984年撤队建村后，被编为2个村民小组。

莲花兜北自然村现为织里镇重要商贸街区。自北而南，有长安路、繁荣路、兴盛路、迎春路、康泰路横贯村域；有国泰路、凯旋路、富民路等纵向道路。域内有织里镇中心农贸市场、东方超市等商贸场所。

第三节　村民状况

2021年，东湾兜村志编修工作重新启动后，村委会安排专人对村民状况作了全面调查统计。

2020年底人口状况

2020年底止，东湾兜村户籍簿户口222户，总人口973人。其中男性469人，女性504人；汉族972人，少数民族1人（李德英，女，壮族）。

东湾兜村村民资料一览表

表 1

村民小组（自然村）（个）	总户数（户）	人口（人）			年龄分类（人）					受教育程度分类（人）					
		总人口数	其中		儿童12岁以下	青少年18岁以下	青年18–40岁	中年60岁以下	老年60岁以上	小学	初中	高中	大专	本科及以上	留学人员
			男性	女性											
1	30	121	58	63	4	7	31	48	31	37	35	12	8	11	1
2	28	135	65	70	9	8	33	40	45	54	23	17	9	8	
3	26	114	54	60	13	3	33	35	30	36	27	15	7	6	
4	20	98	48	50	4	5	21	30	38	25	20	15	12	8	
5	24	127	60	67	8	7	36	37	39	35	18	23	16	10	2
6	27	109	51	58	7	3	31	35	33	42	19	14	13	9	
7	30	138	65	73	6	7	34	49	42	50	25	13	17	9	1
8	37	131	68	63	4	7	32	52	36	47	27	10	15	12	1
合计	222	973	469	504	55	47	251	326	294	326	194	119	97	73	5

说明：该表为2022年12月统计数据

村民教育

民国年间至解放初期村有私塾，由莲花兜钱梅春先生任教。1955年创办莲花兜小学，后改名杨湾大队小学、红丰小学，1996年停办。

2020年年底统计，村民有留学生5人、大学本科73人、专科97人、高中文化119人、初中文化194人、小学文化326人、文盲102人。

高学历村民名录

2020年底统计，东湾兜村大专及以上文化程度部分村民名录(共38人)

东湾兜村大专及以上文化程度村民一览表

表2

序号	姓名	毕业院校	备注
1	吴惠民	杭州师范学院	东湾兜村第一位正规大学生
2	陈伟华	浙江省人民警察学院	
3	候雄鹰	浙江农业大学	
4	候晨鸣	杭州城市建筑学院	
5	李金金	浙江医科大学	
6	钱　锋	天津理工学院	
7	钱金龙	浙江财经学院	
8	闵霞莉	浙江理工学院	
9	闵金建	浙江工商职业技术学院	
10	沈　燕	宁波职业技术学院	
11	李锋锋	湖州广播电视技术学校	
12	李佳丽	嘉兴土木建筑工程学院	
13	黄　旭	华东师范大学	
14	钱艳艳	浙江中医药大学	
15	嵇培佩	金华财经学院	
16	吴娜锋	杭州城市建筑学院	
17	闵　强	湖州师范学院	
18	李佳良	杭州电子科技大学	
19	李水龙	杭州理工大学	

续表2

序号	姓名	毕业院校	备注
20	李　斌	青岛潜艇海军学院	
21	钱东金	宁波理工大学	
22	闵鹏飞	重庆理工大学	
23	陆云霞	浙江师范学校	
24	黄燕晨	绍兴财经大学	
25	邹洁洁	浙江大学城市学院	
26	黄芳媚	日本早稻大学	在读
27	吴承成	澳大利亚新兰威聂市大学	在读
28	陆　涛	宁波理工学校	
29	陆　锋	北京科技大学	
30	李　跃	杭州理工大学	
31	陆海美	太原中西药学院	
32	钱云翔	宁波大学	
33	候佩佩	金华师范大学	
34	李佳红	湖州职业技术学院	
35	郑舒怡	浙江长征职业技术学院	
36	徐义淳	英国兰卡斯特商学院	在读
37	郑凤琴	杭州职业技术学院(1997届)	
38	郑小琴	浙江大学宁波理工学院(2002届)	

东湾兜村新中国建立后小学教师名录

20世纪50年代

郑之慎　(织里村狮子桥人)　　王老师　(织里镇晓河村人)

费明宝　(织里镇轧村人)　　曹开华　(织里镇轧村人)

潘仲民　(不　详)　　陆老师　(不　详)

1960—1996年

黄永珍　(织里镇东湾兜人、民办教师)

邱宣英　(织里镇联漾村人、公办教师)

陶美华　(织里镇邱家塘人、公办教师)

钱根娣　（吴兴区八里店镇人、民办教师）

吴惠民　（织里镇东湾兜人、公办教师）

钱丽华　（织里镇东湾兜人、公办教师）

新中国成立至2014年部分年份人口调查数据

新中国成立以来，生老病死，来往迁徙，村域人口变动较大。2014年9月，《东湾兜村志》编纂工作启动，由村民黄阿和、吴水根、钱小毛、陈梅林、郑铸荣等人进行全面统计，分户核实。

1950—2014年间东湾兜村部分年份人口数据一览表

表3

年　份	总人数(人)	其中男性(人)	其中女性(人)
1950	401	223	178
1960	519	290	229
1970	680	353	327
1980	736	384	352
1990	813	407	406
2000	904	447	457
2014	926	455	471

说明：截至2014年12月31日

村民姓氏

2020年底户籍簿统计总共姓氏75个。

东湾兜村姓氏排序前10位：

第一位　黄姓150人　　第二位　李姓128人

第三位　钱姓92人　　第四位　吴姓90人

第五位　陆姓74人　　第六位　侯姓69人

第七位　闵姓46人　　第八位　周姓40人

第九位　沈姓33人　　第十位　郑姓27人

东湾兜村姓氏排序第11至75位：

邹姓 19人	刘姓 3人	戴姓 1人	芮姓 1人
王姓 16人	强姓 3人	房姓 1人	申姓 1人
蒋姓 15人	苏姓 3人	付姓 1人	盛姓 1人
朱姓 14人	孙姓 3人	官姓 1人	宋姓 1人
陈姓 12人	郁姓 3人	郭姓 1人	谭姓 1人
潘姓 11人	章姓 3人	韩姓 1人	唐姓 1人
张姓 11人	白姓 2人	胡姓 1人	魏姓 1人
蔡姓 9人	丁姓 2人	戢姓 1人	谢姓 1人
杨姓 7人	顾姓 2人	姜姓 1人	邢姓 1人
姚姓 6人	吕姓 2人	冷姓 1人	许姓 1人
金姓 5人	邱姓 2人	黎姓 1人	严姓 1人
罗姓 5人	施姓 2人	林姓 1人	俞姓 1人
范姓 4人	谈姓 2人	柳姓 1人	袁姓 1人
方姓 4人	汤姓 2人	孟姓 1人	左姓 1人
嵇姓 4人	叶姓 2人	蒲姓 1人	
陶姓 4人	钟姓 2人	茹姓 1人	
徐姓 4人	曹姓 1人	阮姓 1人	

2014年姓氏统计

根据村委会居民户口簿9月统计，东湾兜村共有人口926人，其中男455人，女471人，姓氏69个。

2014年东湾兜村姓氏前10位排名：

第一位	黄姓 149人	2014年全国姓氏排名第8位
第二位	李姓 120人	2014年全国姓氏排名第1位
第三位	吴姓 82人	2014年全国姓氏排名第10位

第四位　陆姓 80人　　　2014年全国姓氏排名第70位
第五位　钱姓 79人　　　2014年全国姓氏排名第90位
第六位　侯姓 61人　　　2014年全国姓氏排名第82位
第七位　闵姓 41人　　　2014年全国姓氏排名第191位
第八位　周姓 36人　　　2014年全国姓氏排名第9位
第九位　郑姓 27人　　　2014年全国姓氏排名第23位
第十位　邹姓 19人　　　2014年全国姓氏排名第67位

其他姓氏

王姓 15人　蒋姓 14人　朱姓 12人　陈姓 11人
张姓 10人　潘姓 9人　桑姓 7人　杨姓 6人
罗姓 6人　姚姓 5人　嵇姓 4人　顾姓 4人
钟姓 4人　金姓 4人　谈姓 3人　郁姓 3人
汤姓 3 人　陶姓 3人　徐姓 3人　丁姓 2人
叶姓2人　章姓 2人　蔡姓 2人　林姓 2人
方姓2人　范姓 2人

长寿老人名录

2020 年底统计，已故百岁老人：

李和珍　女　1916年8月3日出生　2016年5月19日逝世
吴阿平　男　1919年1月14日出生　2020年4月17日逝世

90岁以上老人名录（截至2020年12月）

表4

自然村	姓名	性别	出生年月
莲花兜港南	蒋连珠	女	1928.1
东安兜	吴水娥	女	1930.9
东安兜	侯凤清	女	1932.1
东安兜	侯六寿	男	1932.2

80岁以上老人名录（截至2020年12月）

表5

序号	自然村	姓　名	性别	出生年月
1	莲花兜港北	钱和宝	男	1933.12
2	杨湾	陆财林	男	1934.3
3	莲花兜港南	李杏元	男	1934.3
4	莲花兜港北	黄宝珠	女	1935.1
5	东安兜	吴和珍	女	1935.12
6	莲花兜港北	黄金囡	女	1936.1
7	莲花兜港南	李引娣	女	1936.2
8	莲花兜港南	李法林	男	1936.6
9	杨湾	沈玲珠	女	1936.6
10	杨湾	闵金林	男	1936.10
11	莲花兜港北	周新宝	男	1936.10
12	莲花兜港南	李六英	女	1937.1
13	杨湾	李梅英	女	1937.2
14	杨湾	闵水江	男	1937.3
15	杨湾	潘金毛	女	1937.4
16	莲花兜港北	黄鸭毛	男	1937.10
17	莲花兜港南	邹林娥	女	1937.11
18	杨湾	汤玉英	女	1937.12
19	杨湾	钱有宝	男	1937.12
20	东安兜	侯水英	女	1938.2
21	莲花兜港北	黄根娣	女	1938.11
22	杨湾	陆荣炳	男	1938.11
23	莲花兜港北	黄阿团	女	1938.12
24	莲花兜港南	郑应男	女	1938.12
25	莲花兜港北	陈金妹	女	1939.3
26	东安兜	闵团毛	男	1939.9
27	杨湾	陆金宝	男	1939.9

续表5

序号	自然村	姓　名	性别	出生年月
28	莲花兜港北	黄引娣	女	1939.9
29	杨湾	陆阿林	女	1939.10
30	莲花兜港北	蔡顺珠	女	1939.11
31	莲花兜港北	黄子娥	女	1940.4
32	东安兜	王玉华	女	1940.4
33	杨湾	钱团毛	男	1940.4
34	莲花兜港南	李阿娥	女	1940.4
35	莲花兜港南	李金美	女	1940.12
36	莲花兜港北	吴阿毛	女	1941.3
37	莲花兜港北	黄阿碗	女	1941.10
38	莲花兜港北	周小毛	男	1941.11
39	东安兜	吴新宝	男	1942.3
40	杨湾	陆秧毛	男	1942.5

村民服兵役状况

依法义务兵役，是中华人民共和国公民的神圣职责。新中国成立至 2020年年底，东湾兜村共有 26 位村民参加人民解放军。

退伍、复员军人名录（截至2020年12月）

表6

自然村	姓名	出生年月	入伍年月	退伍复员年月	备注
东安兜	黄惠（大毛）	1931.5	1951.1	1958.3	已亡故
莲花兜北	周金寿	1942.10	1960.1	1968.3	湖州机床厂退休
莲花兜北	吴惠江	1949.5	1968.1	1971.3	已亡故
莲花兜北	周明轩	1951.11	1969.3	1972.4	入赘郑港村
杨　湾	钱阿三	1952.7	1971.1	1975.3	已亡故

续表6

自然村	姓名	出生年月	入伍年月	退伍复员年月	备注
莲花兜南	李林根	1958.12	1976.2	1981.1	
东安兜	吴培根	1966.2	1985.12	1989.2	
杨　湾	周培峰	1963.12	1981.11	1984.1	
莲花兜北	黄子荣	1955.9	1976.12	1981.1	
莲花兜北	黄燕飞	1981.12	1999.12	2001.12	
杨　湾	陆锦荣	1949.10	1971.1	1975.3	
杨　湾	钱建强	1981.9	1999.12	2001.12	
东安兜	侯金芳	1960.2	1978.4	1983.1	
莲花兜北	严国强	1974.6	1992.12	1995.12	
莲花兜北	黄三林	1950.2	1969.12	1976.3	
东安兜	吴淦芳	1961.9	1981.1	1983.1	
莲花兜南	李水庆	1952.9	1973.1	1977.3	
莲花兜南	李土根	1954.8	1973.1	1978.4	
东安兜	侯玉平	1954.12	1975.1	1979.12	
杨　湾	闵金建	1986.11	2006.12	2008.12	
莲花兜北	吴海乔	1947.6	1966.3	1969.3	
杨　湾	陆顺华	1962.11	1981.1	1984.10	
莲花兜南	钱伟强	1993.4	2012.12	2020.12	
莲花兜北	黄　杰	1991.10	2010.12	2012.12	
杨　湾	潘新龙	1966.11	1984.10	1988.1	
莲花兜北	沈　斌	1977.4	1995.12	2000.12	

村民职业状况

21世纪初起，村民已经完全脱离传统的农业生产，融进了全新的产业结构。新一代村民在继承祖辈吃苦耐劳精神的同时，根据自己的条件和能力，选择适合自己的职业，努力为社会创造财富。

2020年年底统计，村民从事职业分类如下：

村民职业分类一览表（截至2020年12月）

表7

自然村（村民小组）	职业分类(户)							
	童装生产(户)	经商开店	私营办企业	公务员（事业单位）	教师（事业单位）	手工业	打工上班	房屋出租
一队	1	5	0	2	1	0	15	23
二队	2	6	2	0	2	0	17	24
三队	1	3	1	1	0	1	12	26
四队	2	6	2	1	2	0	15	19
五队	3	5	3	5	0	0	9	27
六队	5	2	2	3	0	0	7	23
七队	2	6	1	0	0	0	6	30
八队	6	8	0	0	2	0	10	37
合计	22	41	11	12	7	1	91	209

2014 年 9 月底统计，村民职业结构如下：

村民职业结构一览表

表8

办厂及私营企业	20 户	人员 48 人
开店经商者	48 户	人员 102 人
企事业单位工作		人员 68 人

村民才艺

侯团毛 东安兜自然村人，1939 年出生。自小在晟舍利济禅寺出家，跟随法师皈依佛门。侯团毛自幼聪颖，在做法事活动中用心学习各种民族乐器，如笛子、胡琴，吹拉弹唱件件皆会。1962 年还俗。1966 年杨湾大队成立毛泽东思想文艺宣传队，侯团毛担任负责人，排演现代剧《血泪荡》《东海小哨兵》等剧目，深受群众欢迎。

郑铸荣 杨湾自然村人，1943 年出生，担任过织里茧站总务及茧站会计，东湾兜村会计。郑铸荣从小喜欢书法绘画，“文化大革命”初期画毛泽东主席像，惟妙惟肖。在杨湾大队毛泽东思想文艺宣传队时，主动负责剧本刻写，海报绘画等工作。晚年，郑铸荣专习书法绘画，经常与书画界人士交流切磋，并有作品参加基层单位展览。

钱团毛 杨湾自然村人，1940 年出生。自幼失去父母双亲，家境极其贫苦，少年时曾携弟四处乞讨。钱团毛虽然从小未进过学堂，但记忆力超群，少时在乡间茶坊听民间艺人说唱，听一遍后即能记住。后来钱团毛自己也从事民间说唱，其弟二团学会拉奏二胡，兄弟搭档四处表演，配合默契，传为佳话。

2010 年，织里镇开展非物质文化遗产调查，钱团毛倾其记忆，将本地的民间歌谣录制成辑，收编在《织里民间文化》书中。

村民荣誉（受到区级及以上表彰）

侯国民 湖州市第五届人民代表大会代表，吴兴区人民代表大会常务委员会委员。2000 年，获“湖州市劳动模范”荣誉称号。2016年获“湖州市美丽乡村建设带头人”荣誉。

李水法 获“湖州市成长型企业家”称号。

吴丽英 吴兴区党代会代表，区级劳动模范、首届千名好支书、浙江省流动人口管理先进个人。

陆强强 现役海军军官，大校军衔。多次荣立功勋，被部队评为优秀共产党员，学习成才先进个人，从严治军先进个人。

各级党代会代表、人大代表、政协委员一览表（截至2020年12月）

表9

姓名	党代会代表			人大代表			劳动模范	
	镇级	区级	市级	镇级	区级	市级	区级	市级
侯国民	√	√			√			√
侯金芳				√				
钱利平	√							
闵金建				√				
吴丽英							√	
侯玉平				√				

民间信仰

东湾兜村民历来有自己的民间信仰。民国年间村里有三座寺庙，香火传承不绝，村民中信教者不乏其人。村民侯团毛抗日战争期间出生在千年古刹利济禅寺，事佛20余年。1962年还俗，参加集体生产。侯团毛晚年，重新加入佛教团体，开展佛事活动。民国至新中国成立初期，杨湾自然村有道教组织“万云坛”，是古梅花观嗣龙门派支系，由郑阿金、郑阿应、郑柏林、陆德宝、陆松泉、钱阿春、阿吉、陈年宝等人组成，郑阿金为道士班负责人。置有道教服装、经书、法器、乐器等，每年隆重举行“三官会”，为当事人家进行法事活动。“万云坛”于20世纪60年代初解散，遗下放置服装道具的箱子，后来被杨湾大队文艺宣传队使用。东湾兜村信奉洋教的村民相对较少，目前有钱连江一家6人，还有周桂珠、茹贤丽等信奉耶稣教。大多数村民虽然没有参加宗教组织，而传统的习俗代代承传。年初一“接天”，年初五“接财神”，腊月“送灶”，家家户户都郑重其事。而每年的观音会，以及“青庙会”“三官会”等民间庙会，每户都派户主参加并且出钱出力。村域内还有村民在本宅摆设“香桌”，供奉“大仙”“南北堂”等神祇，逢年节设宴祭拜。

知识青年下乡

20世纪60年代末至70年代初，中国大地上开展了前所未有的上山下乡运动，上千万城市知识青年下放到农村接受教育和锻炼。

1968年起，来自上海、湖州、织里镇的22名知识青年先后到村域落户，并且得到较好的安置，成为临时村民。公社、大队有专职干部负责知青工作，每月定期组织学习，交流心得。生产队为知青建造简易住房，购置生活用具，并且指派一位贫农师傅指导生活和教授农业技能。

下乡的知识青年表现良好。他们很快适应各类农活，采桑割稻、锄地摸草，样样能干。尤其是在“双抢”大忙季节，坚守农村阵地不回城。男知青捻河泥掮谷桶，成为生产队的正劳力。

知识青年在农村利用文化知识充分发挥自己的专长，受到农民的欢迎和肯定。上海知青朱麟谊下乡期间做过赤脚医生和代课老师，湖州知青谭瑞宗等人担任过“沈阿章烈士展览馆”的讲解员，宣讲烈士事迹。周凤英曾担任过织里大队武装民兵排排长。让杨湾自然村老百姓至今难忘的一件事是：1971 年的冬天特别寒冷。某日下午，钱玉宝、钱团毛家发生火灾，村民闻讯赶来救火，那时乡村没有救火车，更没有火警“119”。据当事人钱团毛回忆，那天是最寒冷的一天，广播里报告气象消息是零下 7 摄氏度，西北风很大。他到织里大队部去为小孩申报户口，刚走到街上忽然听到有人喊杨湾村火烧了。他走到桥上一看，见浓烟升起处正是自己家的方位。钱团毛心知不妙，就急忙往回赶，果然自己家被大火熊熊燃烧着。这时，大家用提桶到小河边拎水救火，河水很浅，又布满饲养猪羊的水草，人多杂乱，根本无法灌满水桶。这时，刚下乡不久的湖州女知青周凤英卷起裤腿，撩拨开河边的水草杂物，赤脚跳入寒冷刺骨河水里，把水灌满提桶，一桶桶递给岸边的人们。她咬紧牙关在凛冽的寒风中坚持了一个多小时，直到人们把大火扑灭，她才回到岸上。周凤英当年的行为给人们留下了深刻印象，杨湾村的老百姓铭记于心。

下放在东湾兜村的 22 位知识青年，20 世纪 70 年代后期先后返城，并且在各自的岗位上奉献社会。40 多年过去了，如今他们大多数人已经退休，安享晚年生活。东湾兜村的老人依然记得他们。

东湾兜村下乡知识青年名录：

朱麟谊(男,上海市人)	周凤英(女,湖州市区人)
谭瑞宗(女,湖州市区人)	龚群英(女,湖州市区人)
庞阿根(女,湖州市区人)	张柳华(男,织里老街人)
吴乐德(男,织里老街人)	张国华(女,湖州市区人)
郑长华(男,湖州市区人)	姚培英(女,织里老街人)
韩李明(男,湖州市区人)	陈晓娟(女,湖州市区人)
郑志英(女,织里老街人)	阮红平(男,织里老街人)
沈建强(男,湖州市区人,小名阿五)	郑剑虹(男,湖州市区人)

梅莺英(女,湖州市区人)
强兰兰(女,湖州市区人)
姚新年(男,湖州市区人)
周央毛(女,织里老街人)
蒋顺美(女,织里老街人)
姚翠平(女,湖州市区人)

村民住房

传统民居

古代村落选址基本要素是逐水而聚，择田而聚，缘路而聚，崇安而聚。东湾兜村村民历史以来习惯群居，4个自然村的民居皆傍水而筑。20 世纪 70 年代以前，农户大多是民国年间建造的三进深平房，分为前头屋、灶间、内房。一般都有天井。1970 年后，村民开始建造简易二层楼房，自掼泥坯，土窑烧制砖瓦，自购水泥浇制梁头和薄型楼板。建房时亲友互相帮忙，主家提供饭菜、香烟，不付工资。一般十天到半月可完工。2000 年后，村域传统民居逐步改造成现代住宅和商业街区。

安置房

2000 年后村庄列入镇区开发，旧村拆除重建。凡有户籍村民皆可分得安置房，分配方式为原有住宅折价和居民人口，具体分房政策由织里镇政府制定。凡村民户口皆按地方政府政策规定在镇区繁华路段分得安置房，可自己生产经营或作为营业房出租。

商品房

1990 年后村民根据本人财力和需要，开始在织里镇区、湖州城区购买商品房，也有村民在杭州、上海等城市购买商品房，供子女读书或工作需要用，也有人用作房产投资。

村民出租房

2021 年年底统计，全村 209 户有商业房出租，占总户数 94%，2021 年租金总收入 7870 万元，村民每户平均房租收入 35.4 万元。

村民出租房、私家车统计表（截至2021年底）

表10

村民小组（生产队）	总户数（户）	总人数（人）	出租房（2021年）				村民拥有私家车（辆）
			户数（个）	间数（个）	面积（平方）	年租金（万元）	
一队	30	115	23	45	3116.7	600	63
二队	28	128	24	36	2493.36	500	48
三队	26	107	26	87	6025.62	1120	95
四队	20	89	19	65	4501.9	850	71
五队	24	119	27	95	6579.7	1200	103
六队	27	107	23	104	7203.04	1300	95
七队	30	128	30	82	5679.32	1100	75
八队	37	123	37	97	6718.22	1200	116
合计	222	916	209	611	42317.86	7870	666

说明：此表数据由各村民小组长协助调查统计

交通工具

1980年以前，村民为步行或摇船出行，到湖州上海均乘坐小轮船。1984年5月晟织公路通车后，交通大大改善。20世纪90年代初村域通公路，村民购买摩托车，继而购轿车货车，到2020年统计，全村拥有各类小轿车666辆，户均3辆。

村民医疗

1965年杨湾大队（1969年改名红丰大队）实行合作医疗制度，社员（村民）参加合作医疗，沈爱珠、周淦民担任赤脚医生。社员每人每年交1—2元医疗费，其余由公社医疗站支付。治病多用中草药，赤脚医生上门治疗，效果良好。2000年后办起村（社区）医务站，村委会规定村民享受镇合作医疗治疗费用报销金额后，村级集体经济报销与镇同等的治疗费用。

饮食服饰习惯

饮食习惯

历史以来，村民以食大米为主，面粉类为辅食，山薯、芋艿、南瓜、豆类等也作为早餐或点心。米面粉制成的糕点圆子，村域传承久远。米粉制作的方糕，饰以红色吉祥图案，饰有“状元及第”“福如东海”文字，还有清明节的粽子，腊月送灶神的黄蕃瓜圆子，均被视为民俗文化。

20世纪80年代后，村民生活逐渐富裕，饮食方面发生重大变化，高档营养品进入普通人家。进入21世纪后，婚丧喜宴大多在酒店或专门场所举办，礼金随之成倍上升。

服饰习惯

村民服饰随时代前行而变换。民国年间村民穿着基本是大襟衣裳、老布袜、圆口鞋、棉布袍、围腰祚裙等，妇女穿葡萄结衣服土布裙子。新中国成立后，服饰变化较快，1955年后流行中山装青年装，“文化大革命”期间男女青年皆爱穿军装。20世纪70年代织里农村还流行穿“麻布衫”（用黄麻编织的衣裳，夏天穿着极为凉爽）。

1980 年后，市场经济迅速发展，村民服饰日趋时髦。

通信工具

旧时通信

旧时村民之间通信主要是步行口头传送。路途远的亲友之间联络用邮政通信。遇紧急事件，到邮局发电报或打长途电话。

固定电话

20世纪80年代前村域仅大队办公室一部手摇式电话机。90年代最早申请安装固定电话机的是莲花兜李水荣等村民。2000 年后，农户皆安装固定电话机。

移动电话

2000年后大多数村民使用移动电话。

第二章　村级组织

民国时期为保甲制，杨湾村陆增夫，莲花兜周金生曾担任保长。新中国成立之初为织里乡第一村，云村乡第一村，杨湾钱阿金、陆连章、吴金六等人任村长，同时建立农民协会，莲花兜黄连方任农会主任。农村合作化时有初级、高级农业生产合作社。大公社期间为织里管理区杨湾生产队。1961 年分别成立织里公社杨湾大队党支部、大队管理委员会。1969 年成立红丰大队革命委员会，1979 年从织里大队划出后，复设红丰大队党支部、大队管理委员会。人民公社化时期，村域各自然村为生产队体制，1984 年后改为村民小组。1984 年队改村，设置村民委员会组织，为村民自治组织。2004年成立党总支部委员会，下设3个支部。

第一节 中国共产党组织

东湾兜村党总支简介

东湾兜村党总支部下设 3 个党支部，中共党员 36 人。近年来，村党总支以争创“五好”党组织为目标，以开展“创先争优” 活动为总抓手，紧紧围绕抓好党建促发展的工作思路来抓好组织建设工作。

整合组织结构，激活党员积极性：早在 2004 年考虑到村以及集体经济发展的需要，进一步整合现有党建工作基础。村两委会研究决定，由专人负责具体领导各支部相关工作。

强化党员党性教育，不断增强队伍整体素质：利用党校阵地，以布置宣传栏、观看录像片的形式学习、宣传党的新精神、新动向；发挥党员“双带”（“农村改革发展带头人”和“科技致富带头人”）作用， 突出典型教育；聘请专家、技术人员开展实用技术培训，同时建立党员联系制度，帮助贫困户加快致富。

东湾兜村历任党支部书记、副书记一览表

表 11

姓名	职务	任职年月	支部名称
黄细毛	书 记	1961—1967	杨湾大队党支部
侯六寿	副书记	1970—1979	时与织里大队合并
侯六寿	副书记	1979—1984	红丰大队党支部
李土根	副书记	1984—1985	东湾兜行政村党支部
李水庆	书记	1986—1990	东湾兜行政村党支部
侯国民	书记	1990—2004	东湾兜行政村党支部
侯国民	书记	2004—2020	东湾兜行政村党支部
钱利平	书记	2020.10—	东湾兜行政村党支部
闵金建	副书记	2020.10—	东湾兜行政村党支部

东湾兜村历届党支部委员一览表（截至2020年12月）

表12

姓名	性别	年龄	入党年月	备　注
侯国民	男	60	1990.4	退休
侯六寿	男	90	1955.10	退休
侯玉平	男	67	1978.12	退休
黄三林	男	72	1974.4	退休
黄子荣	男	66	1994.8	退休
李水庆	男	69	1975.1	退休
李土根	男	67	1977.1	退休
陆锦荣	男	72	1972.11	退休
陆荣炳	男	83	1990.4	退休
钱和宝	男	88	1958.12	退休
周水荣	男	65	2001.5	退休
陈根珍	女	69	1994.8	退休
侯金芳	男	62	2001.10	退休
侯晓鹰	女	44	2005.10	个体户
黄燕飞	男	40	2000.10	个体户
闵新江	男	62	2001.5	退休
闵新平	男	59	2001.10	退休
沈　斌	男	45	1998.11	个体户
严国强	男	47	1995.11	个体户
杨荣生	男	43	2001.3	个体户
钱艳艳	女	39	2007.3	待业
闵金建	男	35	2008.9	东湾兜村村委会
黄亚新	男	43	2010.9	高新区应急管理局
闵吉隆	男	36	2010.9	个体户
钱利平	男	45	2004.10	东湾兜村村委会
李佳良	男	32	2011.12	个体户
黄　杰	男	30	2012.7	个体户
黄崔贤	女	43	2016.6	个体户
闵　莉	女	35	2006.11	个体户
闵　强	男	34	2008.12	华煜建设集团有限公司
吴嘉炜	男	28	2019.7	东湾兜村村委会

东湾兜村已故党员一览表

表13

姓名	入党年月	逝世年月
黄阿木	1959.11	2011.12
李志林	1958.11	2003.3
李顺林	1955.6	2017.3
黄细毛	1958.11	2019.6

东湾兜村集体荣誉榜一览表

表14

序号	荣誉名称	颁发年月	授予单位	备注
1	粮食任务先进村	1997.2	中共织里镇党委、织里镇人民政府	
2	五好村党支部	1997.2	中共湖州市委组织部	
3	五好村党支部	1997.6	中共湖州市城区区委	区级荣誉
4	基层先进党组织	1997.7	中共织里镇委员会	
5	社会治安工作先进集体	1998.2	中共织里镇委员会、织里镇人民政府	
6	基层先进党组织	1998.7	中共织里镇委员会	
7	治保委员会先进集体	1999.1	织里镇综治办	
8	基层先进党组织	1999.3	中共织里镇委员会、织里镇人民政府	
9	文明村	2001.2	中共湖州市城区委员会 湖州市人民政府城区管委会	
10	卫生村	2001.3	湖州市城区爱卫会	
11	党员“双带”示范户	2002.6	中共湖州市委组织部	
12	先进基层党组织	2002.6	中共湖州市城区区委	
13	党员“双带”示范户	2002.6	中共城区区委组织人事部	
14	共青团工作先进集体	2003.5	共青团织里镇委员会	

续表14

序号	荣誉名称	颁发年月	授予单位	备注
15	湖州市文明村	2004.2	中共湖州市委、湖州市人民政府	市级荣誉
16	共青团工作先进集体	2004.5	共青团织里镇委员会	
17	五好村党组织	2004.6	中共浙江省委	
18	先进基层党组织	2004.6	中共织里镇委员会	党建工作省级
19	示范村	2004.11	中共浙江省委组织部	省级荣誉
20	先进基层党组织	2005.6	中共织里镇委员会	
21	先进村残疾人协会	2006.1	湖州市残疾人联合会	
22	先进基层党组织	2006.6	中共织里镇委员会	
23	先进基层党组织	2007.6	中共织里镇委员会	
24	先进卫生村	2008.3	湖州市爱国卫生运动委员会	
25	先进基层党组织	2008.6	中共织里镇委员会	
26	浙江省行政村示范档案馆	2008.12	浙江省档案局	
27	综合考核先进村	2009.1	中共织里镇委员会、织里镇人民政府	
28	浙江省文明村	2009.2	中共浙江省委、省人民政府	省级荣誉
29	浙江省卫生村	2009.3	浙江省爱国卫生运动委员会	省级荣誉
30	织里镇计划生育先进集体	2009.3	织里镇人民政府	
31	吴兴区模范集体	2009.5	吴兴区人民政府	
32	先进基层党组织	2009.6	中共织里镇委员会	
33	示范村党组织	2009.8	中共湖州市委	市级荣誉
34	公共安全示范单位	2010.1	织里镇人民政府	

续表14

序号	荣誉名称	颁发年月	授予单位	备　注
35	湖州市农村文化“八有”保障工程先进村	2010.1	中共湖州市委宣传部	
36	五好村党组织	2010.2	中共湖州市吴兴区委	
37	先进基层党组织	2010.6	中共织里镇委员会	
38	综合考核先进村	2013.1	中共织里镇委员会、织里镇人民政府	
39	公共卫生工作先进集体	2013.3	织里镇人民政府	
40	先进基层党组织	2013.6	中共织里镇委员会	
41	综合考核先进村	2014.1	中共织里镇委员会、织里镇人民政府	
42	湖州市文明村	2014.2	中共湖州市委、湖州市人民政府	市级荣誉
43	织里镇卫生工作先进集体	2015.4	织里镇人民政府	
44	先锋示范村党组织	2017.9	中共湖州市吴兴区委组织部	
45	2019年度先进行政村	2020.1	中共织里镇委员会、织里镇人民政府	
46	社区教育示范性工作站	2021.1	吴兴区社区教育工作领导小组办公室	
47	2021年度先进行政村	2022.1	中共织里镇委员会、织里镇人民政府	

第二节　村民委员会

历届村干部名录

新中国成立之初村干部名录

1949年　　　陆连章（杨湾村村长）

黄和庆（杨湾村副村长）

1950年　　　　吴金六(云村乡第一村村长)
　　　　　　　周阿三(村农会主任)
1951—1953年 侯六寿(云村乡第一村村长)
　　　　　　　黄连方(村农会主任)
1953年　　　　侯六寿(云村乡民主合作社社长)
1953年　　　　黄细毛(云村乡民主合作社副社长)
1953年　　　　李顺林(勤兴初级合作社社长)
1953年　　　　周阿三(勤民初级合作社社长)
1955—1958年 李连夫(织里乡第一高级合作社社长)
1955—1958年 黄细毛(织里乡第一高级合作社副社长)

大跃进年代村干部（农村曾改为军事编制）
1958年　　　　黄细毛（太湖公社织里管理区杨湾连连长）
1958年　　　　钱和宝（织里管理区杨湾大队大队长）
1958年　　　　李炳江（太湖公社织里管理区莲南连连长）
1958年　　　　黄呆毛（太湖公社织里管理区莲北连连长）

人民公社时代的生产大队 （1961—1967 年）
黄细毛　　　　织里公社杨湾生产大队党支部书记
钱和宝　　　　织里公社杨湾生产大队大队长
钱火林　　　　织里公社杨湾生产大队蚕桑干部
侯阿三　　　　织里公社杨湾生产大队农业干部

“文化大革命”中的大队革命委员会
1969—1970年红丰大队革命委员会
主　任：黄细毛

副主任：李梅江　陈梅林

委　员：闵央毛　沈爱珠　侯阿三　钱火林

1970—1979年并入织里大队后的生产大队干部

黄细毛　侯六寿　钱和宝　钱火林　侯阿三

1980—1984年　　恢复红丰大队后的村级干部

侯六寿　钱和宝　侯阿三　钱火林

1984—2020年村民委员会主任（村长）

侯国民 1984—1990　　陆荣炳 1990—1992

侯玉平 1994—2011　　侯金方 2011—2017

钱利平 2017—2020

历届村民委员会副主任（副村长）

钱坤林　黄林江　黄三林　李土根　陆荣炳

李林根　严国强

历届村民委员会委员名录

吴红霞　闵金建　吴嘉炜

东湾兜村历任村（大队）会计名录

陶熊麟　邱锡宝　沈明初　曹佐卿　吴荣康

杨阿五　徐世尧　郑铸荣　吴金六　黄阿和

第三节 村级群团组织

数十年来，村级群团组织健全并各自发挥作用。

一、东湾兜村团支部及职能

创建于20世纪 60 年代初期，前身为杨湾大队团支部，后改为红丰大队团支部。职能是做好青年工作， 发展团员，办文艺宣传队，参加各时期乡村建设。

东湾兜村历任书记一览表

表15

陆荣炳	杨湾大队团支部书记
吴锦林	杨湾大队团支部书记
陈梅林	织里大队红丰片团支部书记
沈爱珠	织里大队红丰片队团支部书记
侯国民	红丰大队团支部书记
李林根	东湾兜村团支部书记
严国强	东湾兜村团支部书记
闵金建	东湾兜村团支部书记

二、东湾兜村妇联及职能

创建于20世纪 60 年代初期，名称随行政村名而改变。带领妇女参加政治活动和劳动生产，发动妇女做好计划生育、创建五好家庭等工作。

历任妇联主任

沈爱珠　汤玉英　陈根珍　吴丽英　吴红霞

三、东湾兜村民兵连

创建于1958年，为杨湾大队民兵连，名称随行政村名沿变而改变。组织各时期民兵训练、防洪抢险，搞好完成每年的适龄青年征兵任务。

历任民兵连连长

黄细毛　李志林　李毛狗　侯阿三　黄林江　侯玉平　李林根　闵金建

四、东湾兜村治保调解组织

创建于20世纪60年代初期，名称随行政村名而改变。负责村域治安保卫，村内民事纠纷调解，开展社会治理等工作。

历任治保调解组织干部名录

陆荣炳　侯阿三　黄林江　黄三林　李林根　侯金芳　闵金建

第四节　历任生产队长（村民小组长）名录

杨湾自然村（1—2队）

姚炳元　钱阿满　闵水江　钱阿三　陆阿玉　沈培根　周瑞民　陆荣炳　闵顺法　钱荣坤　陆银培　闵吉隆

东安兜自然村（3—4队）

侯阿林　侯团毛　侯阿祥　吴新宝　侯应才　侯阿三　吴顺林　吴阿四　闵新江　黄细毛　侯建中　闵　强

莲花兜（港南）自然村（5—6队）

邹阿学　邹团毛　李顺林　李根法　李阿四　李毛狗　李六林
李炳江　李根生　沈　斌　李新林　李大毛　李占强

莲花兜（港北）自然村（7—8队）

吴锦林　黄阿计　黄集财　黄建方　黄永贵　钱阿根　吴海乔
黄阿木　黄永林　黄林江　黄志荣　黄燕飞　黄亚新

第五节　社区组织

社区名称：东盛社区。成立年份：2001 年

所辖范围：杨湾、东安兜、莲花兜，南至吴兴大道，北至长安路。共 8 个居民小组。总人数 1015 人。

历届主任、副主任名单：

主　任　侯玉平　2001—2004年8月

副主任　李林根　2001—2004年8月

主　任　李林根　2004年8月—2011年

东盛社区于 2012 年划归织里镇街道办事处管辖。

第三章　农耕岁月

历史上，东湾兜村的土地及生产资料为村民私有制，以水稻种植、桑蚕养殖为主要产业。新中国成立后的1950—1951年，人民政府开展土地改革运动，丈量土地，划分评定农村阶级成分，土地为国家所有。1952—1958年，实行互助合作化体制，村域有互助组、初级农业生产合作社、高级农业生产合作社等组织形式。1958—1984年，实行人民公社化，体制为生产大队，时有水田70.06公顷（实际丈量面积61.2公顷），桑白地10.46公顷，鱼塘0.47公顷。实行“各尽所能，按劳分配”分配形式。1984年后，生产大队改为行政村，实行农业联产承包责任制。2000年后，村域土地被征用殆尽，村民转型或商业、或童装生产，结束了悠长的农耕岁月。

本章分农田耕作、种植、养殖、农桑用具共4节记述。资料源于村域历史、村民走访调查，以及查阅湖州及织里镇地方史志。

第一节 农田耕作

中、晚稻 新中国成立初在互助组，农业生产合作社以及农业劳动模范示范下中籼稻逐步改为晚粳稻。20世纪50年代初期起，中稻改晚稻，籼稻改粳稻，低产作物改高产作物，扩种春花面积。1953年后，迟中籼改为晚粳稻。村域内直接将早籼、早中籼改为晚粳稻，充分利用冬闲田扩种油菜、蚕豆、大小麦，一熟制改为二熟制。

单、双季稻 民国时期习惯种植单季稻，新中国成立后政府把增产粮食，恢复和发展农业生产作为中心任务，有步骤地扩大复种面积。1956年起将单季稻改为双季稻，之后大面积种植。20世纪90年代逐渐减少。

三熟制 1968年，织里公社部分大队开始试种麦（油菜）连作稻三熟制。20世纪70年代后，排灌分系渠道建立，农作物按类型成熟期成片种植，为扩种春花发展三熟制水田旱作创造条件。耕作推广和使用拖拉机，缓和扩种多熟制劳力、季节矛盾；扩种花草、绿萍，发展养猪，增加新肥源；选育推广大批适应三熟制需要早熟、高产稻、麦、油菜良种，推广小苗带土育秧和迟栽稳产连晚两段育秧及综合防治病虫等配套技术，双季、三熟面积迅速扩大。夏季以连作稻为主与单季晚稻换茬轮作；冬季以绿肥为主与麦、豆、油菜换茬轮作格局形成。村域内曾少量面积种植三熟制。

进入20世纪90年代，早稻面积逐渐减至零亩。至此由双季稻所构成“白田（绿肥）—稻—稻”二熟制及“大麦—稻—稻”“油菜—稻—稻”三熟制退出水田耕作制度。

多熟制 农村实行联产承包责任制后，农田耕作制向粮、油、经、饲、菜复合耕作制发展。进入20世纪90年代，因耕地面积减少，经济效益低和劳动力转移有所减少，复种指数下降。分带轮作、间作套种立体种植技术推广。村域位于织里镇中心城区，20世纪90年代后期农田被逐步征用，乃至全部征用。

东湾兜村基本情况一览表

表16　　单位：个、户、人、亩

名称	年份	生产队	户数	人数	劳动力			耕地面积		
					合计	其中		水田	桑地	村民自留地
						正劳力	半劳力			
红丰大队	1981	8	194	737	485	299	186	1072	157	67
东湾兜村	1990	8	204	782	512	362	150	957		67

说明：本表数据来源于湖州市吴兴区档案馆

东湾兜村1981年—1990年粮食产量对照一览表

表17　　单位：亩、市斤

名称	年份	大麦			早稻			中晚稻			单季晚稻		
		面积	单产	总产	面积	单产	总产	面积	单产	总产	面积	单产	总产
红丰大队	1981				692	712	513976	1005	410	412570	8	810	6480
东湾兜村	1990	410	223	91430	710	369	261990	889	401	356489	96	450	43200

说明：本表数据来源于湖州市吴兴区档案馆

第二节　种　　植

村域内农业自然条件具明显区域特征，经先民千年开垦，适宜多类、多品种粮食作物种植、生长。

湖州钱山漾遗址出土有稻谷、蚕豆、花生、芝麻及谷箩、丝麻织物等农作物遗存，早在公元前2700多年，粳籼水稻及蚕豆等粮食作物已在湖州境域栽培。六朝时，随着圩区建立，以种植水稻为中心的农田耕作制逐步发展。水稻种植，是织里先民延续了千年的主要产业。历代的皇粮、租粮、公粮、余粮及村民的口粮，都是以稻米来承负及结算。旧时，定亲礼金、购置房屋、田产等都以几石几斗米来计算置换。唐宋时，太湖地区被称为“国之仓廪”。清至民国，水利失修，灾害频繁，战乱不断，粮食生产渐至衰落。抗日战争胜利后亩产仅百余千克。新中国成立后，发动农民兴修水利，增积自然肥料，推广先进农业技术，改革耕作制度，传统农业逐步向现代化农业转变，促进粮食产量稳定增长。村域位处湖州市东部水网平原，气候条件、土壤条件适宜。先民经长期实践，发展多种经营，取得成效。在经济特产发展过程中，逐年形成多类经济作物，有油菜、水果、蔬瓜、花卉等。

品　　种

古代水稻品种　据著名农史学家游修龄检索，中国古代文献中，大约关于13处野生稻的记载，其中4处是杭嘉湖平原。南宋元嘉二十三年（446），“吴郡嘉兴盐官县，野稻自生三十许种”。南北朝梁大同三年（537），“秋，吴兴野生稻，饥者利焉”。从野生稻过渡到人为选种种植要有以下条件：适宜稻谷生长之良好环境、农耕工具、村落定居之生活条件。此时织里镇早已适宜稻谷生长，再经过上千年演化，先人精心选育适合本地区之各稻种。五代至宋，境内圩田体系渐至完备。种稻条件优越， 品种增多，出现早、中、迟熟各类品种，境内成为稻米重要产区。早稻源于宋真宗时从福建运来占城稻种。据明朱国祯《涌幢小品》和崇祯《乌程县志》，境内于北宋大中祥符间（1008-1016）引种早中籼占城稻，“占稻其名曰冬占、五十日占、三十日占等数十种”。占城早稻经长期选择，培育出许多品种。据清同治《湖州府志》，湖州各县水稻有114个品种，其中粳稻56个、糯稻45个、籼稻13个。新中国成立初，村域内种植有籼、粳、糯稻。

新中国成立后，政府大力推广良种，筛选传统良种，对矮脚老来青、矮脚落霜青、粳晚稻铁杆青、温州籼（占城稻后裔品种）进行改良。20世纪60年代初，为适应双季栽培耐肥高产而推广矮秆早稻品种，有矮脚南特号和晚粳农垦58号，并成为主要粮食栽培品种。70年代初，以农虎6号、广六矮4号、早熟稻二九青，以及籼型杂交水稻汕优6号为主。80年代，优选粳稻品种有秀水48、秀水06，糯稻以祥湖47成为高产品种。中熟早籼品种原丰早（因抗稻瘟病差）被中熟品种二九丰和浙辐802代替。后又推广早熟晚粳秀水664、中熟晚粳11、秀水620、中熟晚糯祥湖84、杂交稻协优64号、6号、早熟晚粳秀水37、早籼早莲31等。这些品种米质较佳，抗病性好。90年代，主要品种为“早莲31”“加育948”“加早35”“秀水11”“秀水63”，大面积推广。

栽　　种

种子处理

晒种、播种前选择晴天晒种1—2个小时，以破除稻种休眠状态，增强种子发芽势头，提高种子发芽率及种秧苗的抗逆能力。接着要筛选精种、浸种，就是用10%浸种灵乳油二克，加水5至6千克，浸种谷4至5千克的比率浸种。按需用种谷进行上述配比。浸种时间，依气温而定，一般浸种48个小时为宜。然后淘滤，去掉杂质。最后是催芽，分增温催芽、适温长根长芽、降温晾芽三个阶段。破胸温度掌握在35℃—38℃。防止持续高温烧芽，通气催根。保温催芽，25℃适温长根长芽，降温晾芽，芽长至半粒谷长即可。一般的单季晚粳稻，适宜在5月25日到30日播种。

育 秧

选择避风向阳、地势高燥、灌排方便、杂草较少肥力较高的田做秧田。采用燥整水测平，达到上糊下松；秧板宽窄与地膜的覆盖方式相应。秧田均须施底肥。种子则选谷粒饱满、净纯、活力强，先晒种，再过筛，然后用盐水或泥水选种。再用清水洗净后，加药液浸种消毒2—3天，催芽露白播种。从密播水秧改进为半旱秧田，逐步发展成中苗带土秧（适用于早稻二熟制、晚稻早翻早、中糯稻）、早稻尼龙与地膜育秧（适用于早稻三熟制）稀插水育秧（适宜迟种田连作晚粳稻）三秧配套。用适当扩大秧田面积、降低播种量、降低水田用种量，增丛减株、适当降低插秧本数（简称“三降一扩大”）办法改善秧苗生长条件。20世纪70年代，一度推广秧套稻、拔秧留苗和两段育种等育秧方式。以种植连作稻为主地区，自1982年开始，乡域农民受“单本插”繁育良种启示，推广连作晚稻秧田“超稀播”育秧，秧田播种量从30—75千克降为16—30千克，最低播种10千克以下。秧苗粗壮，秧田带蘖率随播种量降低而增加，增产效果显著。秧田管理主要是管水、控长、施肥、防病治虫除草。

密 植

插秧前必先“治田”。这有两大类：一为不种春花的“坂田”，另一种是刚收获春花后的大田。本田耕整，掌握寸水不露泥块，并施面层肥。抓紧移栽合理密植，浅水插秧，力求浅、匀、直稳，栽后寸水护苗返青。旧时，农民种植单季稻，采取大株稀植发大棵。20世纪50年代推广小株密植增丛减株扩大叶面积系数，依靠多穗增产。发展多熟制后，早、晚稻采取插足基本苗，扩大光合面，在足苗、多穗基础上增粒、增重，使穗、粒、重协调发展获得高产。80年代后推广稀、少、平、促高光效栽培方法，在“超稀播”条件下培育带蘖壮秧，单本密植，插足基本苗数，提高群体质量，优化属体结构，水稻增产潜力得到发挥。20世纪90年代，推广应用面积最大的早稻塑料软盘土钵手工抛秧技术。抛秧稻的秧田须做好秧板，宽度根据秧盘的排列方式和地膜的宽度及覆盖方式而定，育足育好秧苗时防止串根；育秧土可选择泥浆和干细土，秧沟泥剔除杂草，秧田可适当添加栏肥，并进行调酸（pH值）；播种后用地膜覆盖，栽秧时大田先耕整，然后抛均抛直。抛秧要选择适宜天气，避开大风大雨；抛秧要大胆有力，撒得开，抛得高，抛得远，分次抛栽，由远及近，再补边角，抛后进行人工匀苗。

施　肥

新中国成立后，田间管理在多熟制条件下，根据不同品种生育规律实行肥、水、促、控结合。1974年，推广“丰产沟”。20世纪50—70年代以施农家肥为主。农业技术体系一直维系着以“粪多力勤”为特点，农闲时四处为稻田积肥。肥料来源一是直接购买。买豆饼，买大粪，人粪来自杭州、湖州、苏州、平望、嘉兴等地。农闲时，农民进城、进镇直接“捉”垃圾，这些“粪”和“垃圾”与农民自己罱之河泥合窖发酵后一起和用，效力更佳。这是历代传统用肥。二是来自农家猪羊肥。三是罱河泥，两名壮年男人站在一条赤膊农船，用竹制罱泥进行罱泥。河泥有河浜泥、市河泥、野港泥之分。四是“绞蕰草”，是用一副长竹竿，两人一农船，在河滩以竹竿夹住蕰草，用力绞，再拉断，绞来之蕰草与罱来之河泥窖酵后来年可用。五是种植绿肥。沈氏《农书》指出："一亩草可壅三亩田。"谚语："草籽种三年，坏田复好田。"草籽，学名紫云英，当地俗称"花草籽"，割下一半花草与河泥窖酵后再用。另一半垦田时，压在下面直接沤烂。80年代大量施用化肥，增施氮肥、磷肥、钾肥、配比为1∶0.5∶0.5。发展高产栽培施肥技术，采取施足基面肥、控制分蘖肥、看苗施用穗粒肥、配施磷、钾肥及用灌深水控蘖或超前搁田办法，控制后期分蘖，降低苗峰，提高成穗率。在前期为重基肥，中间控制性施面肥，后期补施追肥。总之，看稻苗长势，施适量追肥。

水浆管理

要做好通气性水浆管理。根据水稻的需水和根系生长特点，在不同阶段控制灌水量。以水调气，以水调肥，以水调温，改善根系生长环境。在1—3叶期湿润促扎根，忌灌深水，一叶一心，以干为主。3叶期，间隙灌溉，4叶期后，浅水勤灌促分蘖，间隙脱水促根系发育。6—7叶期，一般为6月底，7月初。要首次搁田。搁田时间不超过7月10日。搁田程度由轻至重多次搁成。高峰苗期应出现在7月15日至20日，不得超过7月25日。拔节孕穗期以间隙灌水为主。灌一次浅水，保持2天水层。断水3—4天，再灌一次浅水，交替循环。直到剑叶出齐。减数分裂期在8月15日到30日，建立水层，满足生理需水要求。以减少颖花退化，提高结实率。抽穗前要排水轻搁一次，增强根系活力。齐穗后，干湿交替。九月底前以湿为主。10月份干湿交替，以干为主。10月份如不下雨，要灌水1—2次。采取间隙灌溉，做到浅水潮潮清。成熟期不能过早断水。一般在成熟前7到10天断水。以利根、叶互养促活熟，增加千粒重。栽后至返青，抛苗至立苗，水、湿、干交替，采取薄水灌溉与露田相间的方法科学管水，要求前期促早发，中期控苗峰，后期保湿润，养根保叶。并根据天气变化和肥料运用，灵活掌握。收割前3—7天，逐步断水。

栽培新技术

实行连晚“超稀播”高产栽培和“三高一稳”（高成穗率、高结实率、高产、稳产）栽培新技术。“三高一稳”实行6项技术改进措施，包括进一步降低秧田播种量；增丛减株，稳定适宜落田苗数；增加基施氮化肥，改面肥为面层肥；苗肥早施，改2次为1次；实行超前搁田（穗数亩达80%），提前深灌控蘖，降低苗峰；增施二叶保花肥，不施穗肥。经改进，以晚稻“超稀播”育秧为龙头，“三高一稳”高产原理为指导，优化模式技术，是“吨粮田”稻作农艺核心技术。

植　　保

植保组织

1929年，吴兴县成立治虫委员会，织里镇域由乡绅出资聘用专人治虫。1934年，出现治虫事务所和站，负责治虫事务。1950年，吴兴县成立治虫指挥部，设专职植保人员专司治虫工作。1956年，吴兴县建立农作物病虫害测报站，次年，境内建病虫害情报点，由境内农业技术推广站负责粮食作物病虫害防治测报工作。20世纪60年代，公社建立农技站，村域内建立群众性植保队伍，公社、大队和生产队均有植保员，形成三级植保科技网络。植保员大多由经验丰富的农民担任。80年代，发展村级植保服务组织。90年代，由各乡镇农技推广站技术人员担任，各乡镇供销社与农技站联合开办“庄稼医院”，由农技人员作指导，供销社广为散发农技人员病虫情报简报，并供应各种植保农药、肥料，以及时进行预防。90年代，镇内农技站成立农业技术服务中心，供应农药、化肥、饲料、良种，并下村、队指导农作物病虫害防治。

病虫害情况

粮食作物的病虫灾害以蝗虫、螟虫为最。蝗害始见于晋元帝大兴二年（319），“五月蝗，吴郡百姓多饿死。”较严重蝗灾在宋开禧三年（1207）、明万历十六年（1588），“夏秋干旱，大蝗群飞蔽天”“饥殍载道，民茹草木”。螟害首记宋乾兴元年（1022），至清光绪三年（1877），镇域有12次遭螟灾。新中国成立后，粮食作物病虫消长与耕作制度有关。1949—1955年，水田耕作制度是单季稻早、中、晚混栽，利于二化螟繁育危害；稻瘟病、白叶枯病、稻螓象、稻象鼻虫、稻铁甲虫等病虫害时有发生；1956—1965年，水田耕作制度以单季稻为主，单双混栽利于三化螟发生。纹枯病、稻蓟马、稻纵卷叶螟等加重危害。1966—1982年，水田耕作制度以连作稻为主，单、双混栽，褐稻虱、黑尾叶蝉、纵卷叶螟为主要害虫；纹枯病、稻瘟病、白叶枯病、麦类赤霉病危害较严重。20世纪80年代，稻瘟病发病面积15%左右，白叶枯病发病面积20%；大麦以赤霉病、粘虫危害较重；小麦以赤霉病、白粉病、粘虫危害最严重。90年代，晚稻发生稻瘟病面积仅1%、白叶枯病面积3%，而稻曲病发病面积达10%，成为新的病害；二化螟、三化螟、稻飞虱是90年代末为害最重的病虫害，尤以稻纵卷叶螟为烈。

水稻麦类病、虫、草、鼠害及防治

稻瘟病　在水稻整个生长期都有发生，危害水稻不同部位，造成苗瘟、叶瘟、叶枕瘟、节瘟、穗颈瘟、枝梗瘟和谷粒瘟。20世纪50年代中期至70年代初期重点药剂防治，通用农药从波尔多液、稻瘟净，逐步增加克瘟散、异稻瘟净、甲（乙）基托布津、多菌灵、稻瘟灵等。70年代中期采取以丰产保健栽培为基础、选用高产抗病良种为主体、科学用药为重点的综合防治措施。90年代用药防治，一般为20%三环唑可湿性粉剂，或40%稻瘟灵可湿性粉剂，或50%多菌灵可湿性粉剂。

稻纹枯病　主要危害叶鞘及叶片，严重时也侵害稻穗和深入茎秆，是水稻的主要病害。控制纹枯病关键是药剂防治。20世纪60—70年代，主要使用稻脚青喷洒。后用井岗霉素抗菌剂，安全高效。80—90年代，使用3%井岗霉素水剂，加水后进行喷雾。稻白叶枯病白叶枯病主要危害叶片，抽穗前后始见严重。60—70年代主要用药剂防治，80—90年代的药剂为20%叶青双可湿性粉剂，或50%消菌灵水溶性粉剂，均加水喷雾。

稻曲病　是稻穗主要病害，危害谷粒。20世纪90年代为主要单季晚稻病害，在破口抽穗前5天实施药剂防治，可用5%井岗霉素水剂，或25%粉锈宁可湿性粉剂，加水喷雾。

二化螟　危害水稻，在分蘖期造成枯鞘、枯心；在孕穗、抽穗期造成桔穗和白穗；在灌浆、乳熟期造成半枯穗和虫伤株。二化螟一年发生3—4代，以幼虫在稻根、稻草、茭白等处越冬。第1代害虫为害早稻；第2代害虫危害迟熟早稻、单季中晚稻，以及连晚秧田；第3代危害晚稻。二化螟一般先集中叶鞘内危害，到2—3龄后才转移危害。

三化螟　寄主单一，在水稻苗期造成枯心、孕穗期造成枯孕穗，抽穗期造成白穗。三化螟一年发生3—4代，以幼虫在稻根中越冬。粮食作物病虫防治以治螟历史最早。据明《沈氏农书》记载，适时插秧可避三化螟害，“早种每患生虫（螟虫），种田则芒种前后插莳为止”，对“如已生子（螟虫）在稻秆中，则惟细剪苗去之，否则，遭此害者，必通苗枯秆，无升斗之收”，耘稻时，身挂布袋，见蛾捻杀，见虫卵摘除，见抽心死苗、白穗拔去烧毁。民国时，仍采用摘卵块、拔除枯心白穗、点灯诱蛾、挖掘稻根和翻耕灌水杀蛹等传统人工防治方法。50年代，发动群众大搞治螟运动，也采用传统方法。1956年起，用“六六六”农药防治三化螟：70年代后期用乙基1605、苏化203等剧毒有机磷农药防治。90年代，用低毒农药40%稻康乳油，或20%三唑磷乳油，或5%锐劲特悬浮剂，加水喷雾灭杀二化螟、三化螟。

稻纵卷叶螟　以幼虫纵卷稻叶，藏身其内，食害叶肉；初孵幼虫在心叶内或叶鞘内危害，稍大即纵卷单叶成管状虫苞，严重影响水稻生长，造成减产。此系迁飞性害虫，镇域主要虫源由南方迁入，每年梅雨季节出现迁入主峰；稻纵卷叶螟1年发生5代，以2—4代危害水稻为重，是20世纪90年代末和21世纪初危害严重的病虫害。用药防治，50%甲胺磷乳油（2002年7月1日浙江省禁止使用），或40%毒死蜱乳油加水喷雾。

稻飞虱　有褐飞虱、白背飞虱和灰飞虱，其成虫、若虫群集在稻丛基部刺吸稻株，并由于产卵用产卵器刺破叶鞘组织，叶鞘变色；分蘖期被害，叶片枯黄，形成死苗；孕穗期后被害，基叶发黑枯死，烂秆倒伏，形成枯孕穗、半枯穗或瘪谷，损失很大。稻飞虱也是从南方而来的迁飞性害虫。用药防治，10%大功臣（吡虫啉）可湿性粉剂，或25%扑虱灵可湿性粉剂，加水喷雾；也可使用80%敌敌畏乳油拌细土撒施。

麦类赤霉病　大小麦赤霉危害最严重，系因伴湿性病害，所以水网地区危害尤烈。此病俗称红头麦，在防治上要综合运用农业技术措施，开沟排水，降低田间湿度，以减轻病害发生和蔓延。20世纪70年代，推广使用甲基托布津、50%乙基托布津、50%多菌灵可湿性粉剂，单独使用时50%加水喷雾。

草害　20世纪80年代中期后，粮田遭受杂草为害面积逐年扩大。危害粮食作物的草类有49科、99属、125种，分为两大类：一是稻田杂草23科、41属、57种，主要有稗草、节节草、瓜皮草、三棱草、鸭舌草、陌上菜、中毛草、四叶萍、水竹叶和异型莎草等，以前5种为草害优势种，分别占稻田杂草发生总量9.9%、42.88%、15.29%、10.58%和10.55%，占89.2%。其中晚稻大田草害重于早稻大田，晚稻秧田草害重于早稻秧田，杂交稻秧田草害更重于常规稻秧田。二是春粮田杂草26科、8属、74种，主要有看麦娘、雀舌草、繁缕、碎米荠、茼草、蓼、稻槎菜、猪殃殃、一年蓬和鼠曲草等，以看麦娘为草害优势种，占麦田杂草发生总量的85.53%。麦田杂草为害重于稻田。

传统除草　20世纪90年代前，稻田杂草的拔除，其一是用双手来操作。水稻生长期间最起码要拔除四五次杂草。特别最难拔除的杂草有“矮雄毛草”，也叫猪毛草，“鸭舌头草”“硬三角棱草”“雄毛草”“臭屁头草”等。这些杂草主要生长在贫瘠瘦田里，稻苗被这些杂草挤得像一柱香。田水无一点肥气，水清得可洗手脚。在这样的稻田里摸草，一人一天只能摸半亩左石。肥沃稻田里的杂草比较容易拔除，主要是些“软三楞草”“野菇草”“夜夜姆草”之类，并有绿浮萍盖着，还可闷死一批杂草苗。肥沃田里的稻苗相对生长粗壮，能早分蘖、发棵、杂草不容易猛发猛长。第二是耥田，有木板铁钉制作的“耥”“铁板弯头耥”两种。耥田工序一般在单季稻或双季晚稻田中进行。20世纪70年代前有耥田的工种，之后逐渐消失。耥田的工种主要在“矮雄毛草”，“臭屁头草”多得难于下手的田块里，用耥在稻苗中一行行地来回拉动，耥掉稻行中的杂草。齐耥板的田水最好。如耥过后稻苗东倒西歪，稻根被扎伤扎断。分蘖、发棵受到严重影响。加之缺乏肥料，故稻谷产量更低。

最后一次是拔大草。此阶段稻苗已处圆梗拔节期，孕穗在即，稻田经几次搁烤，基本板结，稻田中的细小杂草已经无碍于稻苗的拔节、孕穗生长。只是有些大杂草与稻苗竞相争夺空间、光线、肥料养分，特别像稗草，软、硬三楞草，牛根子草等。如不及时拔除，会严重影响稻苗孕穗、扬花，并有被杂草排挤掉的可能。故有“苗无坐椅（位子），稗草登帝”之俗语。

现代除草　农田杂草防治重点是化学除草，秧田化学除草药剂可选用：17.2%幼禾葆可湿性粉剂，拌土、喷雾、洒水均可；40%直播净或35%秧禾葆可湿性粉剂，加水喷雾；50%二氯喹啉酸可湿性粉剂加水喷雾。旱育秧可选用17.2%幼禾葆可湿性粉剂，或90%高效杀草丹+10%苄黄隆兑水喷雾，或35.75%龙杀兑水喷雾，或50%二氯喹啉酸可湿性粉剂兑水喷雾。抛秧稻田化学除草可选用35%丁苄可湿性粉剂，拌土撒施；也可用50%二氯喹啉酸+10%苄黄隆兑水喷雾。直播稻田化学除草可选用40%直播净，或17.2%幼禾葆可湿性粉剂兑水喷雾。移栽本田化学除草可选用35%丁苄可湿性粉剂拌土撒施；或50%二氯喹啉酸可湿性粉剂+10%苄黄隆可湿性粉剂兑水喷雾。早晚稻大苗移栽田除草可用14%新草畏可湿性粉剂，或禾太可湿性粉剂，或18%田草光可湿性粉剂，拌尿素或细土（沙）撒施。麦田化学除草科学使用绿麦隆、异丙隆、骠马、使它隆等，谨慎使用甲磺隆。粮田除草还应通过合理轮作、精选种子、精耕细作、中耕除草等方法，减轻草害。

鼠害　粮田鼠害农田以黄毛鼠数量最多，占50%以上；室内以黄胸鼠数量最多，占63%以上，尚有黑线姬鼠、褐家鼠、小家鼠等。除天敌捕鼠外，结合使用鼠夹、鼠笼等物理灭鼠，大面积灭鼠采用敌鼠钠盐、灭鼠磷、毒鼠、磷化锌等农药灭鼠。村域农业生产集体化年代无严重鼠害发生。

收　成

播种面积与产量　“苏湖熟，天下足”。村域地处“天下粮仓”太湖之滨。《湖州市志》引载明《补农书》：“米每亩三石，春花一石半，然间有之，大约三石为常耳。”以亩收大米二石计算，按明制约合289公斤，大大高于明朝全国水稻平均亩产（176.5公斤）。明末至清，迭遭兵灾，人口减少，水利失修，粮食产量下降。1932年，粮食耕地亩产176.15公斤，其中水稻亩产181.67公斤。吴兴县抗战前亩产206.5公斤，抗战后亩产125公斤。至1949年，粮食亩产降至159.5公斤。村域亦如是。

旱　粮

大　麦

大麦连作稻是粮食作物三熟高产主要种植制度，其中大麦产量占三熟总产量20%，主要用于淡水鱼养殖饲料。新中国成立后引进早熟3号、沪麦4号等品种；20世纪80年代引种浙农大3号；80年代后期开始推广秀麦3号，为优质高产啤酒大麦品种；90年代后期大面积推广，占大麦总面积的一半，其特点为早熟、矮秆、强蘖、多穗、抗倒，稳产高产，一般亩产300公斤。1991—1995年，以“浙农大3号”“浙农大6号”为主栽品种。1996年始，推广“秀麦3号”。1999年始，示范推广矮秆、高纯度品种。2001年以后，“花30”成主栽品种。

播种　旧时大麦耕作粗放，露籽多。新中国成立后，重视科学管理，种子处理首先用药水或石灰水浸种，预防种传病害。播前3天，大田化学除草最适播种期在11月5—15日，亩播种量8—13

公斤。播种时撒施氮肥、磷肥，以畈定量，保证播种均匀。播后以畜肥盖籽，再撬沟泥薄片覆盖，精管细管后确保每亩基本苗20—25万株，以壮苗越冬。20世纪80年代中期，改翻耕为免耕，改阔深沟为加深主沟，改大播量（15公斤/亩）为中播量（亩播10—12.5公斤），改斫籽入土或人工开沟复土盖种为机械开沟碎土覆种。

作畦　旧时农村普遍采用狭畦阔沟，打潭点播，俗称“大饼卷油条”，产量不高。20世纪60年代后采用阔畦狭沟，改点播为阔幅条播或散播，提高土地利用率。

开沟　渍害是水网地区大麦高产主要威胁，农家一向重视开沟。开深沟到塥，利于排水，降低地下水位，防止湿害和早衰。清初《补农书》总结“种麦有几善，垦沟，撬沟，便于旱”。农谚：“冬至垦为金沟，大雪前垦为银沟，立春垦为水沟。”一般沟宽20厘米，沟深30厘米，畦宽180—200厘米，腰沟、围沟、中沟“三沟”配套，保证排水通畅，降低地下水位，增强根系活力，确保大麦后期不早衰、不倒伏。

施肥　科学施肥原则为重施基肥，早施苗肥，适施穗肥（基肥∶苗肥∶穗肥为50%∶30%∶20%）。运用“促控补”施肥法，年内促壮苗早发；控制腊月施肥，防止春发过旺；看苗补施穗肥，以起到壮秆、增穗、增粒作用。配合施用钾肥以提高大麦分蘖成穗率，延长后期功能叶寿命。

小　麦

小麦种植历史久，量不多。新中国成立后，冬种面积增大。20世纪80年代，浙麦2号、3号和扬麦3号为主；1991—1995年，以“扬麦5号”“浙麦3号”为主品种。1996年起，推广矮秆抗倒大穗型品种“扬麦158”，扬麦158稳产高产、抗性好、适应性广，成为主栽品种，一般亩产300公斤。1997年后，“扬麦158”成主品种。

播种　播种前晒种，并用种子处理剂浸种消毒，消灭种传病害；10月底至11月上旬播种，每亩播种7.5—10公斤。

施肥　掌握“促两头，控中间”的稳健生长施肥原则，重施基苗肥，占总肥量的60%—70%，有利壮苗早发，为多穗打好基础；适施穗肥，占总施肥量的20%左右，增加结实率及千粒重。

管水　清沟理渠要常抓不懈，尤其是中后期，更要保证排水通畅，做到雨停田沟不滞水，增强根系活力，确保后期不早衰，不倒伏。

番　薯

又称甘薯、山芋、地瓜，明万历时由菲律宾传入福建，清康熙时期传入本地。一年生草本植物，为旱粮作物。夏秋旱粮主要作物。镇域内番薯种植面积不大，一般在河荡高坡地种植，往往采用间作套种模式：大麦收获后套种，蚕豆、豌豆间套种。品种有红皮白心、胜利百号、南瑞苕子；20世纪80年代后为徐薯18、浙薯1号、2号、赤蓬1号、红宝宝等。90年代后，以“徐薯18”为主，部分种植“浙薯1号”“浙薯2号”“浙薯602”（早熟），老品种“胜利百号”等。村域内少量种植番薯。

施肥　番薯扦插前施足基肥，适施追肥，巧施裂缝肥。藤蔓长势过旺时用多效唑控旺长。基肥施有机肥、灰肥早施苗肥，增施裂缝肥，后期看苗长势根外追肥。

扦插　适时早插有利高产，扦插密度视地肥瘦而定，肥地宜稀，瘦地宜密；早插宜稀，迟插宜密；熟期迟，单株生产力大的宜稀植，反之适当密植。扦插方法般采用斜插法，插入土中3节（10厘米）左右；土层深厚、肥水条件好和早插地，可采用浅平插法，并均匀用力压土；干旱地区、土质较瘦和早季插时，宜采用直插法。为保全苗，应做到“四不插”：暴雨不插、西北风不插、光照强烈不插、久晴土燥不插，以防止缺株断垄。

管理 前期管理查苗补缺，破垄晒白。扦插20天后，选择晴天将垄两侧按近沟底部分泥土翻于沟内，防止损伤茎叶，经5天左右自然晒白，再把剖开的泥土按原垄修复。中期管理，以抗旱为主。遇雨水造成塌垄，应及时培土修复。后期管理看苗补施根外追肥，防止早衰。对地上部茎叶旺长，应采用提蔓法，拉断茎节上的不定根，以利块根肥大。生长期常因翻藤而伤茎叶影响产量。对短蔓型品种，只理顺，不翻藤和提藤。

豆 类

蚕豆 又名胡豆、佛豆、罗汉豆、倭豆等，原产温带，喜温凉湿润气候。史前镇域内先民已栽种、采食，历代相沿。这是一年生或越年生草本植物，豆类中重要的食用豆之一，是一种粮、菜、饲、肥兼用的作物。新中国成立初至20世纪60年代中期，蚕豆种植面积最大，为越冬粮食作物和重要养地作物，主要品种有牛踏扁、小青皮、小白皮、慈溪大白蚕豆、杭州三月黄等，90年代引进少量日本大粒蚕豆。

豌豆 又名寒豆、冷豆、青斑豆等，一年生或两年生的豆科攀缘草本作物，半耐寒性，不耐炎热和干燥。有软壳、硬壳及白花、紫花之分，可为菜用、粒用和苗用。农家传统种植品种主要有中豌4号、杭州白花豌豆、丽水小粒豌豆、广东大荚豌豆、广东二花荷兰豆、无须豆尖1号等。

大豆 又名黄豆，毛豆，原产我国，为豆科蝶形花亚科。大豆属一年生草本植物。按生长期有早、中、迟熟三类；按色彩分黑、白、黄三类，黑大豆即乌豆，白大豆即白马豆，黄大豆即黄豆。黄豆嫩时俗呼毛豆，早熟于黄梅时收为梅豆，冬收为冬豆（晚豆）；又有褐豆，即香珠豆；虎斑豆，即花豆；紫豆，即紫罗豆。主要品种有春播早熟的引豆9701、华春18、日本矮脚毛豆、4月拔、5月拔等；中熟的6月拔、7月拔、生长期90—10天等：晚熟的有宁波9月拔等黄豆。从20世纪50年代起，白地、杂地普遍种植，花白桑地或一般桑地套种。20世纪80年代前，以本地农家品种夏播栽培为主。90年代，春大豆多采用外地新种，主栽品种由“萧山五月白”“矮脚早”“浙春1号”“浙春2号”更新为“台75”“台282”“华生18”“引豆9701”等优质鲜食品种。秋大豆极少栽培。村域农户均在田边地头种植黄豆。

豇豆　又名带豆、豆角，原产亚洲中南部，自古栽培，耐热，春夏秋季均可栽培，尤其适宜盛夏栽培。村域农户少量种植。

扁豆　又名白扁豆，俗称羊眼豆；也有黑扁豆。原产东南亚，元末明初传入，沿鱼荡边杨树攀缘，为传统种植豆类品种，为浙江省四大名豆之首。扁豆品种有白花扁豆、大白扁豆、长荚扁豆、绿扁豆、红花扁豆、红荚扁豆、紫血扁豆等。村域农户少量种植。

赤豆　又称红豆，农家多用做米粉圆子的馅心，俗称洗沙；也食用，补气血。村域农户少量种植。

绿豆　村域少量种植，多食用，夏天为冷饮食品。豆类除蚕豆有较大面积成片种植外，其他多在地边隙地、桑园镶边、田畦等零星种植。其自身有固氮作用，耐瘠性较强。境内农民种豆，出苗后一般不施肥，且很少管理，种植技术简单。

玉米　又名苞芦、苞米、苞谷、观音粟。鲜食玉米品种以“糯玉米”为主，也有少量“甜玉米”“爆花玉米”及“玉米笋”等。“糯玉米”以苏“白玉糯1号”“白玉糯2号”为主，也有“浙风糯2号”等。每年均购用外地小包装种子。玉米高杆，宽窄行种植。单作糯玉米以狭畦双行每亩4000—4500株为宜。不同品种时空隔离，以防串花品质变劣。单作春玉米高产栽培，适群体、壮个体、攻蒲重。技术上，粒选大、中、小种子分档直播。稻畈冬季开沟起厢，早春畦上开沟条播，沟底施复合肥覆土后单粒摆播，粒距15厘米左右。春播后地膜覆盖，出苗期及时破膜引苗。基肥施复合肥，苗期、拔节期施平衡肥，大喇叭口期重施攻蒲肥，酌施抽雄肥。及时分批采收嫩蒲。鲜食玉米以春玉米地膜或地膜加小拱棚栽培，3月中下旬适期早播为主，迟播春玉米及秋玉米（7月中下旬播）露地栽培。村域农户在地角路边少量种植。

油　　菜

东湾兜村油菜籽产量

表18　　　　　　　　　　　　　　　　　　　　单位：亩、斤

名称	年份	面积	单产	总产
红丰大队	1981	250	126	31500
东湾兜村	1990	301	109	32809

说明：本表数据来源于湖州市吴兴区档案馆

品　种

民国时有白菜、芥菜型两大类。白菜型油菜有三月黄、黄子、金芳子、长梗白等品种，这些品种均具有早熟、耐湿、耐寒、适应性强等特性，故普遍种植；芥菜型油菜有毛油菜、蜡芥菜等，具有早熟、耐旱、耐瘠等特点。这两类品种均易感染毒素病，产量不高，一般亩产在20—30公斤。新中国成立后，扩大种植三月黄、长梗白，同时引进姜黄种、灯笼种、短盘箕等品种，但产量也不高，而且不稳产。1956年，引进四川甘蓝型胜利油菜，该品种具有生育期长、枝多荚密、抗病耐肥，亩产比本地品种高30%左右。后又引进胜利青秆、东胜14、胜利92、甘油3号等品种进行搭配种植。20世纪70年代开始，麦油连作，三熟制发展迅速，重新改种甘蓝型油菜改良型本地品种，但染毒素病率回升。1978年，引进甘蓝型抗病毒高品种92—13

系列，品种具有成熟期早、产量可提高一二成等特点，因此种植面积迅速扩大。20世纪80年代，推广甘蓝型油菜92—58系列。90年代末，推广浙双72，具有产量高、品质佳、抗性好、适应性广等特点，占总种植油菜面积的85%左右，沪优15同样具有许多优性，占15%左右。村域内曾有较多农田种植油菜。

栽　种

传统栽培　明、清时对油菜栽培颇为重视。沈氏《农书》有记："垦菜麦畦，惟干田最好""切不可带湿踏实，菜麦不能行根，否则春天必萎死；即不死，亦永不长旺"。民国《双林镇志》有记："洼下种菜为宜，割稻后垦田为高棱，旁界小沟。""若菜则必先于八九月间下种于地，俟秧长拔起植于田。"管理上强调锹沟浇花；季节上要求8月（农历）撒菜秧，10月种菜，4月收菜麦。民国时，因圩田低洼排水差，强调高窄畦，并提倡早播。

育秧　有农谚"秧发三分收，秧差一半丢""矮脚六叶齐，丰收有根基"，故育秧是油菜高产基础。20世纪50年代，沿用密插瘦秧。60年代，改密插为稀插，培育"六叶、六寸、六毫米粗"三六矮壮秧技术。利用桑白地育秧，除尽杂草，施足基肥，早间苗、早追肥、防旱涝。

密植　新中国成立后，油菜种植从原来高畦改宽沟窄畦，后来采用深沟窄畦。从20世纪80年代开始，推广油菜免耕栽培，合理密植，每亩要栽6000—8000株。

施肥、除草、排水　以"勤施苗肥，增施腊肥，巧施春肥，稳施苔肥，并看苗补施花肥"为原则，确保冬壮春发。其间，注意肥泥压根，促使多枝，防倒伏。同时，采用化学方法除草，防病治虫，搞好田间排水系统，及时清畅水沟，防渍害。

收获　当80%成熟时便可收割，以免造成损失。为解决三熟制夏收夏种与养春蚕矛盾，1978年始，改油菜拔秆后在田间摊晒脱粒习惯，为适时早拨打堆后熟，以增加千粒重和含油量。

附：芝麻、蓖麻

芝麻　传统产品有黑白两种，村域种植数量不多，也未能形成商品量。麻油香醇，但村境从不榨油。农家自种自食，做芝麻年糕，或者与熏豆、橘子皮、胡萝卜拌和用以泡茶。

蓖麻　一年生草本植物，种子可榨油，用于医药和工业。20世纪50年代初，大力提倡屋前房后、白地路边种植，支援工业化“一五”计划急需的工业用润滑油原料。

病虫害防治

病虫害　旧时对油菜病虫害基本不防治。20世纪50年代后，农民采取迟播和轮作，以避蚜虫害。施阴阳灰（即二分石灰加一分草木灰）等办法防治毒素病。60年代始施乐果等防治蚜虫害，并逐步扩大抗病品种栽培。70年代各种治虫防病农药相继出现，开始实行农业防治与药物防治相结合综合防治。影响油菜生长最大毒素病至80年代初基本得到控制；油菜菌核病仍蔓延。

防治　一是清水选种除去菌核；二是轮作避病；三是春季撬沟培土和初花期剥去茎基黄叶，以切断传播途径，压低菌源；四是花期喷撒多菌灵、托布津等化学农药防治。除病虫害以外，因连年种植稻板油菜，故杂草增多。1987年后推广化学药剂除草，至1990年约82%多草田经化除初步得到控制。

蔬菜、瓜类

村域内瓜菜栽培历史悠久，品类繁多，分为根菜、薯芋、白菜、芥菜、甘蓝、绿叶、葱蒜、茄果、瓜、豆、水生、多年生、菌类等类。20世纪60年代曾种植老太婆瓜、白菜、太湖萝卜、胡萝卜、太湖豆、湖葱、茭白、百合等瓜菜。70年代始引进和推广保护地栽培技术。同时对瓜菜病虫害进行农业防治和药剂防治。病害主要有叶斑病、晚疫病、青枯病、病毒病、灰霉病、茄黄萎病、茄福纹病、茄绵疫病、霜霉病、菜软腐病、黄瓜白粉病等，虫害主要有蚜虫、螨类、菜青虫、黄守瓜、菜蜒、蛴螬、小地老虎、根蛆等。农业防治主要是轮作、深耕、种子处理、清洁田园，合肥施肥、整枝、排灌、调整播种期和播种方式等，使植株生长健壮，增强抵抗力，抑制病虫害发生和蔓延。化学药剂防治主要使用杀菌剂、杀虫剂、杀蟥剂，以抑制病虫害发生和蔓延，防虫药有低毒有机磷敌敌畏、敌百虫、氧化乐果及菊酯类药剂、杀蟥类药剂、杀螨特等。

瓜　类

老太婆瓜　织里地域特产。太湖沿岸一带乡村所产土种甜瓜，俗称太湖香瓜，质糯、肉沙松，适宜无齿老人含食，故又名老太婆瓜。村域农户曾经少量种植。

甜瓜　俗名香瓜，种植历史悠久，宋嘉泰《吴兴志》有载，历史上栽种品种较多。明、清府县志记载，甜瓜即香瓜出乌程，皮肉俱白者为上，又有青皮绿肉、海东青。形有团有长，有尖有扁，色有白有绿。村域农户曾经种植。

南瓜　俗名番瓜，过去贫家以之代饭。南瓜品种较多，主要有杭州十姐妹、黄狼南瓜、杭州糖饼瓜、镇江癞猴子、扬州盒子南瓜、枕头南瓜、杭州洋南瓜等农村几乎家家皆搭棚栽种，以补粮食之不足，境内向有老南瓜和米粉做团子，俗称番瓜圆子。粮食产量增加，种南瓜逐年减少，农家种植，皆以嫩瓜作蔬菜到市场出售；或以老瓜作为饲料。村域农户曾经在房前屋后种植。

冬瓜　又名白东瓜，宋嘉泰《吴兴志》有载。是主要夏季蔬菜之一，做蔬、做羹俱佳。瓜形长而大，产量较高，整个夏季都有收获，可接济淡季蔬菜不足。品种有青皮冬瓜和青杂1号等。籽入中药。村域农户曾经种植。

丝瓜　明崇祯《乌程县志》有记，架棚蔓生如丝，秋后，取其老者去皮，用以拭抹器物，谓之丝瓜筋，可去油腻。丝瓜在农村种植较普遍，房前屋后搭架种植，5—10月摘收丝瓜。栽培品种都为本地丝瓜。

黄瓜　又名胡瓜，宋嘉泰《吴兴志》有载，农村种植较广，盛产于夏天，作蔬菜。20世纪80年代始，有些农家采用塑料大棚栽培，提早循种、收获，赶鲜上市，一年四季均有出售。村域农户曾经在自留地种植。

瓠瓜　俗名扁蒲，又名夜开花。宋嘉泰《吴兴志》有记，“乡土皆有”种植较广，5—6月上市。村域农户多有种植。

菜瓜　即越瓜又名生瓜、尝瓜，宋嘉泰《吴兴志》有载是甜瓜变种之一。肉质坚实而汁少，宜酱腌。《刘志》载：“菜瓜生食。置凿瓮腌久，可作蔬。”故又名酱瓜，村域农户少有种植。

西瓜　村域种植不多，多作水果。

蔬菜类

村境内蔬菜栽培历史久，品种多，且四季皆有。主要有8大类，水生和多年生蔬菜及菌类。

白菜类

古名菘　宋嘉泰《吴兴志》载青菘、白菘、蚵皮菘3种。白菜类包括结球白菜、不结球白菜，为十字花科、芸薹属，两年生植物。生长第一年形成叶丛或叶球，第二年抽薹开花。

太湖白菜　本地特产。素有“菜中之王”的美称。结球白菜，又名大白菜、胶菜，蚵皮菘。由北方引进者叶皱而肥大；地产品种茎扁心黄，称黄芽菜，俗呼黄杨菜、黄矮菜。白菜种植历史久远，分布范围广。栽培面积较多，品种有城青2号、青杂3号、城阳青、丰杭70、早熟5号等。

不结球白菜　境内通称青菜，属青菘、白菘。主要有普通白菜、塌菜、菜苔。据明、清地方志载，白菜又称白头黄，叶青圆、茎白，秋末乡村种子园圃，谓之八月菜，味甘软。宜腌藏，至冬以盐渍为腌菜；晒干蒸黑为干菜。品种较多，茎长叶短为长梗白，茎短叶长为矮脚白，叶扁为扁梗白，是栽培面积最多一种蔬菜，农户普遍栽植，属一二年生蔬菜。秋冬白菜耐寒力强、抽薹早、早熟、产量高，种植较少，主要品种有上海常菜、杭州早油冬、苏州青等：春白菜冬性强、较耐寒、抽薹迟，种植面积较广，主要品种有杭州晚油冬儿、上海慢白菜、南浔锦花基等：夏白菜又名火白菜，耐高温、抗逆性强，为夏季补淡蔬菜，栽培品种有上海火白菜、杭州火白菜、南京矮杂1号等：塌菜叶色较普通白菜深，叶片铺地生长，耐寒力强，品质佳，种植比白菜少，主要品种有上海塌棵菜、常州乌塌菜等。

甘蓝类

甘蓝类蔬菜属十字花科，叶蓝绿色，叶面有明显蜡粉。耐寒性、耐热性均比白菜类强，能耐-6℃和短期-10℃低温，幼苗在35℃高温下能正常生长。有结球甘蓝、花椰菜两类。

结球甘蓝　又名包心菜、卷心菜、包菜、洋白菜。性耐寒，耐贮藏。按叶球状不同分平头型、圆头形、尖头形。平头型主要品种有京丰1号、新丰1号、杭州大平头、夏光甘蓝；圆头型易抽薹故种植较少：尖头型栽培较多，主要品种有鸡心、牛心等。

花椰菜　俗称花菜。属一二年生蔬菜，为甘蓝一个变种。小面积栽培。主要品种有60天、80天、100天、120天、140天、澄海早花等，品种来源于福建、上海及温州、瑞安等地。

芥菜类

芥菜味辛，有苔，可腌藏。宋嘉泰《吴兴志》有载。品种有佛手、荷叶、鸡脚等，佛手为上。还有一种紫芥，即赤芥；冬芥即雪里蕻，雪中独青，故名。芥菜类蔬菜，按主要食用部位分为叶用芥菜、茎用芥菜及根用芥菜等类型。

雪里蕻　十字花科，一二年生。又名春不老、冬芥。叶用芥菜中一种，栽培面积少，多腌藏作蔬。

榨菜　十字花科，为芥菜类中一种茎用芥菜，茎基部膨大，形成瘤状肉质茎，俗名瘤芥菜。嫩茎经盐腌渍，榨出汁液成微干状，故名榨菜。栽培面积小。

大头菜　十字花科，为根用芥菜，肉质根肥大，供腌制。大头菜形似萝卜，圆锥形，制以盐，封于甏。自冬抵夏，然后取食，其味甚佳。

茄果类

以浆果供食用，为茄科蔬菜。有茄子、番茄、辣椒等。上市量较大，仅次于白菜类和绿叶菜类。

番茄　即西红柿，二十世纪二三十年代引进发展。主要栽培品种有早雀钻、北京早粉红、北京早红、84—1、84—4、西粉强、早丰1号、强丰（77—94）等。

茄子　是传统蔬菜品种。乡土有紫茄、白茄、水色茄3种。茄子是夏季主要蔬菜之一，农家普遍栽种。主要品种有杭州红茄、宁波线条茄等。

辣椒　名辣茄，又名番椒。原产南美洲，明末引入。辣茄细者称引线椒茄，圆者称笼椒茄，又有朝天椒茄。辣椒以其辛辣程度分为甜椒和辣椒。栽培辣椒多为零星种植，面积不大。主要品种有早丰1号、弄口早椒、嘉配3号、嘉配5号等。甜椒引进时间虽不长，栽培面积已逐年扩大，主要品种有茄门甜椒、早丰甜椒等。

根菜类

根菜类蔬菜主要有萝卜和胡萝卜，分属十字花科和伞形科。其中萝卜栽培最广，品种也较多。太湖萝卜最著名，产于太湖一带乡村。

太湖萝卜　本地特产。又名菜菔，古名紫菘。种植历史较久，品种多，产量高，食用广，四季可收，农户家家都有栽培。宋嘉泰《吴兴志》引《吴兴志旧编》称“合溪者最佳，岁常入贡。苏东坡所谓消梨，嫩者盐水渍之可以致远，性便黄土，故山乡尤宜种”。据明、清府、县志，又名芦卜，太湖旁所出，春为杨花萝卜，形长，夏为梅萝卜，形圆；秋为秋萝卜，形长而大；冬萝卜早出者头青心空而辛，晚出者纯白心坚而甘。茎叶为萝卜菜，腌作干菜；籽入药。另有红萝卜，皮红肉白，分深红、淡红两种。萝卜主要分布在沿太湖流域乡村。秋冬萝卜8—9月播种、1—11月收获，主要品种有浙大长萝卜、大红袍、红萝卜：冬春萝卜10月播种，露地越冬，次年2—3月收获，主要品种有杭州大缨洋红萝卜。此外尚有夏秋萝卜、春夏萝卜及四季萝卜，村域内很少种植。

胡萝卜　又名丁香萝卜，本地特产。属伞形科，一二年生草本。据清同治《湖州府志》，胡萝卜皮肉俱红或俱黄，长一二尺，纯甘宜作蔬，俗名大钱萝卜；又有丁香萝卜，皮肉俱红，头青长二三寸，头大尾小，纯甘，有药气。后二者通名，民间俗呼胡萝卜为丁香萝卜。主要分布在沿太湖各乡村。品种有长圆柱形南京长红胡萝卜、北京鞭杆红等。村域农户曾经种植。

绿叶菜类

村域内有菠菜、芹菜、莴苣、苋菜等多种。

菠菜 藜科，一二年生草本。一名赤根菜。茎柔脆，中空，叶绿，味甘美。全镇栽培较普遍。主要栽培品种无刺种有上海圆叶、南京大叶菠菜，有刺种有浙江火冬菠、绍兴菠菜和地方种菠菜。

芹菜 有旱、水芹两种。属伞形科，一二年生草本。叶柄作蔬菜。

宋嘉泰《吴兴志》载：“今乡土种惟白芹，冬至后作俎，甚甘美，春后不食。”水田中有种植水芹，以嫩茎和叶柄作蔬菜，鲜嫩优于旱芹。主要种植品种以青梗芹为多，旱青芹、晚青芹、黄心芹次之，又引进美国芹。

莴苣 俗名莴苣笋。因剥皮作食，其状如笋，故名。菊科，一二年生草本。宋嘉泰《吴兴志》有载。全市所种以茎用莴苣为主。主要栽培早熟种有本地种、上海细尖叶、杭州尖叶，晚熟种有上海圆叶种、杭州杆子种、二白皮。湖州圆叶莴苣又名香莴苣，是传统农家良种，春、夏、秋都可播种，以秋播为主。莴苣嫩茎供食，脆嫩多汁，香气浓，生食熟食俱佳，亦可腌制。

苋菜 苋科，一年生草本。幼苗作蔬菜，老茎供腌渍加工。苋有青、紫二种，青者佳。青苋俗呼白苋菜。多为农家房前屋后小面积种植。

豆 类

豆科作物嫩豆荚和鲜豆粒作蔬，包括菜豆、豇豆、毛豆、蚕豆、豌豆、扁豆等。菜豆、豇豆属菜用豆类，其他豆类仅在嫩荚期供作蔬菜。

太湖豆 本地特产。豇豆，俗称豆角。一年生草本。有长豇豆、普通虹豆和饭豇豆3种。蔓生、半蔓生及矮生。长虹豆和普通虹豆品种有之豇28—2、一点红、张塘红、浙江青豆荚、丝线青豆角、四季青豆角。

菜豆　又名四季豆、芸豆、玉豆，一年生草本，蔓生或矮生。菜豆生长期短，从种到收60—80天，在春季蔬菜类中上市早。主要栽培品种有蔓性白籽四季豆、上海长箕刀豆、美国供给者等。扁豆俗名羊眼豆。一年生草本。嫩荚或种子作蔬菜。有紫白二种（紫者荚短，白者荚长），白者为佳。性喜湿，架棚蔓生。

葱蒜类

太湖葱　本地特产。色泽碧绿，是烧菜肴的好佐料。栽培葱多为分蘖性分葱，现有细香葱和胡葱两种；细香葱分株繁殖，胡葱（又名湖葱）用鳞茎繁殖。宋嘉泰《吴兴志》引旧编，“太湖地宜葱，乡土惟种冬葱，特宜于污下之地”。明清地方志载有夏楛葱、龙爪葱（又名呼楼葱）、湖葱。冬葱即胡葱，多年生草本，耐寒不耐热；香葱为多年生宿根草本，一年生栽培，农户多在庭院院地分株繁殖。种植方法简单，一般分两个步骤，先将老葱培育分蘖，然后移栽。稍施肥料，即收获良好。村域内曾有小面积种植。

韭菜　多年生宿根草本。宋谈钥《吴兴志》有“韭，春初尤佳”记载。历史上栽培一直以窄叶韭为主，又称本地韭菜（太湖雪韭），叶色深，香味浓，耐寒力强。新引进宽叶韭纤维少，产量高，但香味淡，易倒伏，种植面积不大；也引进少量苔用韭菜。

洋葱　又名葱头，二年生草本。栽培品种主要为红皮洋葱，早熟或中熟，肉质脆嫩，香味浓，熟食味稍甜，产量高。一般在秋季播种，次年夏初收获。

蒜　亦称大蒜。百合科，多年生草本。嘉泰《吴兴志》有载，乡土皆种大蒜、小蒜。夏生苔，为蒜苗。腌之可作蔬，称醋大蒜。现蒜有2种，茎根俱小而瓣小者为小蒜，茎根俱大而瓣多者为大蒜。境内种植面积不大，产量不多。

薯芋类

村域农户曾种植。主要栽培供食用块根、块茎、球茎或根茎一类陆生作物如马铃薯、薯蓣、芋和姜等。食用部分多含大量淀粉和糖分，可作蔬菜、杂粮、饲料、酒精原料及制淀粉。

太湖山药　薯蓣科，多年生缠绕藤本。据明嘉靖《吴兴掌故》，“山药以山土所宜，故名。清康熙《湖录》记：“今湖滨平地多种，苗肥大而甘美，甚有利益。”《补农书》载，“篱下种山药，其根常留，每年食其枝，力不劳而得味多”。因太湖一带品质佳，山药又名“太湖山药”，常年种植。村域曾有农户少量种植。

太湖姜　本地特产。姜科。多年生草本，作一年生栽培。嘉泰《吴兴志》记宋代境内“近太湖地宜姜”。根茎皖、鲁等省运来作蔬菜或香辛料。

马铃薯　又名洋芋艿，茄科。多年生草本，本地多作一年生栽培，早春播种，五六月收获。作蔬菜用土种马铃薯，地下茎呈圆形，皮黄色，个小，食味佳有糯性。

芋　俗称芋艿，天南星科，多年生草本。嘉泰《吴兴志》记载宋代境内种植。有紫梗、白梗二种。紫梗芋又名香梗芋，又有水芋、旱芋之别，其叶可以喂猪。芋艿或种田傍，或全田皆种，因其种植方法不同，亩产量相距甚巨。芋艿谷雨至清明下种，处暑至白露收获。芋艿品种有红顶芋、白芋、大头芋。红顶芋质优，大头芋体最大，产量最少。村域农户曾种植。

水生类

太湖茭白　本地特产。又名茭笋。是菰花茎经菰黑粉菌侵入后刺激其细胞形成肥大嫩茎。嘉泰《吴兴志》记“菰白，一名菱白”，“水乡亦多种，鱼白者美，带黑点者不佳”。为湖州特产。茭白主要分布太湖流域一带。主要品种有中介茭、苏州小蜡台、无锡红花壳茭、江苏寒头茭、杭州一点红、象牙茭等。村域农户曾种植。

慈菇 泽泻科。多年生水生草本。嘉泰《吴兴志》名“茨菰”，种于下田。春夏间栽植，冬季或次年早春采收。球茎入蔬菜，也可制淀粉。境内民间向于春节时以慈菇做菜待客，意为万事如意。种植零星，产量不多。村域农户曾种植。

菱 属一年生浮水水生草本植物。清代阮元著《吴兴杂诗》云：交流四水抱城斜，散作千溪遍万家。深处种菱浅种稻，不深不浅种荷花。村域曾有种植。

荸荠 古名“凫茨”，嘉泰《吴兴志》有载，种下田，俗称地栗。莎草科，多年生水生草本。春夏间育苗栽植或直播，秋季采收。球茎作蔬菜或代水果，也可制淀粉。

藕 出于浅水莲荡，六月出者为鲜嫩，7、8月出则为壮大，用糯米灌于藕孔煮熟可当点心。莲芯，莲花所结果芯。老成干后称莲芯。

莼菜 俗名水莲叶，古名蓴菜。睡莲科，多年生宿根草本。莼味鲜美，嫩茎和叶背有胶状透明物质，营养丰富。

多年生蔬菜

多年生蔬菜一次播种或栽植后采收数年，分木本和草本蔬菜。木本有竹笋、香椿等；草本有百合、金针菜等。

太湖百合 为百合科，镇域特产，属多年生草本球根植物。百合种植历史悠久，早在南北朝时就作为皇帝贡品。太湖百合，以“卷丹”为主要品种。太湖一带农民几乎家家都有种植百合的习俗。百合之鳞茎、瓣片如玉、营养丰富，具有润肺养颜、止咳化痰、清心安神之功效。百合之花秀雅灵气，一向被视作“百事和合，吉祥如意”的花卉，被定为宫苑名花，曾入选湖州市“市花”。村域曾有农户种植。

竹笋　又名笋。按季分有春笋、冬笋、鞭笋；按类分有毛笋、旱园笋等。可作鲜菜、笋干、咸笋等。村城少数农户房前屋后种植。

椿芽　俗名香椿头，是香椿于春季从枝条抽生的嫩芽，芽内有嫩茎和嫩叶。芽长10厘米左右采收，供蔬食和盐渍加工。乡域零星种植。

金针菜　又称黄花菜。百合科，多年生宿根草本。花蕾小棒锤形，金黄色。花蕾开放前采收，经蒸制后晒干，即为金针菜。村域曾少量栽培。

菌类蔬菜

乡域主要有担子菌亚门平菇、蘑菇、金针菇、香菇和猴头菇等菌类蔬菜。菌类富含蛋白质为美味蔬菜。村域少有培育。

栽　种

农村传统栽种　适时种植，做好水肥管理，让蔬菜接受适量光照满足其生长需求，注意做好水肥的管理，一般对于刚刚撒下种子的蔬菜需浇一次透水，需要见干见湿进行浇水，施肥不可过量，多薄肥勤施为其补充养分即可，一月为其施加1—2次稀薄农家肥让其疏松生长旺盛。平常在种植时还要注意除草杀虫，及时将生长在蔬菜周围的杂草进行清除，以免其消耗土壤中的养分，让蔬菜生长不良。还要注意做好病虫害的防治，以免蔬菜受到病害或者害虫的影响，使其健康生长。

其他植物

络麻、黄麻、饲料草

苎麻　多年生宿根性草本植物，是重要的纺织纤维作物。太湖沿岸农村旧时有种植。苎麻皮拔下后纺成线，可制作衣服、蚊帐等生活用品。苎麻织成的帐子称“夏布帐子”，印上蓝白花纹后非常美观，而且经久耐用，深受农民喜爱。村域农户在房前屋后种植。

黄麻　韧皮纤维作物，一年生草本，品种较多。民国年间乃至20世纪80年代广泛种植。黄麻一般春季播种，夏季收成。收获时将黄麻齐根割掉，放在地上晒干，然后扎成捆，运回家中。剥制时，在大伏天气将黄麻浸放于门前的小河或池塘内，浸泡后将麻皮剥下、晒干、扎成捆。黄麻剥下后的麻秆也有用处，可编篱笆，或可当柴料烧饭。当年的地方供销社都在农村设收购站，农民将黄麻送到收购站，验过质量后定等级和价格，然后现金结账，非常方便，是当时农家一笔不少的副业收入。溇港农村还有编织麻布的习俗，即将黄麻纺成麻线，上麻织机编织成麻布，制作成衣服，称为“麻布衫”，夏天穿着非常凉爽，不仅农村人穿，连城市人也赶到太湖边的村子里，购买麻布做衣服或帐子，曾经风靡一时。村域农户曾经在自留地种植。

络麻　属于黄麻的种类。新中国成立之初至20世纪70年代，乡域均有种植，但面积不大，种植方式与黄麻近似。但剥皮一般收割后现场操作，不须浸泡。络麻供销社也收购，价格比黄麻低些。有农户将络麻留下自用，编成袋子用作装稻谷、麦子等物。村域农户曾少量种植络麻。

革命草　又名水葫芦，水浮莲。新中国成立初，特多，长势特旺，故名革命草。既可当草鱼青饲料，又可沤肥。箱冻时叶片易枯萎，长久冰冻就会死亡。二十世纪五六十年代沤作肥料，八九十年代人工培养，用作鱼饲料。种草过冬，需搭设棚架用稻草铺盖，厚3寸。新世纪以降，工业发展，服务业发达，人们进城做工已不再沤肥，作饲料。加之年年暖冬，种草自然过冬，未曾冻死，故外河随处可见，大片大片，河不能行船，又污染水质。

解放草　又名东洋草、水酱板。传说为日本侵略军带来喂马而进我国，湖州境内解放初期始见，故名之解放草，水陆两生，生命力强。1959年至1961年，民众曾在旱地里掘东洋草根，有手指粗，洗净，打烂，磨成粉，和树皮、树根粉吃，曾为度灾荒做过贡献。曾为湖羊冬季主要饲料，二十世纪七八十年代，农民大片大片在水中施肥培养。1990年后基本消失。

萍类　又名浮萍。品种很多，通常人工培养，有青萍、紫萍、萍沙，赤眼萍等，为鱼类上好青饲料。村域内很少培育。

蒿草、芦苇　野生，长在河滩水边。可作湖羊青饲料。枯芦苇可编制芦簾、芦席，芦花可编成扫帚。

第三节　养　殖

蚕　桑

湖桑与品种

传统品种　湖州境内有密眼青、白皮桑、荷叶桑、鸡脚桑、扯皮桑、小叶桑、晚青桑、火桑、山桑、红头桑、槐头青、鸡窝桑、木竹桑、乌桑、紫藤桑、望海桑等。蚕农、桑农习惯于先种实生桑，待其桑本粗壮，再用“抱娘接”方法嫁接优良桑品种，早在南宋时，已普遍掌握更换品种，提高叶质的嫁接技术。俗称嫁接过的桑为“家桑”，未嫁接过的为“野桑”（实生桑）。织里是“湖桑”主要产地之一，村域曾家家植桑，户户养蚕。民国前期，“湖桑”较优品种有青皮桑、红皮桑、白皮桑、荷叶白等。红皮桑即紫皮桑，又称红皮大种。红、白皮桑，叶大肉厚、枝粗芽密，质量佳;青皮桑，肉厚叶小，枝干比红、白皮桑细，利于密植。湖桑属中生桑、晚生桑，为蚕一生主要饲料，大量栽种。

新品种　新中国成立后，“湖桑”品种有很大变化、发展。经过整理、分类，属于湖桑的有200多个品种。筛选保留的地方品种有白条桑、大种桑、荷叶桑、乌皮桑等8个品种。早生桑有早青桑、乌皮桑、尖叶火桑；中生桑有桐乡青、睦州青、荷叶桑、湖桑199、麻桑；中晚生桑有大种桑、白条桑、红皮大种、湖桑197、湖桑2号、吴兴大种、菱湖大种；晚生桑有团头荷叶白、荷叶白等。1975年后，生产上推广种植的湖桑品种有：湖桑7号（团头荷叶白）、湖桑32号（尖头荷叶白）、湖桑35号（桐乡青）以及湖桑197号、湖桑199号等良种，成为当家品种。随着科技的发展，省、市已培育了较多提高叶质、叶产量的新良桑品种，有农桑8号、10号、12号、14号，大中华等。1990年始，引进农桑8号、大中华等桑树新品种。

农桑系列品种　农桑8号，早生品种。“一之濑”与“伦教109”人工有性杂交育成。树形直立，发芽早成熟早，秋叶硬化迟，春期发芽比“荷叶白”早10天左右。生长势旺，发条数多，春叶产量高。抗桑疫病、萎缩病力强。花果较多，早春易受晚霜冻害。农桑10号，早生早熟品种。“桐乡青”与“伦教109”人工有性杂交育成。树形直立，树冠紧凑，生长势旺，发芽早，发条数多，条长而直。桑叶成熟早，秋叶封顶硬化较迟。产叶量高于“荷叶白”，抗桑疫病强。农桑12号早生中熟品种。“北区1号”与“桐乡青”有性杂交育成。树形直立，树冠紧凑，枝条多而直，无侧枝，枝条基部节形突出，根原体多而明显，冬芽饱满，副芽大而多开雌、雄花。叶形大、叶肉厚，呈椭圆形，叶色深绿，叶面平而光滑，光泽强。叶片成熟期在4月28日至5月4日，秋期封顶硬化迟。抗疫病、桑黄花型萎缩病强。但抗缩小型菌核病较弱，春季花期遇多雨天气易发生断梢病。农桑14号早生中熟品种。“北区1号”与“实生桑1号”杂交育成。树形直立、树冠紧凑，发条多，枝条长而直。冬芽正三角形，紧贴枝条，副芽大而多，开雄花。叶形大、叶肉厚，呈心脏形，墨绿色，光泽强。

栽　种

桑苗繁育

传统培育　湖州自古培育实生苗，再行嫁接、整枝、成林。培育桑园，历代惯以桑籽直接播种。新中国成立初期，有生产嫁接苗，数量甚少；以生产实生苗为主，嫁接苗主要由桐乡、海宁供应。20世纪50年代，尚采用“两年育苗、三年开剪、五年成林”传统育桑法。

桑苗嫁接　1963年，吴兴县率先在太湖、漾西公社10个村建立桑苗基地76.5公顷，至1967年共生产嫁接桑苗1533万株。1989年后逐步推广应用硬枝扦插和绿枝扦插技术培育桑苗。1990年，引进农桑8号、大中华等桑树新品种。

桑园园艺

种桑　桑苗种植在20世纪80年代前后，乡域范围达到高峰，遍地是桑园，少有白地种植蔬菜。桑苗种植也很有讲究，在每年初冬或来年初春季节，栽植桑苗，因此时温度最适宜，成活率也比较高。栽桑地上按一定株、行间距离大约在1∶1∶1.5公尺挖好桑苗穴，穴位略比桑苗根系铺开大一点。坑穴内最好施上一点有机质自然肥料作基肥。把桑苗蒲头的直下根剪去，然后放入穴中，梳理直根系。由小孩或小青年扶桑苗（据说树龄年轻茂盛，活跃长寿），先填半坑穴泥土，用脚踏实，再用手扶正、轻轻拎拔一下桑苗，然后填满坑穴。根据气候情况，酌情浇一点水或清淡粪水。

剪桑梗　春蚕饲养用叶后，采摘完桑叶的桑枝要及时剪掉，以防长出桑芽后，影响桑树营养流失及下期桑叶生长。同时对新栽小桑苗要进行割头处理。即剪去上面枯桑头，留存离地面50厘米左右（一般此程序在春季苞桑芽时做好）并留好粗壮桑条2到3支，一直养桑3年后，基间可采桑枝底部桑叶，第四年可开剪成新桑树。桑梗皮是造蜡光纸的上好原料。20世纪80年代中期前，家家户户都要把桑皮敲剥下来，晒干后卖给当地供销社代收点。这笔副业收入农家都不会轻易放过，它不但能贴补家用，甚至能给学童添置“六一”新衣。

删二叶　夏至过后，六月中、下旬，夏桑已生芽长叶，这时期对桑芽龙头要进行删除。把被病虫伤害过及多余的桑叶龙头采摘掉，用来饲养夏蚕。重视各个桑拳大、小，留好4到6支优质强壮新桑条作来年产叶之本枝。

桑枝修拌　暮秋初冬，桑叶基本枯老，最好让其自行脱落，使桑条营养不至流失。并对桑树进行修剪，把下挂的桑枝、余条及桑枝末稍剪去，对确需留的桑枝条用稻柴进行扎拌，使其来年朝上形成整齐树冠。对新栽小桑树的新枝条也要进行适当长度割剪，使其逐年形成桑拳及树冠。对老桑树的枯败桑拳，枯死树干要用桑锯，桑铲进行修正，去掉废拳、桑脚头。枯干当柴料。

锄地除草　桑地杂草特别在夏季猛长猛发，因时值雨季黄梅。桑地锄草后，常被雨水糊住，不几天，杂草重又复活、生根发青，故也是最难除季节。像香附子草，俗称千年结，半夏草，水浆板草等更是难于一时消除，这些杂草根深节密，况节节生根，几天烈日都晒不死。现化学除草，效果甚佳。

老桑套改、新栽桑园

1958年后，桑园培育和管理差，施肥少，养草多，同时部分桑园间作粮食，导致桑园衰败。1963年纠正，分期分批退出集中成片间作桑园。在继承、发展前人种桑经验基础上，此后主要采取老桑园补植缺株、成行加密、增拳等技术措施，改造新老桑园。密度由每亩不到200株增至500—600株。1971年始，结合农田基本建设先种后控、多种少挖，讲究种桑质量，加强桑园培育管理；同时新栽发展桑园。1983年后，以套改更新为主，建立合理群体结构模式高产桑园（亩栽750株以上，株间行距0.5—0.7×1.5米，拳杆高0.75米左右，冬季有效条8000条以上，总条长1万—1.2万米，亩桑产茧100公斤以上）。1984—1990年，发展新桑园与老桑套改，有80%左右桑园达到合理群体结构标准。

繁育新技术

绿枝扦插　5、6月进行。主要利用春桑叶蘖梗，剪成12—15厘米长插穗，扦条基部削成斜面，用25%多菌灵处理，上部留少许叶片，可继续光合作用。扦插苗床搭苗棚盖草帘，常浇水促进生根。

硬枝扦插　以一年生木栓化枝条或春伐条剪成插条，于次年早春扦插，成活率与桑品种关系极大。凡不易发根桑品种用生根粉吲哚丁酸、吲哚乙酸等发根剂浸渍处理，有良好促进生根效果。嫁接体育苗技术属室内袋接嫁接新技术。较传统袋接法具有嫁接时间提早至2月中下旬以延长桑苗嫁接时间与生长期，有嫁接移栽方便、成活率高等优点。

高产管理

古代管理法　明末《沈氏农书》《西吴蚕略》《蚕桑辑要》等书总结桑树高产管理经验：充足的供应肥水和随时除草、防治病虫害等管理方法。即冬至前深垦数回；草长即锄，土干即灌；2、5、8、12月上肥，壅以猪、羊、牛、人粪尤宜，以及蚕沙、豆饼等，冬、春多施河塘泥。这些经验沿用至民国时期。

新中国成立后管理　在桑园建设和桑树管理上大致可分为三个阶段。第一阶段20世纪50年代后期至60年代初期。新中国成立初期，人民政府重视蚕桑，镇域蚕桑生产得到初步恢复、发展。1958年至1961年，桑树培育管理差，施肥少，种植饲料草多同时部分桑地间作粮食，黄豆、小麦、山薯、南瓜、白扁豆、豇豆、玉米、高粱等高秆、蔓藤、宿根作物都种进桑地，导致桑树衰败。1963年，镇域内开展学习和推广德清太堡堂生产队“一专”（退出间作，建立专业桑园）、技术“三增”（增株、增拳、增条）经验，继承发展前人种桑技术。采取老桑地补植缺株、成行加密、“三增”等技术措施，改造新老桑地，密度由每亩不到200株，增至500—600株。第二阶段：20世纪60年代后期至80年代初期。学习和推广海宁云龙大队桑园以“四改”（一改低产桑、二改稀植桑、三改靠天桑、四改劣种桑）为中心、向较高层次建设稳产高产桑园发展的经验，从1971年始，充分发挥已组织起来的集体经济的优越性，结合农田、鱼塘基本建设，大搞桑地平整，小块成大块，分年实施桑地改造规划年前平土，年后种桑，先种后挖，多种少挖讲究种桑质量加强桑树培育管理，从而改变地块小、零星分散、高低不平、品种混杂、产叶量低的现状。第三阶段：20世纪80年代中期起至20世纪末。全面建设高水准培育管理的丰产桑园，目标亩产桑叶1600公斤，蚕茧100公斤以上。1981年，全面推广桑地联产承包到户后，改变了“大锅饭”“大呼隆”，一度提高了农民培桑养蚕积极性。

群体结构　对株、拳、条的合理配置，逐步形成密植以亩栽800—1000株低秆或中秆偏低养成的形式为最多。行株距配置为（1.33米—1.50米）×（0.50米—0.60米），亩定拳3000个左右，有效条8000条以上，总条长1000米以上。树龄结构青壮龄桑占70%以上，及时更新改造树龄在15年以上老桑，保证平衡高产。

重施肥 不但重视冬、春肥，而且还重视了过去从来不施的夏秋肥，保证桑树有足够养料。春肥以速效性肥为主，占全年施肥量的30%。夏肥，以速效和迟效相结合，占全年施肥量的35%。秋肥，以速效性肥为主，施肥量占全年总量的15%。冬肥，以有机肥为主，占全年施肥量的20%。

合理采摘夏秋叶 从1965年始推广饲养早秋蚕以后，由于分次采叶利用，改善叶质，春叶产量只占全年产叶量的40%—45%，夏秋叶占55%-60%。桑农多年实践，得出“用”“养”相结合的经验，既要适时地充分利用桑叶，不使桑叶老化浪费（一年中采取饲养春蚕、夏蚕、早秋蚕、中秋蚕、晚秋蚕），又适当留叶，才能保持树体强健，不影响或少影响桑树持续高产，收到了良好的效果。

病虫害防治

桑病防治

一为桑赤锈病，又名金吊叶病。危害桑嫩芽、叶片和新梢，严重时芽叶、叶柄、新梢布满金黄色病斑，新梢感病严重成畸形、卷曲。病原为真菌类，能很快蔓延成灾。主要防治技术：及早摘除病芽、病叶，扑灭传染源。病区禁止养桑。有病源污染蚕沙须堆制发酵，不能直接上桑地。严重地块于青泡期喷施25%粉诱宁800—1000倍。二为桑断梢病传染性，真菌病。症状为病斑处紧缩成颈状，纤维组织坏死，失水，皮灰褐色，病斑长度2—3厘米，遇风雨或采叶触动，枝条基部患处折断，呈倒挂状。主要防治技术：在病区桑开花至青葚期。盛花期用70%甲基托布津可湿性粉剂喷洒雌花2次。

虫害防治

桑粉 虱俗称白虱，成虫群集新梢嫩叶产卵，幼虫伏叶背吸食叶汁，危害顶部嫩叶，给秋蚕生产带来严重影响。粉虱一年发生8—9代，蛹在落叶和杂草上越冬。主要防治技术：注重农业防治，消灭越冬代，冬季清园除枯叶、杂草，全面剪梢。药剂防治，6月20日至7月底、8月初喷施25%扑虱灵或15%蚜螨宁倍或40%桑宝，对成、幼虫有良好防治效果。

桑螟　俗称蚰虫、青虫。初孵幼虫多伏叶背叶脉分叉处取食，三龄后吐丝折叶，或2张、或2张以上叶片重叠粘合，在内取食仅留表皮，致被害叶成透明灰色薄膜。严重区秋期成片桑园枯黄无绿叶。桑螟在镇内发生4—5代，夏秋多湿多雾天气利于卵孵化，高温干旱天气有抑制作用。防治方法：调整养蚕布局，留出时间集中农药防治。秋蚕后清除蚕室桑螟幼虫，用长效农药对大田治“关门虫”。用束草、堆草诱集越冬老熟幼虫，保护寄生蜂，早春烧毁束草。农药防治，喷40%桑宝乳剂或60%双效磷乳剂。

桑蓟马　成虫吸取桑叶汁液，造成无数小凹点，被害叶失水硬化，严重时萎凋卷曲。成灾桑园远看分3层，下部叶硬化，上中层干瘪卷缩呈锈色，顶部刚抽出绿色嫩叶。不仅叶减产且桑叶饲蚕，导致蚕体虚弱，易发蚕病。境内一年发生10—11代，高温干旱时危害加剧，成虫在枯枝落叶和虫孔裂隙杂草中越冬。防治方法：冬季清园除去枯叶、杂草。抢治危害高峰期在第二代对春伐桑、补植桑结合夏伐后桑拳治虫全面防治。对第四代于7月底、8月初据虫情发生情况用药防治。常用农药，为40%乐果乳剂或60%双效磷或17.5%蚜螨宁粉剂。

此外，还有野蚕、桑尺蠖、桑蟥、桑象虫、黄星天牛、桑天牛等。新中国成立前，防治桑虫害以手捕捉为主、药剂为辅。药剂有鱼藤酮、巴豆乳剂、百部草。后还试行放养寄生蜂以消除桑树蟥害；用石灰硫黄合剂等消除越冬害虫。新中国成立后，对桑树整个树杆进行“白化”（石灰50千克、加水175千克、重柴油1千克、食盐5—10千克调配成乳剂涂在树干上）和片叶不留，桑蟥缺乏食料，桑蟥基本得到控制。1990年后，主要防治药品，一是杀蛀灵。由市蚕桑站研制而成。防治效果95%以上。二是40%桑宝乳油高毒，属内吸性杀虫剂，对害虫有触杀、胃毒作用。采用含量大于98高纯度原粉配制，桑树专用农药。

自然灾害

1991年夏季洪灾 1991年6月下旬至7月上旬，湖州降雨332.6毫米，太湖水位猛涨达4.85米，村域部分桑地被淹。

蚕 种

土制种

明代以前，境内所养蚕种大都自留自用，自留蚕种生子，布子于桑皮原纸。蚕种名称含混，种性难以区分。按化性分头蚕种、头二蚕种，按浴种分盐种、灰种。盐种茧细而紧，灰种茧大而松。清代，专业制种户兴起，以卖种为业。专业制种与蚕户自留自用两种形式并存，都讲究制种技术，注重选种蚕、择种茧、饲养原蚕、提蛾、布子以及换种、浴种等技术。至清中叶，不少优良蚕种定型。如太湖沿岸丹杵种、榧茧种等。其中榧茧种状似榧实，蚕食叶少、成长快、上山早茧色白、茧绵厚、个大，易解舒，境内各蚕区均养。咸丰年间，榧茧种传入绍兴、萧山一带。光绪十四年（1888）榧种传输日本，被赞为茧质鲜美，解舒最易；蚕育成快，食叶少而利多。1947年后，土制蚕种淘汰。

改良蚕种

改良蚕种始于清光绪年间。光绪二十六年（1900），乌程县乌镇蚕种场创办后制改良蚕种推广，年制种100~500张。1922年，引进日本赤熟种、青熟种杂交制成诸桂×赤熟、桂圆×青熟，推广饲养。1941年开始，推广杂交种。是由欧洲和日本蚕种与中国蚕种杂交而成。名称有华5、华6、华7、诸桂、治桂、华蚕1号、华蚕101号、华蚕102号等。抗日战争胜利后，又有华8、华9、华10、瀛文、瀛翰等品种。其中，秋蚕有瀛文与华10正反交品。而华8、华9与瀛翰正反交作春蚕种。1947年后,旧品种逐步淘汰。1948年起,全部为新品种。江苏新品日月、老虎、金猫、西瓜、金蟾、梅花等新品蚕种占领织里区境。

新中国成立初，杂交改良蚕种制种形式主要为框制种。1952年起，渐以平附产卵代替框制种，并由单张平附种发展为双张平附种。同年始制散卵盒蚕种。主要以华8、华9与瀛翰杂交品为主，云溪与华9正反交两个品种产茧量高，但净度差，于20世纪60年代中期停用。

新蚕种

20世纪70年代，全面推行华合×东肥。至1972年，苏17、苏16几乎全被华合×东肥品种代替。杭7×杭8于1976年开始推广试养。夏秋品种从广东引入东34与省农科院603组成东34×603、东34×苏12杂交组合，因其耐高温，茧丝质量优见长，至1975年夏秋，以东34×603、东34×苏12基本取代长达13年老品种。

20世纪80年代，春蚕开始用杭7×杭8，至1981年已成当家品种。1982年，农业部门选用菁松×皓月，浙蕾×春晓，苏青×镇丰三对易养、高产、优质新品种，至1987年成为春蚕主要品种。夏秋，以浙农1号×苏12成为80年代当家品种。1984年夏秋,开始养薪杭×科明、蓝天×白云（又称康2×科7）,由浙江省农科院培育成功,取代原浙农1号×苏12号。20世纪80年代末至90年代，初出现蚕种严重缺种局面，春种成为全年通用种，各地擅自从外地调入蚕种，局面混乱。推广夏秋种春养，蚕农不欢迎,但因结出茧纾解率高而受缫丝厂欢迎。

20世纪90年代，农业部门选春种有菁松×皓月、浙蕾×春晓、春蕾×镇珠。夏秋种：薪杭×白云、54A×丰10等，同时推广抗氟化物，茧产量高等特点春蚕品种：华锋×雪松、雪松×华锋（正反交），夏蚕有秋丰×白玉。

90年代后期，村域土地陆续被征用，村民种桑养蚕业成为历史。

浴种、收藏

自古重视蚕种保护。北宋时，湖俗尚有“浴蚕”之事。梅尧臣来境游霅溪，记述“花暖吴蚕始浴时”。古代通过腊月十二浴种和次年寒食滃种来保护蚕种。明代，湖境浴种多用天露石灰，或有用盐卤水。清代，用温石灰水浸浴后露置晾干收藏，为灰种；撒盐于蚕种，用冷浓茶水喷透后露置晾干收藏，为盐种。滃种，即将盐种或灰种并菜花、豆花之类一块入浸微温蒸团子汤中，滃后晾干。民国和新中国成立初期沿用此法。1961年起，春蚕用种改单式冷为复式冷藏。20世纪70年代末，浴种时间从12月中旬改为上旬，浴种水温从7.2℃（低于气温）改为15℃（高于气温），避免浴种后再次出现气温转高。20世纪80年代初，复式冷藏温度从0℃改为22℃为中心。1982年后，浸酸蚕种改自然干燥为用风扇干燥15—20分钟，以丙1胚子冷藏，延长有效期，提高孵化率。

蚕饲养

蚕季农户普遍养春蚕、中秋蚕。春蚕一般于每年五月初发种，到6月上旬摘茧收获。夏蚕，于6月20日前后发种，到7月中旬摘茧收获。早秋蚕在8月初发种到8月下旬摘茧收获。中秋蚕于8月下旬发种，到9月下旬摘茧收获。晚秋蚕很少饲养，一般在9月中、下旬发种到10月底、11月初摘茧收获。以中秋蚕饲养最为适宜，故当时饲养量户也最多，有时接近春蚕种的数量。

蚕室　自古蚕户重视蚕室温湿。明代以前，蚕室密闭，只开南北窗，并以纸窗或草帘遮严实。南风时关南窗，北风时关北窗。室内置火坑，以穿单衣感觉寒暖来决定添火加温或减火降温。明代，蚕室同时讲究疏爽。天明开窗通风，采日照。地上铺板最好，或铺芦席，天寒时以火缸取暖，四壁围衬草席，以收潮气。清代，蚕室及蚕具在清明前打扫、清洗，再用石灰水消毒。近代开始推进蚕室、蚕具用科学方法消毒，为求彻底杀灭病菌，蚕室充分冲洗，蚕具养蚕前用2%福尔马林，或0.5%升汞（升汞1：盐酸2：水200），或1.25%漂白粉液（漂白粉含有效氯30%，则1斤漂白粉加水24斤）喷洒蚕室、蚕具。新中国成立后，沿用蚕室、蚕具养蚕前后清扫洗涤，室内墙壁刷白，饲蚕期内掌握蚕室温度、湿度、灵活通风换气等经验。

催青　俗称护种（焐种）、暖种。宋代，催青技术普遍采用，有用朱砂温水洗浴清毒、催青，有以体温暖种催青。明清时，能根据气温和桑叶生长程度调节收蚁日期。清明前，蚕种护于清洁棉絮或衣被内，厚薄根据天气寒暖程度。清明后，谷雨前，种包置于热被窝，天寒时贴身抱于胸前。1926年后，蚕业改良和推广机构推行养蚕新技术，改变过去蚕农自已进行暖种、护种或火烘等原始的办法。1934年始，蚕业指导所建催青室实施共同催青。1949年7月，省土产公司派出蚕丝工作队赴吴兴县筹建蚕业指导机构，同年11月底，组建吴兴县蚕业指导所。

新中国成立后催青技术蚕种催青加温、补温方法在20世纪50年代和60年代中期直采用火缸，用木炭、炭节加温，用铁皮槽置水和悬挂湿布、麻袋片进行补湿，夏秋用天然冰、机冰进行降温，辅以电扇促使室内温度均匀。1968年，推广春期催青使用电热加温装置和电动补湿器补湿，夏、秋降温仍用机冰。80年代以后，普遍使用空调。50多年来均实行蚕种统购统销，共同催青。春、夏、秋各期蚕种都由县、市蚕业指导机构所设催青室负责催好青后，再分发给蚕农，即可收蚁饲养。

收蚁　民国以前，蚕种转室变青后，挂在暖房内，待蚁蚕出齐，用鹅毛轻掸于蚕箔内。出蚁以谷雨为期。20世纪50年代沿用平附种收蚁，采用打落法或以桃花纸张引收，头天发种，次日晨感光收蚁;蚕种改为盒装散卵后，收蚁采用网收法和棉纸引蚁法两种，后改用纸包法和蚁框收蚁法。纸包收蚁法，1970年，吴兴县荃仁乡高王庙村农民创造收蚁框收蚁法，1984年秋期，由安吉县蚕桑站改制而成。此后，在收蚁中推广沿用。

稚蚕饲育　明代，自蚕初生至三眠（1—3龄），蚕室蓄炭火加温，以穿单衣感觉寒暖来调节室温，以加速稚蚕发育。清代，蚕初生至头眠用火，使3天左右赶头眠，以避免小蚕因抵抗力弱而感染疾病。并通过给桑次数、给桑量以及温度、湿度升降调节眠头，使日眠齐一。1933—1934年，旧政府所设蚕业改良区，对1—3龄蚕实行共育。共育室保持温度24℃、湿度70%，日给桑叶6—7次，日以网除蚕沙1次，共育15—17天。

新中国成立后，织里镇域内稚蚕饲育初期沿用少量多回育法，防僵养蚕法。1952年，推广德清县养蚕能手陈梅生的高温、干燥、多回、薄饲快速养蚕法。1953年，学习苏联的养蚕经验，1—2龄蚕室温27.5℃—28℃，3龄蚕室温26.5℃—27℃，相对湿度65%，每天光照18小时，给桑11次，最多16次。因花工多，成本高，难以推广。炕床育法和炕房育法:1963年，在中国农科院蚕业研究所指导下推广小蚕炕床育法，利用地火龙加温，日给桑4次，至3眠出炕。防干纸覆盖育法：早在20世纪40年代，防干纸（牛皮纸涂上石蜡）育法从日本传入我国，1966年才大面积应用，符合小蚕生理特点，保持桑叶新鲜，给桑回数少，饱食、省叶、省工等优点。防干纸育法具有明显的保湿作用，从而保持桑叶新鲜，增加蚕的下食量。靠壁弄加温。塑料薄膜覆盖育法:1982年，农村推行家庭联产承包责任制后，小蚕饲育规模缩小，在蚕户自愿结合的基础上推行联户共育。

小蚕片叶立体一回育法　立体育采用木片或竹片钉制成框架式饲养框，用铁丝将桑叶穿成串，垂直搁挂在饲养框内，结合用塑料薄膜围包覆盖防干措施，桑叶保鲜好，具有省工、省叶、省蚕座面积，实现每天给一次桑叶的目标。

壮蚕饲育　传统育法对4龄蚕以0.5公斤为一匾，昼夜喂桑叶，经常开窗通风换气。至第5龄放地蚕。此法明清时尚有记载，为镇域内蚕农所创。5龄蚕下地饲育、就地上蔟，免去蚕具、劳力不足困难，且利于降温。此法一直沿用。1965年起境内推行条桑育，即将带叶桑条剪下，铺在蚕座上，由于桑条着叶数不匀，须将枝条顺倒配搭，使桑叶分布均匀，一天给桑3次，见熟前一天改给芽叶，填平蚕座，防止在桑条里结茧。地蚕条桑育，它具有保持叶质新鲜、残桑少桑叶利用率高、且蚕粪从枝条间隙下落、蚕座干燥卫生等优点。1986年后，对4—5龄蚕采用打孔薄膜覆盖，给桑每日3—4次。

此外，为了解决蚕室不足的矛盾，曾一度推行简易蚕台育和屋外土坑育、棚架育。随着农村经济的发展，农村住房条件改善，近年普遍建新房，一房多用，饲养蚕以室内地蚕为主要形式。其次，随着农业室外大棚种植的发展，也出现使用大棚来饲养蚕。

上蔟、山棚

上蔟　宋代蔟箔为胡椒眼，上蔟前插入茅草，再于稀疏处布以无叶竹梢，供熟蚕结。明代，以麦秆或稻杆扎成伞形蔟插于蔟箔上。清代创“墩帚”、“折帚以麦、稻松缚后截齐两头，长一尺五六寸，盘旋散开，上大下小为墩帚，上小下大为折帚，称为“湖州把”或墩头帚。“湖州把”利于熟蚕营茧，可多次使用，此法一直沿用。20世纪50年代多沿用“湖州把”蔟上加蔟，因所结茧形杂、多柴印茧。60年代普遍推广使用蜈蚣蔟（本地称蚕龙）。1973年，推广纸板方格蔟。1992年起，蚕茧收购价格与茧质挂钩，方格蔟普及。太湖乡是方格蔟推广的典型乡镇。1993年，太湖乡推广95.6万片，收方格蔟茧270.1吨、返利60.16万元，平均每公担返利222.76元。织里范围方格蔟普及率100%。

山棚　明代宋应星《天工开物》记载：湖丝比安徽、福建、河南、四川丝柔、韧，成衣入水洗涤百余次质地不变原因，就是山棚下用炭火旺灼，蚕在蔟上吐出丝来随即干燥，所谓“出口干”。清代山棚技术精益求精，缚山棚因地制宜，屋多，山棚与地蚕分处;屋少，在地蚕之上架棚，棚离地4—5尺，铺芦帘作为蔟箔。明清时尚用密蔟即山棚上立帚，帚上铺芦帘，帘上再立帚，层层而上。蚕上蔟后，山棚下及室角四周安置小火盆。蚕上山灼火经验明清时定型，俗称“擦火”“炙山”“灼山”。乘蚕吐丝未裹身时旺灼，易成茧；蚕溺排出即燥不着茧，吐丝出口即干，蚕丝吐尽，茧解舒好、丝质好。旺火灼山一日夜，满一周时减炭，两天后熄火。村域内蚕户以此为蚕经要旨，代代相传、沿用，且作为先进技术强调推广。

蚕病与污染中毒

传统防治法　宋代，蚕质型脓病见于记载，俗称“干白肚”。明清时，对白僵病、脓病、软化病的传染性已有防治方法。以喷烧酒，添食大蒜叶和甘草水等结合清除蚕沙，防治蚕病;一发现病蚕，急予清除，以免传染。清嘉庆（1796—1820年）时邑人高铨《吴兴蚕书》记述蚕沙厚而发蒸，为蚕病一大根源。蚕农注意蚕座干燥以撒糠灰、石灰粉等隔离蚕座;同时不用湿叶，大蚕期勤除蚕沙和注意室内通风换气，禁忌熏烟等，以抑制病原繁殖、扩散。民国时期，防治蚕病注意蚕室、蚕具及蚕体消毒。对蚕室、蚕具用2%福尔马林或0.5%升汞，或含1.25%有效氯漂白粉液喷洒；对僵病用硫黄熏蒸消毒;对蚕体用水杨酸粉或漂白粉、石灰粉混合成防僵粉消毒，用0.5%漂白粉液洗落蚕体上多化性蝇卵。新中国成立后，在推广蚕病科研新成果和蚕病防治措施上，一直极为重视，僵病、蝇蛆病、细菌病得到有效防治，微粒子病已基本控制，病毒病的危害也逐渐减轻。据调查，病毒病的危害占总蚕病危害损失率的70%—80%，尤以中肠型脓病和病毒性软化病危害最严重。

真菌病防治　僵病属真菌病，是村域常见蚕病、多发病，水乡空气湿润，适合僵病病原体的繁殖。1955年，中国农科院蚕研所试验推广的西力生、赛力散防僵粉，防治效果很好，僵病迅速得到控制，但西力生（氯化乙基汞）、赛力散（醋酸苯汞）都是汞制剂，对人、畜有害，1975年明文规定停止使用。漂白粉僵粉杀菌也好，但有效氯含量不稳定，不耐贮藏，防效下降，曾一时无高效新蚕药代替，僵病有所抬头。1982年后，推广使用的防僵药剂有抗菌剂402（防僵灵2号）和固体甲醛为主要成分的防病1号、防病2号、蚕座净等，只要蚕期前彻底消毒，蚕期中进行蚕体、蚕座消毒，并注意蚕座干燥，同时撒施防僵粉，僵病危害就可得到有效控制。

病毒病防治　病毒病是养蚕生产上最常见、危害最严重的一种病害，因病毒种类和寄生部位不同，主要分血液型脓病、中肠型脓病和病毒性软化病。血液型脓病俗称水白肚。以消毒为中心的防病措施，在生产上推广，收到很好效果。病毒性软化病，也称空头性软化病。病毒病的防治除了漂白粉和福尔马林液有较强杀灭作用外，还发现新鲜石灰浆有特效，只要消毒严密，消灭病原，切断传染途径，及时淘汰迟、小、病弱蚕，防止蚕座传染等措施，病毒病可以控制。

细菌病防治　细菌病有多种，但不论哪一种，病蚕尸体都软化腐烂，故统称为软化病，细菌病发病类型可分三类:细菌性败血病、细菌性中毒病及细菌性胃肠病。1958年以来，中国农业科学院蚕业研究所以红霉素及氯霉素添食，对预防细菌病有一定效果。氯霉素添食又成为广大蚕农常规防治措施之一。

蝇蛆病防治 蝇蛆病危害严重，1962年，辽宁柞蚕研究所首创应用灭蝇药剂获得成功后，蚕户即推广使用，使蝇蛆病的危害得到基本控制。

氟化物污染中毒防治 氟污染危害蚕食下氟化物污染桑叶后，蚕体大小不一、多病弱蚕，体表起泡、出水，形成黑斑、高节症状，严重时不吃不动，龄期延长，不结茧而死。1983年开始，省政府、嘉兴地区行署和湖州市政府每年下文，要求排氟量多的工厂、砖瓦窑厂安装治氟装置，规定每年4月25日至5月25日的养春蚕期间砖瓦窑厂必须熄火停窑，水泥厂投料停用氟石料，减少氟的排放，确保春蚕安全。1991年起，继续停窑防氟。每年春蚕期市政府严令停窑1个月。

蚕　茧

蚕茧产量　除取决于蚕品种外，尚受饲养环境、上蔟环境、桑叶成分、收烘技术等影响。新中国成立后，由于蚕品种的不断改良，扩大饲养高产、优质、多丝量蚕品种促进蚕茧的高产。同时，又在农村推广科学养蚕，改进蔟具，努力提高蚕茧产量，使该地区蚕茧质量居于全市平均水平之上，经过蚕业科技人员和蚕农的努力鲜茧出丝率和解舒率等蚕茧质量不断提高。

东湾兜村蚕茧产量一览表

表19　　单位：张、亩、市斤

村名	年份	桑地面积	全年蚕茧			春　茧			夏　茧			秋　茧		
			张数	单产	总产	张数	单产	总产	张数	单产	总产	张数	单产	总产
红丰大队	1981	124亩	380	73	27740	144	96	13824	54	53	2862	182	60	10920
东湾兜村	1990	150亩	509	38	19342	210	46	9660	19	32	608	280	33	9240

注：本表数据来源于湖州市吴兴区档案馆

蚕茧质量　除取决于蚕品种外，尚受饲养环境、上蔟环境、桑叶成份、收烘技术等影响。1978年，秋季连续干旱71天，早秋蚕上簇期相对湿度80%以下，茧解舒率达76.02%。1981年春，上蔟期天气晴燥，相对湿度69.5%—73%，蚕茧收购鲜茧平均茧层含水量14.55%，试缫解舒丝长848.1米/次，解舒率高达71.38%。进入90年代后，普及方格蔟，实行“组合售茧、缫丝计价”，蚕茧质量越来越高。

蚕茧大战　指1988年前后发生在江、浙、皖一带，并席卷全国蚕茧产区的蚕茧收购中的抢购风潮。1978年以前，全国年产鲜茧仅10000万—15000万千克。1980年达到25000万千克，超过历史最高水平（1931年22750万千克）。1985年至1987年，年产量33500万千克。其中江、浙、川三省产量占全国80%以上。1986年下半年起国际丝绸市场热销，丝绸出口获利丰厚，地方利益驱动各地小缫丝厂、绸厂争先恐后，丝绸加工能力盲目扩大，加上宏观管理失调等原因，造成定点丝厂原料茧严重供不应求。1987年3月，国务院办公厅以明传电报形式发出《关于蚕茧、厂丝收购和经营管理业务改由外贸部门负责的通知》，决定蚕茧和白厂丝由中国丝绸进出口总公司统一收购和经营。春茧收购前夕，经贸部又及时转发了《全国蚕茧、厂丝收购、经营管理办法》。但各地贯彻执行上述文件困难重重，春、夏蚕茧收购中主产区爆发了一场以哄抬茧价、抢购蚕茧为主要特征的“蚕茧大战”。1988年，湖州市丝绸公司认真贯彻国务院《关于茧丝收购和出口全部实行统一经营管理的紧急通知》和《关于加强丝绸经营管理的补充通知》，采取“以茧返丝”“以丝返绸”等措施，有效防止茧丝外流，保证丝绸出口货源。1989年春期，浙江省茧丝绸经营领导小组明传电报通告“今年春茧收购工作秩序良好，茧价稳定，茧子质量较好，要求各地再接再厉，善始善终，作好收购工作。”1990年，基本遏制“蚕茧大战”。织里地区是蚕茧主产区之一，1985年秋，秋茧收购开始时，便出现持续数年的争购原料茧；到1987年6月，春茧收购出现多头插手抢购。国家规定由丝绸公司收购经营蚕茧，委托供销社收烘。但收购蚕茧过程中一些乡镇丝厂和多种经营服务公司、个体户、小商贩插手抢购或倒卖蚕茧；竞相抬价。1987年，春茧每担（50公斤）国家定价在500元左右，乡镇丝厂和个体茧贩，为抢购蚕茧便竞相抬价，茧价扶摇直上，抢购价高达800—1300元；导致各地边界处争夺和封锁，并在交界地带设茧站以提前开秤，高价引诱蚕农售茧，扰乱市场管理秩序。江浙两省边界有关茧丝经营单位发起蚕茧价格争夺战。市、区镇、乡、村各级调动公安、工商、税务人员，甚至动用民兵、警车、汽艇围追堵截，制止蚕茧外流。因抬价抢购，造成不少蚕农售毛脚茧、喷水、掺杂等，使茧质受到严重影响。

东湾兜村1993年蚕茧组缫一览表

表20　　　　单位：吨、元、万元

蚕期	茧站	组合茧量（吨）	返还价（元）	总价（万元）	方格蔟仪评价（元）	百公斤差价（元）
春蚕	织里	70082.7	1453.85	10189.00	1170.01	283.84
	织东	51992.8	1471.44	7650.46	1177.63	293.81
	晟舍	27984	1451.29	4061.30	1178.03	273.26
	轧村	55155	1484.09	8185.63	1182.72	301.37
	漾西	74932.9	1443.65	10817.72	1184.36	259.29
	汤溇	30105	1427.88	4298.63	1171.37	256.51
	义皋	81497.1	1432.86	11677.47	1175.39	257.47
	东桥	85067.3	1482.02	12147.80	1168.29	259.73
	合计	476816.8		69028.01		

续表20

蚕期	茧站	组合茧量（吨）	返还价（元）	总价（万元）	方格蔟仪评价（元）	百公斤差价（元）
夏蚕	织里	6340.1	1093.94	693.58	961.76	132.18
	织东					
	晟舍	1145.4	1119.04	128.18	974.78	144.26
	轧村					
	漾西	43341.1	1020.39	441.94	986.59	33.8
	汤溇					
	义皋	1830.3	1080	197.67	972.72	107.28
	东桥	1448.1	1076.99	155.96	975.39	101.6
	合计	15095		1617.32		
早秋蚕	织里	29309	1053.37	3087.35	916.44	136.93
	织东					
	晟舍	8128.3	1051.89	855.01	921.71	130.18
	轧村	13967.5	1000.63	1397.63	904.64	95.99
	漾西	14717.8	912.31	1342.73	860.19	52.12
	汤溇					
	义皋	6937.6	981.56	6809.73	871.98	109.58
	东桥	9469.4	1037.23	982.2	904.47	132.76
	合计	82529.6	1011.26	8345.88	899.91	111.35
中秋蚕	织里	40999.3	1128.35	4626.17	935.03	193.32
	织东	29014.9	1170.28	3395.571	970.69	199.59
	晟舍	23550.5	1145.71	2698.29	980.19	165.52
	轧村	36143.1	1153.26	4168.27	973.09	180.17
	漾西	37262.6	1122.27	4181.9	978	144.27
	汤溇	20655.2	1100.66	2273.44	1000.52	100.14
	义皋	42887	1103.1	4730.9	958.8	144.3
	东桥	40920.8	1084.06	4436.1	917.58	166.48
	合计	271433.4		30510.56		

蚕茧收烘

茧价、收茧量 1912年，鲜茧每担40—60元；1921年60—70元；1926年60元；1928—1929年50—70元。1931—1934年，土种茧跌至每担13—16元，改良种茧跌至25—30元。1950年担茧中准价81.40元，全境收茧48000千克。1966年担茧中准价110元。1979年50千克茧价140元。1985年取消派购后，夏茧实际平均50千克茧价178.86元、早秋茧182.39元。1988年，鲜茧中准价由140元提高到175元，春茧实际平均担茧598元；早秋茧实行最高限价50千克茧480元。1989年，中准价升至50千克348元。

烘茧 茧行（站）收茧后烘干。1929年，湖州境内茧行有单灶（炭灶）、双灶（柴灶）两种灶型。此后，有日本产多段型烘茧机（机灶）。1935年，吴兴县组织蚕农成立合烘处，开始干茧直接买卖。日军占领后受日伪统制，茧行茧灶破坏严重。胜利后有所恢复。新中国成立后单灶淘汰，使用双灶（柴灶）；烘茧沿用凭督烘或烘头经验进行操作。1952年始建大型煤灶，部分柴灶改为柴、煤两用灶，开始实行红庄（1—5级）、绿庄（6—13级）分级烘茧。次年，大型煤灶改进后每座每期烘鲜茧160担，比柴灶增加50%。1967年7月，吴兴县在织里茧站试行炉子中段打孔，改辐射热为对流热取得成功。为进一步提高烘力，降低煤耗打下了基础。1971年改制风扇柳档灶、车子灶，至1973年烘力每座每期360担鲜茧，经省定名“浙73—1型风扇车子灶”加以推广。此后，境内烘茧以此灶为主，同时试制部分双轨推进灶、翻板灶。1976年初步制定双轨推进灶烘茧工艺卡。1985年后，烘茧灶具革新停顿。

湖　丝

丝车 4700多年前，境内先民使用缫盆、簺子（今谓簸子）等原始工具缫制生丝。唐、宋时期，土丝机具及技术改进，手摇式木制缫丝车逐步发展为足踏式。至明代，足踏式缫丝车广泛使用。宋应星《天工开物》称为“湖制”丝车，比川蜀丝车“尽善”。丝车有2绪车、3绪车，每绪有粗有细。细丝一般以3—4粒茧至7—8粒为一绪；稍粗丝以10多粒茧为一绪；粗丝以20—30粒为一绪。粗丝用2个绪做，以2板丝为一车；细丝用3个绪做，以3板丝为一车。粗丝一日脱一车。细丝一日半或二日脱一车（一车丝重量约老秤60两）。茧子在鲜茧采收盛筐后，到发蛾期前十天内缫光。鲜茧缫丝，“其色鲜艳，为丝之上品”，湖丝都用此缫法，俗称生缫法。民国前期，织里镇所用丝车，称“足（脚）踏木车”或“湖式土丝车”。1914年，为推动土丝改良，在吴兴、德清等县城创设浙江第三、第四模范缫丝厂，配置日本木制脚踏缫丝车20部和复摇车4部。至1932年，织里镇30岁以上妇女都会使用丝车缫土丝。新中国成立初创办农业高级合作社期间，村域内曾办有小型土丝车缫制厂。

用水　元代，村域蚕农更注意煮茧，缫丝用水水质，乌程县南金盖山麓白云泉，用于煮茧，所缫之丝光白，方圆十里内都取以缫丝。归安县河港交错，河水澄清，宜于茧丝。清嘉庆时（1796—1820）邑人高铨《吴兴蚕书》对缫丝用水总结为一字诀“清”，称“清则丝洁白”，境内一些地方河水澄清度不够，即于半月前用缸贮蓄，候其淀清。且进一步总结出“山水不如河水，止水不如流水”。河水性软，成丝柔顺；流水性动，成丝光润而鲜；止水性静，成丝肥泽而绿。民国初机器缫丝兴起，丝厂择好水傍河而建。

土丝　起于原始社会。以手工缫制。明成化十年（1474）以前，织里镇尚有头蚕丝、二蚕丝之分，头蚕丝（春蚕丝）为上，光而韧；二蚕丝（夏蚕丝）为次，光而艳。又有合罗丝、串五丝、经纬丝之属。明代，以三茧抽丝所缫为合罗丝，细而白，专供制御服；稍粗为串五丝，再粗为肥光丝；最下品为荒丝，或称屑丝。清代后，一般分为细丝、粗丝、肥丝。细丝用上等茧3—4、5—6或7—8粒缫制，称合罗；粗丝用上等茧11—12、16—17粒或双宫茧缫制，为串五丝；再粗者肥丝，用20粒以上茧缫制，初称肥光，后改称肥丝。最次等为荒丝。1951年，织里成立了土丝市场，村域蚕户参与交易。

丝棉　每年蚕罢，蚕户以下脚茧及双宫茧剥制丝绵（俗称绵兜）。唐代，湖地就产丝绵；丝绵与用丝绵抽丝纺线所织绵绸都作为贡品上贡。明成化十年（1474），鹅脂绵一类高质量丝绵境内都出产，有头蚕绵、二蚕绵之分，并总结出一套作绵经验。清朝，境内所产丝绵匀薄如纸，莹净似玉；其头蚕大环绵白、韧胜过他府所制。丝绵中质好的用于抽丝纺线后织为绵绸，质次的用于制绵衣御寒，其轻暖适体远胜棉花。绵兜有手绵、环绵、手绵剥在手上，环绵剥在竹环上。竹环名竹弓，剥出绵兜大者为大纊，小者为小纊。清代，每逢小满后境内农村剥绵兜普遍，以小纊为多；茧行设工场，将剔出穿头、污斑、薄等不能缫丝次茧雇人剥绵兜，都为大纊。绵兜成为商品售于市。新中国成立后，湖州于1955年7月15日建立丝绵交易市场；并成立丝绵市场管理委员会，组织公私联购。次年，丝绵收购价甲级每500克5.80元、乙级5.30元、丙级4.80元、丁级4.20元。村域蚕农参与交易。

池塘养鱼

东湾兜村渔业生产一览表

表21　　单位：亩

名称	年份	养殖面积	其中	
			鱼塘	外港
红丰大队	1981	16	7	9
东湾兜村	1990	40	10	30

说明：本表数据来源于湖州市吴兴区档案馆

村域历史上无大面积鱼塘和养鱼习惯。民国年曾遗留部分私人鱼塘，杨湾自然村就有东河、西河等多处，人民公社化后归集体所有，生产队委专人管理和饲养鲢鱼、草鱼等鱼种，春节前车干鱼塘，捕获鲜鱼分给农户，以供过年食用和招待亲戚朋友。农业学大寨运动中基本填平造田。

养　　猪

东湾兜村畜牧业生产一览表

表22　　　　　　　　　　　　　　　　　　　　　　　单位：头、只、羽

村名	年份	生猪(头)						湖羊年末存栏	家兔(只)	家禽(羽)
		年末存栏	其中母猪	全年						
				售给国家	售给市场	自宰	全年合计			
红丰大队	1981	550	36	586		60	1196	468	1271	
东湾兜村	1990	210	4	31	177	33	451	33	70	1070

说明：本表数据来源于湖州市吴兴区档案馆

养猪历史　猪饲养历史久远。新中国成立后，生猪生产不断发展，主要由私人饲养。1958年后公养、私养并举，以公养为主。集体养猪增加，私人养猪相对受制约，影响农家养猪积极性，养猪量逐年下降。1960年饲养量下降。1961年改为公养、私养并举，以私养为主，给私养以优惠措施，母猪放到农户；实行粮肥挂钩，投肥换粮，计价报酬，也可以肥计分，年终参加分配，投售生猪奖励化肥和工业品券，使生猪生产迅速回升。“文化大革命”期间，收回社员自留饲料地，取消饲料粮，饲养量从1968年起逐步下降。后贯彻中央“以养猪为中心，全面发展畜牧业”指示，农村恢复饲料地、饲料粮等措施，国家适当提高生猪收购价。集体化年代，村域各生

产队办有畜牧场，配备管理员饲养母猪和肉猪，母猪繁殖小猪，肉猪供改善社员生活。春节时宰杀肉猪，按工分与人头分配到农户。1990年后村域开发，养猪业逐渐消失。

自繁自养 旧时，村内无饲养母猪习惯，一般从金华等地购买苗猪。20世纪60年代由生产队繁殖苗猪。1977年7月，嘉兴地委畜牧领导小组提出对本地土种母猪“先留后选”措施后，1979年镇内各大队母猪存栏量增加，苗猪供大于求。经留优去劣，村内生产队畜牧场均饲养母猪。

品种改良 旧时，品种主要是本地黑猪（太湖猪）。20世纪50年代中期，湖州市先后引进中约克、大约克、长白、杜洛克等外国纯种良种公猪，引进金华两头乌、嘉兴猪等本省良种母猪，实现“母猪地方良种化，肉猪一代杂交化”。60年代中后期，基本普及肉猪杂交一代化。1973年，部分公社先后饲养良种公猪，办起配种站。有的配种站开展猪人工授精工作。1979年饲养肉猪不用青饲料，补饲多种维生素，并逐步把喂熟料改为喂生料和粉料。80年代后，养猪场和专业户开始改单一饲料为配合饲料和全价饲料。

饲草、饲料 农户养猪饲料，有稻谷、大麦、玉米等籽实饲料；紫云英、番薯藤、番薯、南瓜、萝卜、青菜、革命草、水浮莲、水葫芦等青饲料；米糠、麸皮、酒糟、豆渣、豆饼、菜饼等粮油加工副产饲料；鱼粉、蚕蛹、屠宰加工下脚料等动物性饲料；贝壳粉、碳酸氢钙等矿物饲料。

猪　栏 村内养猪向为圈养，宋嘉泰《吴兴志》所谓“皆置栏圈，未尝牧放”。20世纪70年代前，农户养猪基本上为软棚。棚舍狭小，以利积肥。后引进外地良种猪及科学养猪技术普及，猪栏逐步由软棚改为硬棚。水泥铺地，面积有所扩大，一般每头肉猪有猪舍1平方米以上。

养　羊

湖羊养殖　南太湖平原为湖羊主要饲养区。湖羊古称吴羊、胡羊，又称绵羊。体形中等，身躯狭长，无角，颈细长，腰背平直，尾扁平、尖上翘，四肢偏细而高，腹毛粗、稀、短，被毛全白，属短脂尾羊。它成熟早，一年四季均有发情，成年公羊体重平均48公斤（30—75千克），母羊31.5千克（18—45千克），繁殖率高，泌乳性能好，耐高温、高湿，村域曾终年舍养。20世纪50年代养羊业发展。1962年公私并举，私养为主；养羊记坐棚工分，参加年终分配，羊肥占养羊收入一半。1978年，织里镇内存栏59708头。1990年后村域停止饲养湖羊。

湖羊毛　境内草质肥美，所产羊毛质地细腻软滑，上手绵暖，无羌毛杂质，为传统优质外销产品之一，羊毛春秋两剪，春毛尤佳。昔有“羊毛春剪贵于丝”之说。

小湖羊皮　出生后即行宰杀最为珍贵，毛色洁白，天然花纹呈波浪形，扑而不解，闪烁有光，手感软滑，质地轻柔。经硝制后染上各种颜色，可制成高雅华贵裘衣、披肩等。有“一尺羔皮百贯钱”之说。乡域20世纪七、八十年代，纯种湖羊饲养较多，供销社收购部收购甚多。

禽　类

家　禽　饲养家禽向为农家传统家庭副业。嘉泰《吴兴志》载，宋代境内田家多畜鸡、鹅、鸭等家禽。“鸡秋冬月乐岁尤多”。历朝农户饲养家禽为传统家庭副业。农民饲养的鸡鸭、鹅等家禽除自给外，同时售卖于城镇居民和餐饮行业，以补家用；并且以禽蛋换油、盐、酱醋或针线日用品。新中国成立后，随着粮食产量逐年增加，家禽饲养量随之增加。鸡的品种主要有本地种草鸡、萧山鸡；蛋鸡除草鸡外，主要有迪卡白鸡、伊莎鸡、罗曼鸡等。村域内为平原水乡湿地，村民养蛋鸭居多，肉鸭次之。蛋鸭品种以绍鸭为主，肉用鸭以北京鸭、樱桃谷鸭为多；还有狄高鸭、康贝尔鸭。鹅种主要为太湖鹅及狮头鹅，少数农户饲养。

其它家畜

养　牛　村域农户历史上无养牛传统记载。

养　兔　据清同治《湖州府志》，“兔毛褐色有白者，人家畜以为玩”。历史上，湖州只有少数农家养兔。新中国成立后逐年发展，到20世纪50年代后期，湖州出现大发展趋势，兔品种为中国肉兔，皮、肉兼用。1957年后，各地供销社先后从外地引进力克斯皮用兔、安哥拉长毛兔等兔种。60年代初期，肉兔复大发展。1979年后，国际市场行情看好，国内兔毛价格上升，养殖数量上升。品种有西德长毛兔、日本大耳兔。聘外地技工指导，剪毛技术相应提高。供销社拨款支持重点户或专业户建立良种兔场，规定兔场凡提供西德兔种1.5公斤以上者，补贴10元。各地办起长毛兔饲养场后，举办赛兔会，开展种兔评比，促进养好兔，多产毛、产好毛。1982年后，兔毛市场价格下跌，饲养量急降。次年，随国际行情好转，饲养量回升。1990年后村域养兔业消逝。

养　狗　嘉泰《吴兴志》载，宋代“乡人多畜以警盗。又有田犬、猎犬，所养有数千者。近又有胡犬，小而捷；有北犬，甚高大，皆来自北地”。狗用以看家，或食肉，皮毛制裘。因狂犬病时发，后政府有明令规定。现村域为童装商业区，有少数商户饲养犬作为宠物。

疫　　病

猪　病　有脊猪瘟、猪丹毒、仔猪副伤寒、仔猪大肠杆菌病、猪气喘病、猪肺疫、胃肠炎、猪破伤风和猪狂犬病等传染病；有猪马形体病、猪寄生蠕虫病、猪疥癣病等寄生虫病。

羊　病　有黑快疫、羊炭疽、羊布氏杆菌病、山羊疽、羊肝片吸虫病，羊疥癣以及内科，产科病等羊炭疽病较剧。

兔　病　有病毒性出血病、巴氏杆菌病、A型魏氏梭菌下痢病、葡萄球病、中暑、脱毛症、球虫病等。

禽　病　鸡有鸡瘟、鸡白痢、传染性法氏囊炎、鸡技原体病、黑头病、传染性支气管炎、鸡球虫病、鸡继生素B2及E缺乏症。鸭有鸭瘟，病毒性肝炎、鸭副黏病毒病、减蛋综合征、传染性脑脊椎炎等。鹅有副粘病毒病、小鹅瘟症、鹅霍乱、副伤寒病、鹅大肠杆菌病、鹅茅形剑带绦虫病。肉鸽有鸽痘、念珠菌病、霍乱、肠炎、新城疫等。鹌鹑有新城疫、白痢、肠炎、霍乱、球虫病等。

防　　治

防治机构　历来民间以中草药、土法医生治畜禽疾病。新中国成立后，农业部门建立起畜牧兽医站，逐步形成畜禽疾病防治网。主要以“预防为主，防重于治”方针，进行畜禽疾病防治。1958年人民公社成立后，公社畜牧兽医站培训大队防疫员，村村有农民兽医技术人员，进行畜禽预防接种、检疫等。对于常见病，除免疫注射外，对症药品供畜禽口服、注射，一旦发现病畜、病禽，立即消毒笼舍。20世纪60—80年代，供销社和外贸有关部门各自配备兽医和卫生检疫人员，与农民技术站、兽医站合作开展畜禽病防治，这种防治大多免费，80年代中期开始收回成本，90年代后，开展有偿服务。

防　治 20世纪60年代镇农技服务中心成立后，分管畜牧的农技人员经常下乡、村走访，进行科技指导、咨询服务，大大降低畜禽疾病发生率和传染率。村内赤脚兽医起较大防治作用。

第四节　农桑用具

东湾兜村主要农机具一览表

表23　　　　　　　　　　　　　　　单位：台、艘、千瓦、架、匹

村名	年份	手扶拖拉机		机动打稻机		排灌机械电动机		农用水泵	农产品加工机械		粮食加工机械		饲料粉碎机	植保机械		人力喷雾器	农用机动船			非机动船		
		台	马力	台	千瓦	台	千瓦		电动机	千瓦	碾米机	磨粉机		机动喷雾器	马力		艘	吨	马力	水泥船	木船	吨
红丰大队	1981	6	72	14	273	4	49	4	2	39	2	1	2	1架	3匹	37架	6	28	72匹	5	13	62

说明：本表数据来源于湖州市吴兴区档案馆

农　　具

耕作用具

犁铁、木扶犁架　　三角状铁犁头，约有30—35厘米长，宽头约有20厘米，犁头很尖。是耕牛的配套工具，犁起源于耒耜，用人力牵引，主要用于耕翻或掘松土层。据邱城遗址考古发现，有骨耜、石耜等，距今4746±100年。耕牛兴起后，耒耜渐为犁取代。据小浦画溪古遗址所出土汉代铁制犁尖、铁锄，证明湖州境内在东汉

时已用耕牛拉犁犁田。20世纪50年代，犁梁改为铁件而称铁犁。1955—1959年，推广过双轮双铧犁，1961年停止使用。集体化年代初期，村域内曾有耕牛犁田。

耖　耖有铁耖、木耖2种。主要用于进一步碎土和捣匀整平水田中泥块，耖起草根，便于插秧。木耖与铁耖形状相同，呈高档位木梳状，高1—1.2米，约有15—20只方钉，耖齿长约有10—20厘米。铁齿稍长，齿为方形，齿尖锋利长约1.2厘米；木耖齿齿尖较平，长约2厘米，20世征70年代末淘汰。

耙　耙有平耙、滚耙两种，用于平土、碎土。平耙由长方形木框组成，一般长180厘米，宽60厘米。在长框边各装15—20只互相错开的铁齿或耙刀，以切碎土块。滚耙是在木框中间与两长边平行装一木滚轴，轴上等距离穿约20只竹片，竹片外露约10—15厘米。水田在平耙作业后，用滚耙进一步碎土。

铁耙　铁耙传统农具，农户均拥有。由古代二齿镢发展而来。有两齿、四齿两种。两齿均为尖齿，四齿铁鐯有阔齿、凿齿尖齿之分。

锄　有鳑鲏形、三角形、长约20—30厘米，宽约10—15厘米，装配长约1.5—1.8米的竹柄，作桑、白地松土、锄草之用。小号锄头，装有竹、木柄、专锄百合、麻类、大蒜之类密植作物地上杂草及松土之用。

铁铲　铲除田边地角杂草，开挖水渠、缺口、帮筑圩围、地滩、修补田埂、开沟排水、挖掘芋艿、山药等的主要农具之一。20世纪60年代后开始，由宽改窄，以适应田间开深沟阔畦。铲宽13—15厘米，长40—45厘米，下口锋利，装配有1.5—1.8米的木柄，现仍使用。

铁撬　有长约20—30厘米，宽约15—20厘米的叫洋撬，供畚撬杂物使用。深沟撬：两边半月形。卷边，下口锋利，长约30—40厘米，宽8—10厘米。是60年代末期春粮田窄垅改阔垅，明沟改暗沟时引进，现少见使用。

耕作机械

电动犁　电动犁起源于牵引犁。1928年10月，吴兴电气股份有限公司技术员在湖州城西北青铜门外首试电犁耕田。1963年，建牵引犁试点，采用中心控制台操纵双向犁耕田。1965年，停止试验。同年春，吴兴县引进新设计电动犁6套。配套农具为双向犁及星形耙，每天工效1公顷以上。20世纪70年代，电犁配鼠道犁（炮弹犁）在春花围开暗沟。因电源得不到保证，手扶拖拉机大量发展。电动犁逐渐停用。

拖拉机及配套犁、耖、耙　柴油内燃机三角胶带转动犁刀、耖、耙耕作水田。20世纪60年代末开始，东湾兜村从外地请来拖拉机代为耕作，70年代中期，各生产队（组）逐步购入拥有手扶拖拉机，基本代替了人力在水田中的耕作劳动。

栽培类

秧凳　木制农具，座底是一块长方形木板，一头略尖微翘，长约30—40厘米，宽约10—15厘米，上面木架座位高约10—15厘米，拔秧时使用。60年代前后只有在脚桶内放置的小短凳或木块，坐在上面拔秧。

耙耥　耥有木板铁钉耥、铁板弯头耥，20世纪70年代前使用。有6—8只铁钉方齿，齿长约10—15厘米，匀钉在一根长约40—50厘米的横木上，直榫装有一木柄，长约1.5—1.8米。装置竹柄，干旱之年在需耥田的田块中，先在行间砧垦，起砧细、砧松泥土之用。也用于水稻生长到6—7叶期时，在杂草太多的田块中，进行耥田，起到松土，除草作用。但对水稻生长、发育有着严重的抑制作用。因耥田容易扎伤稻根，影响水稻扎根、生长。70年代后，不再使用。

耘田马、面罩　竹或木制，用线穿成。耘田马绑在两大腿间，面罩戴在头上，水稻拔节时耘田所用，20世纪70年代后停用，此后穿长袖管衣、裤耘田摸草。

机动拔秧机　1972年，引进嘉兴地区农机研究所研制小钳密夹式机动拔秧机和上海产梳式拔秧机试用。1973年后，水稻小苗带土移植，拔秧机停止使用。

种植机械

手动插秧机　1958年，木制插秧机推广，但大都未使用。1960年，引进浙江1号人力插秧机，后多次引进各种型号插秧机，均因使用不便而停止。机动插秧机1971年开始使用。主要有湖南—2型往复直插式、东风—2型、上海—1型等。1974年，浙江—3型机动插秧机开始引进，后停止使用拔秧机。1974年、1978年都曾试用过，但因装秧等原因，均未大面积插种。1987年后虽有种田大户使用插秧机，但均未广为使用。1995年后，实施直播芽谷，省力省时。插秧机村域很少使用。

排灌类

排灌用具

戽斗（绷桶）　20世纪50年代前，农户绝大部分使用戽桶提水灌溉。用绳索拴系于桶口及桶底。俩人对站，协调操作，将河水戽进田中，或将田中的水戽出。特别在戽秧田水时频繁使用。也在戽荡捕鱼时使用。

水车　以动力分人力、畜力、风力和水转4种。人力、水力又名“龙骨水车”，有脚踏、手摇两种。手摇水车又称拔车，形状较小，结构与脚踏水车相同；脚踏水车有立车与坐车之分，其主体结构相同。大多数是主要有人力脚踏式水车，20世纪60年代前，是排涝抗旱抽水的主要工具。木结构，由2—4人为一组合，轮流换班，坐着用脚踏步柱转动车轴，传动黄码辐板提水。它由车壳、黄码、辐板、车轴头、步柱、年牛、小机轴、荔树铳、车长跳等组成。车身全长约5—6米左右，车壳上面两条长木条叫扶栏。供两人前后套脊上抬动。头尾长过车壳。畜力、风力水车主体与人力水车相似，传动部分与人力水车不同，转动轴经立、卧两齿轮传动，带动水车板叶运水。风力水车，大车轴等都是木质，风帆是白布、竹竿缝制，配以大号水车，但受自然因素制约，很少使用，后来帆布改作了船用。1960年后基本绝迹。

机械排灌

抽水机站　电灌机埠与水泵是电力驱动的抽、排水机械。机动性大，可随时移动。接线后，即时启动使用。1958年，普遍建立抽水机站。20世纪60年代后，电力排灌迅速发展。村域内曾有机埠5座。

水泵　20世纪50年代，排灌机埠以离心泵为主。还有轴流泵、混流泵、潜水泵、泥浆泵和农排泵等。小型手提式或座式水泵在田间、池荡移动使用。

植保类

植保器具

新中国成立前，农村无植保器具。20世纪50年代中期，开始使用一些简单半机械化植保工具。

手动喷粉器　手提式喷雾器用1号电池驱动微型电动机，将农药原液喷成极细微颗粒撒于作物上，用药量较少。20世纪50年代中期主要使用552丙型压缩喷雾器。60年代大量使用单管喷雾器，还有少量EY—5型手动喷粉器。主要用于蚕室消毒及田间治虫。把农药放入粪桶中兑水搅匀后，把喷雾器小头放入桶中，一手按揿吸管使用。使用效果不佳，未推广。

三面快　主要用于挖掘稻根，灭越冬螟虫。为长20厘米左右匙形小刀，刀尖及两侧有锋刃，上装小木柄，使用时将三面快插入稻丛根部，沿根部旋转将整稻根部掘出烧毁。主要用于消灭越冬螟虫。20世纪60年代停用。

治虫灯　夜间利用灯光诱杀害虫及飞蛾。灯下放置水盆，盆中滴放少量废油，使虫、蛾落入水盆死亡。20世纪60年代使用白炽灯，70年代使用黑光灯。

植保机械

手提式喷雾器　用1号电池驱动微型电动机，将农药原液喷成极细微颗粒撒于作物上，用药量较少。使用效果不佳，未推广。

机动高压喷雾器　20世纪60年代初，有少量上海产高压机动喷雾机，配套动力为小型汽油机。70年代后，背包式喷雾机开始使用，1980年后，全面普及背负式喷雾机。

收获类

收获（脱粒、打场）用具

镰刀　古名乂。有石镰、蚌镰等。镰有稻镰、镰刀之分。稻镰由刀片刻有锯齿和木柄组成。镰刀刀口无锯齿，木柄比稻镰长些。2000年以前，是主要的收割工具之一。

槅车、荞杆　用于积水较多低洼田，稻割下后置于槅车上，移至田边挂在乔杆上晒干。乔杆为3根小竹，搭成三角架。50年代末，稻田在收割时田搁干，槅车、荞杆失去作用。

掼稻床　又称稻床，系竹木结构。主体为长100厘米，宽80厘米左右木框。中间安装毛竹所制筋，竹筋间留2—3厘米间隙。将稻在上面甩打，使谷粒脱下；还可配稻桶或菱桶在田间操作。20世纪50年代打稻机出现后，稻床淘汰。

掼稻桶　又称谷桶，由3厘米左右厚木板做成上口大、下口小方桶。用于稻、麦等作物脱粒。打稻机普及后，稻桶不再使用。

人力脚踏打稻机　半机械农具之一。有单人、双人打稻机，结构基本相同，1952年引进脚踏打稻机，使用效果良好，工效比稻桶提高1倍以上。此后改革稻桶，装上脱粒滚筒及齿轮、连杆等，改装成打稻机。

连枷　用数根60—80厘米长木条或竹条用绳编成板状，用一可旋转环轴装在长柄顶端，扑打晒干作物秆秸，使籽粒脱下适用于黄豆、蚕豆、断穗脱粒。现很少使用。

风谷车(扇车)　乡域称风车，古又称扇车。用于稻麦脱粒后清理杂物。木结构，身为圆鼓形大木箱，内装有4—6片薄木板制成的风扇轮，后有粮食杂物出口，顶部有盛谷斗。谷物放入盛谷斗，从底部狭缝中徐徐漏入风车中，手摇风扇轮产生风力，将杂物从后部出口处吹出；谷粒落入车外盛器。20世纪60年代出现铁皮风谷车。

谷筛　用竹篾编成圆形筛子，筛孔较大，一般直径60厘米左右，主要用于谷物清理。

翻谷、摊谷、集谷板　均为翻晒谷物工具。

谷物盛器　主要有谷箩、笆斗、栲栳、麻袋、圈条、米囤、畚斗、晾匾等传统工具。谷箩用竹篾编成，上圆下方，口径约53厘米，底30厘米见方，系4根绳便于挑运；栲栳、笆斗均用柳条编成；圈条用竹篾编成，宽20—40厘米，带状，有7米、10—30米长不等。主要用于圈存稻谷；晾匾直径1.2米左右。大晾匾放置较平坦地面，圈条在匾内缘展开，稻谷倒在圈条内，随着稻谷堆高，圈条螺旋状展开升高。

收获、脱粒、烘干机械

机动脱粒机　又称电动打稻机。分电动、小马力内燃机动和全自动喂入式脱粒机几种。1961年，农民将脚踏打稻机安装电动机改成。

全自动脱粒机　1966年，长兴农机修理制造厂生产JZ—360型稻麦两用全自动脱粒机，采用半喂入式并带有清洗装置，脱粒后茎秆完整、谷物清洁、浪费少，很受农民欢迎。

积、施肥类

积肥、施肥用具

罱夹、千篰　有以下几类。竹泥篰是用毛竹篾片编制成大河蚌状，下口大，上口小，口内装有一粗一细二支长竹竿，约有5—6米长。粗的称靠杆。细的叫软杆或提杆。靠杆靠船帮，推动软杆罱泥。罱满泥篰后，两杆相挟拎住软杆，把泥篰拎入船舱放泥。网泥篰是用粗苎麻纱线编织成网状。下口用麻布缝制。两片硬竹片镶口，状如三角蚌。下口略大，上口内也装有二支相同粗细，5—6米长的竹杆，这是迁入镇域的苏北籍农人捻泥专用工具。铁泥篰也叫笃泥篰，是铁匠用铁皮条锻打而成。形如竹泥篰，略小。上口装有二支一样粗细，长约5—6米的竹竿，用于笃捻太湖涌上来的黄土泥。

粪桶、粪勺　是水田、旱地施肥，挑河泥及泼浇农药的木质桶具，高40—60厘米，上口直径30—40厘米。圆形，留有两只耳洞。料勺形似大水勺，留有一只耳洞，均用杉木板箍成。竹夹是用毛竹料弯熏而成，是套在粪桶耳洞内作挑运所用。料勺装有直柄。此农具村域有小谜语，“爷有两只耳朵，娘有两只耳朵，生个儿子一只耳朵。”农村现仍广泛使用。但已改成塑料粪桶，料勺。

积肥、施肥机械

人力吸泥船　1958年开始引进人力驱动皮膜式吸泥泵，有手揿与脚踏两种。安装在农船上，靠皮膜产生负压，将河泥吸入船中。工效不高，未能推广。

机动吸泥船　吸泥船装单泵（吸泥泵）配套S195发动机。吴兴县农机局在戴山农机厂研制成功并成批生产。20世纪70年代与织里大队合并时，村里曾有机动吸泥船一艘。

其他用具

柴刀、钩刀　柴刀按用途不同，种类较多。一般刀长30厘米左右，刀前端90度转弯，弯出刀头部分与刀身比例分为二六、三六、四六等规格。另有砍硬木、粗竹柴刀，称土刀，长30厘米，刀壁较厚。

斧　有单面刃与双面刃两种，单面用以砍树，双面用于劈柴。现仍常用。

桩锄　用于挖笋，又称笋锄。锄狭长壁厚，刃口两边稍长，有大小两种。

笋枪　亦称笋撬。有凿形、铲形两种，用于挖笋。

加工类

粮食加工工具

木砻　用全木制成，用于除去稻谷外壳。主要由上下两个木盘、横担、砻心轴、砻耳、间隙调节杆、篾箍、砻拐、砻凳部件组成。上下盘由内到外凿斜齿槽，上下盘啮合、旋转，主要碾掉稻谷外壳（称砻糠），20世纪60年代农村建造机埠后停止使用。

臼　由石匠用花岗岩块石凿制而成。圆形，上口大，下底小。用以脱去糠层，加工糙米；春节时打制年糕有木臼与石臼，以石臼居多。石臼容量3—6斗（每斗约8.5千克）；另有砧子配套；木臼有臼架，脚踩横木，踏下时砧子上升，脚放时砧子落下，主要作用将糙米打成白米。20世纪60年代农村建造机埠后停止使用。

磨　石制。1965年前使用，与木砻结构基本相同。不过材质不同，石磨盘由石匠锻凿而成。上下两磨盘啮合面凿有方向不同斜形磨齿。圆形，上盘进料口较小，体积也小，但很沉重。下盘较薄，安放在磨床上，整盘直径约50厘米。小石磨由1人操作，或称单人磨；大石磨由2人操作，或称双人磨。主要用于加工米粉、麦粉、豆浆等。20世纪60年代农村建造机埠后停止使用。

米筛、粉筛　用毛竹篾丝编制而成。圆形，直径约在50—70厘米之间,边圈约3—5厘米高低，筛网编织成米粒大小的方孔。是木砻碾米的配套工具，筛后尚未脱壳的稻谷，再次放入木砻碾磨。粉筛，圆形竹框或木框底部绷一层小孔眼丝或麻织物。现很少使用。

扫帚　品类较多，乃家家户户必用之物。有竹制、高粱穗扎制、笤帚草扎制、棕毛、塑料丝等品种。用于清扫杂物、垃圾，及打扫稻谷场地。扫帚村域也称笤帚。

加工机械

砻谷机　利用皮轮碾米，碎米率低，质量好。境内以14寸砻谷机为主。不便于加工零星稻谷，20世纪60年代中期后已很少使用。

碾米机　20世纪50年代末，境内开始使用立式碾米机。20世纪60年代开始使用卧式碾米机，有浙碾2号、3号两种，境内以2号为主，配套动力7千瓦，每小时碾米五六百千克。

磨粉机　20世纪50年代开始使用，以250型磨粉机为主，配套动力4.5千瓦，每小时磨粉125千克。此外尚有F4425型、F6411型，配套动力4.5千瓦，每小时磨粉100—125千克；MK18—20对辊式，配套动力4.5千瓦，每小时磨粉250千克。

饲料粉碎机　20世纪50年代从日本引进。1958年，湖州铁工厂仿造60台。60年代，饲料粉碎机型号有400型，配套动力7—10千瓦，每小时粉碎100—200千克；450型配套动力10千瓦，每小时粉碎250千克；670型饲料粉碎机，配套电机17千瓦，每小时粉碎六七百千克。

运载类

运载用具

扁担　扁担与钩绳是传统基本用具。扁担有竹和木两种，但农村主要是竹制扁担，可分长扁担、宽扁担、窄扁担、两翅扁担（俗称羊角扁担）、硬扁担和软扁担之分。钩绳是一头结木制钩，与扁担配合使用，用来捆稻把、稻麦草等。这是传统运输工具之一。

箕、草篰、箩筐等　以竹编为主，也有少量以芦苇、土藤等原料制作。为传统农用工具，当今农村仍用。

菱桶　木质，有圆形，椭圆形，圆形的直径约1.2—1.5米，用铁箍或篾箍成，高约25—30厘米，可在水中划游。形状小巧便于修理水车等，同时又有采摘老菱、放养水草等多种用途。

农船　为传统运载工具。20世纪60年代前，均为木制船，以木橹摇为动力。后有水泥船和少量铁皮农用船，吨位不大。

双轮胶轮车　新中国成立后发展，盛行于20世纪七八十年代，它构造简单。操作简便。村域较少使用。

运载机械

挂桨机动船　1971年开始使用。常用有NG—73型12马力农用挂桨船，后相继使用东风—3型、GJ—75型、配套动力为165与175柴油机。吨位大者安装2台。2000年后逐步淘汰。

运输拖拉机　用于短途运输。手扶拖拉机配7C—1型1吨挂车，20世纪70年代农民曾自行改装撞击式自卸挂车，很不安全。80年代逐步改成机械式自卸挂车。后中型拖拉机挂车均装有气制动装置，大部分为自卸式挂车。1985年始引进方向盘式手扶拖拉机。

生产防护辅助工具

蓑衣　是劳动者用一种不容易腐烂的草（民间叫蓑草）编织成的一种用以遮雨的雨具。后来人们发现棕后也有用棕制作的。蓑衣一般是用棕片缝成，棕片不透水也不透风，可当衣穿，是旧时人们普遍用的雨衣。蓑衣具有鲜明的历史文化印记，唐张志和《渔歌子》

词："青箬笠，绿蓑衣，斜风细雨不须归。"蓑衣一般制成上衣与下裙两块，上裙宽1米，下裙形状像"横轴"，宽1米多"横轴"两边连着两块片裙，作为胸襟，从胸前垂下，把下腿肚围起来，穿在身上与头上的斗笠配合使用。20世纪70年代逐渐弃用。

笠帽、斗笠　又名箬笠，遮阳光和挡雨的帽子。有很宽的边沿，用竹篾夹油纸或竹叶棕丝等编织而成。农村几乎每家每户家中都有斗笠。斗笠一般用竹篾、箬竹叶为原料编织而成，有尖顶和圆顶两种形制。讲究的以竹青细篾加藤片扎顶绲边，竹叶夹一层油纸或者荷叶，笠面再涂上桐油。有些地方的斗笠，由上下两层竹编菱形网眼组成，中间夹以竹叶、油纸。

蚕桑用具

东湾兜村蚕桑用具一览表

表24　　　　单位：只、间、平方米

村名	年份	蚕匾	蚕笪	蚕室	水泥晒场	
					处	平方米
红丰大队	1981	172只	1257只	39间	9	1460

说明：本表数据来源于湖州市吴兴区档案馆

种类较多，一般可分消毒用具：有喷雾器、配药用具等。收蚁用具：有蚕筷、鹅毛、收蚁纸（桃花纸）、戥秤、天平秤等。贮小蚕用具：有蒲篓、筛、箬。饲育用具：有蚕架、蚕匾、芦帘等。修桑用具：有锯，刮蟥钯。采桑贮桑用具：有竹帘，芦菲、桑剪、桑篰等。调桑用具：有切桑刀、切桑板、盘秤、钩秤、切桑机等。调温补湿用具：有温度计、火缸、水汀片、电炉、补湿器、毛巾等。上蔟用具：有蔟架、蚕蔟、芦帘等。

梯形蚕架 用于搁置蚕匾的架子。架系长方形，以竹、木为柱。柱有横档或缺刻或套绳，钉木钉或竹钉。搭架时在蚕室两侧，各用4个梯形架南北向并排放置;再横架竹杆于缺刻或横木或套绳中，一般为10—12层，适于放长方形匾。

三脚蚕架 又称蚕柱，系竹制或木制蚕架。展开呈丁字形，不用时可折叠。适于放大圆形匾用，一般9—10层。三脚蚕架有层间距离狭、通风不良，占地大等缺点，但使用方便，部分蚕区使用。

蚕匾 一般以竹篾编成。有长方形和圆形，小蚕和大蚕均应用。用木制的叫木框，也有用芦席制的，叫芦箔。

蚕台 用竹、木或绳索为材料搭成3—4层活动式或固定式蚕台。固定式蚕台，在蚕架支柱的内侧装木搁（竹制蚕台用铁钩或用绳缚）用于搁竹竿，上铺芦帘。活动式蚕台系用绳索，竹竿和芦帘构成。将4根粗绳索仿照梯形蚕架宽度，悬挂在屋梁或钉钩上、下端用桩固定。绳索上套有毛竹挂档或铁元宝，用于联挂竹竿，操作时两头抬起竹竿，趁提升时，可放平挂档或移动铁元宝，芦帘即可上下移动，喂桑叶时先将芦帘全部降下，自上而下按层喂桑，给桑后逐层向上抬起至一定高度放下。

喂桑架 喂桑、除沙时搁置蚕匾的架子，用竹、木和绳构成。

蚕网 养蚕作业上的除沙用具，按网眼大小，分小蚕网和大蚕网两种。小蚕网又名小红网，系用纱线编织网眼一定大小，再涂上漆。也有用塑料编制的小蚕网，大蚕网可用麻皮，细草绳或塑料制成，称麻皮网、草绳网、塑料网。

大蚕网织网架 一种编织大蚕网的框架。制网时用草绳或麻皮在网架上按编号次序绕绳。

桑剪　铁制，用于剪伐桑条的一种工具。

桑篰　又名“叶篰”，盛放桑叶的用具。用竹篾编制而成，分小蚕和大蚕用。

第四章　古今存迹

曾经处于原生态的旧村庄，瞬间变为现代化工业小城镇，旧村庄已成为一种记忆。本章记录村域内消逝了的古圩田、古河流，古桥梁、古寺庙，是为了留住人们的念想。而新建桥梁与街衢，若干年后，也将成为东湾兜村的古迹。

第一节 古 圩 田

貌五圩 古圩田，原址在杨湾港以西，与栖梧、郑打古自然村交界，面积16公顷。1985年通车的晟织公路穿境貌五圩。2000年织里镇开发时全部被征用。貌五圩位置即今鹏程路以西，织里医院及织里北路之处。曾有“九缸十三甏”民间的传说。

辫圩 古圩田，原址在东安兜自然村南，与栖梧自然村毗邻，面积15公顷。2000年因镇区开发被政府征用。位置即今东安路以南，吴兴大道以北。

南辱三圩 古圩田，原址在莲花兜自然村南，浒井港西岸，南端与清水兜自然村毗邻，面积15公顷。2001年被当地政府征用。现位置是在康泰路以南，吴兴大道以北，跨经东盛路、民盛路、东安路、新光路、步行街等。

北辱三圩 古圩田，原址在浒井港西岸，莲花兜自然村以北，与织里村姚才缝、郑打古、狮子桥等自然村的圩田相连，面积20余公顷。20世纪90年代末期因织里镇区发展被当地政府征用。现位置是在康泰路以北，长安路以南范围，跨经迎春路、安泰路、繁荣路等。

第二节 古 河 流

西港 古河流。沿杨湾自然村与东安兜相连，南北走向，中间通浅漾与栖梧村交界。旧时西港是东安兜村农船进出和停泊的唯一河港，摇进南横塘可西达湖州，北行太湖。西港距黄金水道荻塘运河仅数里，

20世纪90年代以前东安兜村农船去杭州上海，要驶行荻塘运河。西港则是杨湾、东安兜自然村先民的生命水源，饮用水及农田灌溉皆在此河流。西港在1998年因镇区规划被填平开发，即今织里北路东侧。

南港　古河流。在东安兜自然村南，东西流向，长度约2000米。东与清水兜自然村交界通连浒井港，西与栖梧村河道相通，旧时为往来船只通道，南辱三圩的农田灌溉水源依靠此河流。南港于2000年因镇区发展被填为平地，旧址即今吴兴大道处。

东安兜　古河流。又称东湾兜，东西流向，长度约400米。南北两岸为东安兜自然村民居，中间架有木桥相通，村民往来方便。东安兜水流经湾里与西港浅漾相通，船只可自由行驶。东安兜是该村先民的生命水源，饮用水及辫圩、南辱三圩的农田灌溉主要依靠此河流。东安兜在1999年因镇区发展被填平开发，位置在现富民路、东安路交叉处。

莲花兜　古河流。东西流向，长度约600米。东与浒井港相通，南北两岸为莲花兜自然村民居，村民隔河对望，交流频繁。船只摇出莲花兜南抵荻塘运河，北即通往织里老街，东达晓河、轧村。千百年来，莲花兜是两岸村民的生命源，哺育一代代莲花兜人繁衍生息。2000年，织里镇政府因镇区发展修筑康泰路，莲花兜被填平筑路，千年古河流从此消失。

浒井(泾)港　古河流。南北流向，南通荻塘运河，北通织里老街虹桥港与织溪交汇，长度约4公里。浒泾港形成历史悠久，1990年以前，两岸苇草丛生，水鸟、鱼虾或隐或现。旧时的浒井港白帆穿梭，夜晚渔火闪烁，是一片原生态湿地。1990年后，浒井港上架起多座现代桥梁，车辆来往奔驰。两岸块石垒砌，景色优美，是人们散步赏景的一道美丽风景。浒井港与织溪同被称为织里人的母亲河。东湾兜村现村部坐落于浒井港河畔。

第三节 桥　　梁

古代桥梁

北安桥（清同治《晟舍镇志》记为北庵桥）　三孔石梁桥，始建年代失考。南北走向，桥面有石护栏，位置原在貌五圩与郑打古自然村交界处。1985年以前，是织里至晟舍的主要通道。20世纪90年代因开发需要，北安桥被拆毁。

南安桥　清代建筑，位于貌五圩与栖梧村交界处，已毁。

现代桥梁

康泰桥　又名莲花桥。2003年由长安越兴建设工程公司建造，合同造价161万元。位于原莲花兜自然村口，水泥钢混结构公路桥。桥面宽度20米，总长度84米，桥梁横跨浒井港通往织里镇行政中心。

府前桥　俗称清水兜桥。2003年由湖州市政工程总公司建造，水泥钢混结构公路桥。桥面宽度52米，长度90米，位于安兜村委大楼南侧，横跨浒井港通往织里镇文体中心与市民公园。

长安桥　2000年由核工业华东建设工程总公司湖州分公司建造，水泥钢混结构公路桥。桥面宽度16米、长度41米，审计造价79万元。桥梁位于原莲花兜自然村北，横跨浒井港通往织里镇中学与晓河诸村。

第四节 古　寺　庙

莲花庵　村民称其为莲花兜庙，位置在原莲花兜兜底。始建年代失考，清同治《湖州府志》有莲花庵的记载。莲花庵原有各类建筑10余间，民国年间至新中国成立初期有浩明法师与其徒弟伯康住持。庵内供奉如来佛、观音、总管老爷等佛神像，莲花庵有众多善信，香火旺盛。新中国成立初期，农民夜校办在庙内，陆连章担任老师，教室内点美孚灯。杨湾小学也办在莲花庵。1965年，杨湾大队办公室搬迁至莲花庵，直到20世纪90年代初，莲花庵一直是村部办公场所。莲花庵有东门和南门，六七十年代，南侧房屋是小学教室和老师办公室，中间有天井。后面3间是大队办公室、合作医疗站。大队干部和生产队长开会都在这里。“文化大革命”期间大队办文艺宣传队，演员排练都在莲花庙中。当时全大队仅村部一部电话机，村民有事到庙里打电话。邮递员送信及邮件送到村部，由村民自己到莲花庙取。村民找赤脚医生治病，到莲花庙来。1971年与织里大队合并后，为方便群众，原来村部的设施基本保留。1970年代新建5间大礼堂，红丰服装厂设置其中。1979年，红丰大队从织里大队分出，村部依然搬在莲花庙旧址。后因发展需要，莲花庙进行多次拆建。直到1996年，织里北路新办公楼建成，东湾兜村委会整体搬迁到新办公楼。

大仙庙　原位置在杨湾自然村南端，始建年代失考。大仙庙原有建筑数间，中间有天井，植有一棵枇杷树，庙内供奉三大仙、十八将军、观音、总管老爷等神像。民国年间至新中国成立初期香火旺盛。大仙庙曾被作为生产大队办公室、农民扫盲夜校等场所，村部的许多会议和重要活动都在庙内进行。1965年杨湾大队办公室搬迁至莲花兜庙。“文化大革命”中大仙庙建筑被拆除，材料运走建造机埠。2009年，东湾兜村村民黄林荣、闵新平、李水庆、黄林江等牵头发起，筹资重建大仙庙。东湾兜村委会划拨在康泰路南侧的土地供建庙用址。新修建的大仙庙有大殿、辅房、办公室、仓库等建筑。并易名为“平安古庙”，寓佑一方平安之意。大殿三开间连走廊，前有院子，总面积约200平方米，为4个自然村信众共享庙宇，是浙江省民族宗教事务委员会登记批准的宗教活动场所。大殿内供奉大仙、纯阳祖师、观音、南北两堂、千岁、总管、猛将等神佛像，香火鼎盛。大仙庙又是东湾兜村中老年妇女的文化活动场所，老人们在庙中或祈拜或娱乐，聊昔日旧事，安享晚年生活。

北安寺　原址在杨湾自然村北端,始建年代失考。民国年间北安寺有前后三开间大殿,中有大天井,两侧有偏屋回廊,寺前有石邦岸大硚口。寺内供奉观世音等佛像,至新中国成立初期香火不绝。1958年“大跃进”时,曾在寺内办过公共食堂及作为社员开大会场所。北安寺于20世纪60年代拆除,材料作建造机埠用。北安寺旧址是现今织里镇兴盛路之处。

第五节　排灌机埠

排灌机埠产生于20世纪50年代后期，随后在农村的生产大队逐步普及。排灌机埠的建造，开启了农村电气化大门，广大农民因此而告别了原始生产生活方式。机埠不仅仅具有旱涝排灌功能，农户的电灯电视，粮食饲料加工，都由机埠供电和操作。

东湾兜村域内曾有排灌机埠5座。

织里机埠　也称漾西滩机埠，位置在织里村漾西滩五溪漾西南，1958年建造。总排灌农田面积百余公顷，东湾兜村受排灌农田20公顷。织里机埠建筑尚保存，2000年后已停止排灌及粮食加工业务。

县桥机埠　1959年与朱湾村合建。总排灌农田面积50公顷，东湾兜村受排灌农田20余公顷。2000年开发时拆毁，其位置在现康泰路与民盛路交汇处。

音四圩机埠　1960年建造。排灌面积涉东湾兜、晟舍村、朱湾村、清水兜4个行政村，总排灌农田面积53公顷，东湾兜村受排灌农田20余公顷。2000年后拆毁，原址在富民路与吴兴大道的交汇处(大转盘)。

红星机埠 1971年建造，原位置在府前桥西吴兴大道北侧。受灌面积涉东湾兜和清水兜行政村，总排灌农田面积30公顷。2000年开发时拆毁。

莲花兜机埠 1973年由织里大队红丰片建造，位置在莲花兜兜底，故名。排灌面积20余公顷，20世纪90年代后期拆毁修筑现康泰路。

第六节 街 衢

2000年前后，东湾兜村土地被陆续征用，旧村先后被拆建改造成新城。街道纵横交错，交通四通八达。2020年统计，村域内有以下道路。

纵向（自东至西）道路：

凯旋路（人民路—吴兴大道）

国泰路（中华路—安泰路）

富民北路（人民路—吴兴大道）

鹏程路（兴盛路—康泰路，原杨湾自然村位置）

织里北路（人民路—吴兴大道）

横向（由北向南）道路：

振兴路 商城路 兴旺路 长安路 繁荣路 兴达路

兴盛路 迎春路 安泰路 康泰路（原莲花兜自然村位置）

益民路 东盛路 吉昌路 东安路（原东安兜自然村位置）

民盛路 富盛路 步行街 新光路 永盛路 吴兴大道

第五章　经济民生

新中国成立后至1980年，东湾兜村以贫穷出名，是集体经济属于空白的行政村。人民公社化年代，1961年建立杨湾生产大队，大队办公室设在公共庙产莲花庵中，仅有一两张破旧办公桌和一部手摇式电话机。村干部报酬及开支按田亩向生产队收取上交款，集体经济入不敷出。

改革开放期间，村委会办起加油站、建筑公司、浙江东盛集团等经济企业，继而又向教育文化企业发展，创办东盛幼儿园、越剧团。集体经济发展后，村领导以长远眼光，建造老年活动中心、村委办公大楼、紫荆宾馆等集体资产。浓厚的集体经济基础，村民在教育、医疗、养老、救助等方面得到了充分保障。2000年后，东湾兜村已进入浙江省小康村行列。

第一节 集体经济

东湾兜村2002—2020年村级集体经济收入、支出情况一览表

（截至2020年12月）

表25　　　　单位：万元

年度	总收入	其中		总支出	其中		本年收益
		发包及上交收入	补助收入		管理费用	农业发展支出	
2002	82.5	81.8	0	25.3	21.8	0	57.2
2003	90.9	80	0	9.04	9.02	0	81.86
2004	251.21	82.65	0	89.55	10.08	0	161.66
2005	62.58	50	1.5	8.77	8.75	0.02	53.81
2006	419.03	80	5.05	12.18	11.16	1.02	406.85
2007	320.56	80	5.12	17.32	16.28	0	152.69
2008	148.73	80	5.49	63.18	12.23	0	85.55
2009	309.6589	80	2.0772	22.763	11.387	0	286.8959
2010	115.4772	95.15	2.7772	15.5328	14.1138	0	99.9444
2011	263.6658	80	8.5068	16.633	16.5696	0	247.0328
2012	145.4	0	8.0273	9.2913	9.2913	0	136.098
2013	137.4184	0	2.3602	7.7065	6.6550	0.030	129.7119
2014	138.5584	0	3.1883	9.8548	9.6658	0	128.7036
2015	137.5853	0	2.5622	6.4577	6.4577	0	131.1276
2016	157.0672	0	6	7.9287	6.1877	0	149.1385
2017	147.5835	0	7.4892	13.6108	12.0468	0	133.9727
2018	140.6263	0	5.0362	15.3399	14.5659	0.3	125.2864
2019	212.6804	0	9.8855	56.1170	18.1985	0	156.5634
2020	944.5571	0	7.4340	58.6581	39.7771	0	885.8990
合计	4225.7885	789.6	82.5041	465.2336	254.2362	1.37	3609.9942

说明：本表数据来源于织里镇统计办公室

村级集体资产

东湾兜村集体资产情况一览表 （截至2020年12月）

表26

企业名称	建筑年月	位　置	建筑面积、结构	使用情况	备　注
村委办公大楼	2007.1	吴兴大道199号	1500平方米	自用	
紫荆宾馆	2002.6	富民中路2-8号	11717.57平方米	出租	
东盛加油站	1994.1	织里北路131号	850平方米	出租	
东盛幼儿园	2003.10	利济东路39号	23000平方米	出租	

教育助学福利

除国家九年制义务教育外，凡考取大专及以上院校的村民，村委会给予每人人民币5000元的奖励。

东湾兜村教育助学福利情况一览表

表27

年　份	姓　名	考 取 大 学
2015年	钱伟杰	浙江越秀外国语学院
	黄　华	宁波大学
	吴玥琳	浙江工商大学
	黄祎明	浙江工贸职业技术学院
	李晟涛	昆山登云科技职业学院
2016年	邹　俊	浙江音乐学院
	陆奕帆	西南政法大学
	黄家威	浙江长征职业技术学院
	陆　琪	浙江广厦建设职业技术学院
	陆涵芬	浙江机电职业技术学院
2017年	徐义淳	英国卡斯商学院
	陆琴琴	宁波工程学院
	陆　玥	上海立信会计金融学院
	黄澄辉	南京工业大学
	黄　誉	泰国博仁大学

续表27

年　份	姓　名	考取大学
2017年	蒋羽丰	浙江警官职业学院
	邹　瑶	浙江树人大学
	郑　炜	杭州科技职业技术学院
2018年	钱晶晶	湖州职业技术学院
	钱泽鑫	浙江树人大学
	吴璐瑶	重庆文理大学
	李汐崟	杭州师范大学
	候嘉卉	上海建桥学院
2019年	黄欣怡	浙江越秀外国语学院
	钱奕宁	温州商学院
	李娴萍	苏州市职业大学
	稽嘉雯	宁波城市职业技术学院
	候婷玉	浙江纺织服装职业技术学院
	周依琳	浙江师范大学杭州幼儿师范学院
	黄若思	嘉兴南洋职业技术学院
2020年	钱懿琳	浙江工业大学之江学院
	吴源世	浙江万里学院
	沈　倩	浙江财经大学
	李晨康	湖州职业技术学院
	钱依珏	桂林理工大学
	黄　杨	温州商学院
	陆怡馨	浙江工商职业技术学院
	李江晟	浙江财经大学东方学院
	候依惠	浙江长征职业技术学院

医疗福利

村民医疗保险金由村委会支付，村民医院治病在区镇合作医疗报销后，凭发票可向村集体经济报支等额医疗费。

1986年，村民水费按人头由集体经济报支一定数额。

1990年后，村民子女自幼儿园至高中书学费由集体经济支付。

1998年起，60岁以上老年村民每月发放养老金(见第七章《老人事业》)。

突发事故的村民家庭，村委会视情况给予及时救助。

东湾兜村集体经济规章制度

一、经费管理

1. 预决算制度。村集体经济组织对本村当年度的各项收入、支出在每年一月底前编制财务预（决）算方案，提交成员大会或成员代表大会讨论，通过后形成决议并张榜公布。

2. 现金管理。严格遵守财经纪律，不准坐收坐支，不准挪用公款，不准公款私存，不准白条抵库。村集体经济组织取得的收入，经手人必须在3天内交村助理会计，村助理会计收款后必须在2日内解入银行。严格执行库存备用金限额制度。备用金数额一般控制在5000元，超过5000元时，应及时存入开户银行，以确保集体资金的安全。总金额在1000—20000元（不含）确实必须现金支取的发放到户的零星小额款项，须村三委会商议后提交成员代表大会通过，形成决议附报销单后作为列支的依据。原则上总金额20000元（含）以上的大额款项，不得现金支取。不准用不符合制度规定的凭证顶替库存现金；不准谎报用途套取现金。

2019年4月开始全面推行村务卡结算制度，原则上取消现金支付。

3. 银行账户管理。村集体经济组织不得出租、出借银行账户；不得违反规定在异地存款和贷款而开立账户。凡村与单位之间发生经济往来结算、且所涉及金额在1000元以上的，不得采用现金直接支付的方式，而采用银行转账支付方式。

4. 村集体经济组织的资金不准擅自出借，严禁出借给个人、企业、社会团体和集体经济组织等单位；为发展本村经济确需出借的资金，出借给政府机关和实力较强事业单位，事前必须摸清借入单位还款能力，并由借入单位提供资产负债表、收支结余（损益）表及单位借款情况等，如具有还款能力的再由村三委会集体讨论，提出具体方案（出借金额、利率、日期、期限等）；再次将方案提交成员代表大会讨论通过，形成决议，方可出借。资金出借时必须与借入单位签订协议，协议必须明确借款金额、借款利率、借款期限、违约责任等，将借款协议报乡镇（街道）农村经营管理部门和“中心”备案；没有借款协议的不准出借资金。

5. 开支审批管理。村集体经济组织开支审批实行分级制。一次性开支在1000元（含）以下的，由村集体经济组织主要负责人与村委会主任或村党组织书记“联签”审批。一次性开支在1000元以上的由村集体经济组织集体审批。一次性开支在30000元以上需经成员代表大会讨论通过。审批时要分别注明“同意”“经集体研究同意”“经成员代表会讨论同意”字样。

6. 收支结报管理。村级助理报账会计每月按时到镇三资管理中心报账。每月20日至月底为报账日，每月结报。支出票据应及时结报。凡支出发生后两个月内未结报的票据，无特殊原因（收款人或出票单位造成除外）的，中心会计应当予以拒绝入账。需发放到户的各类惠农款、补偿赔偿款、福利费，发放款项超过1000元的以银行存单或直接转入农户存折方式发放（无特殊情况不得发放现金）。

7. 严格控制非生产性开支。

招待费支出。村级行政性公务一律实行“零招待”。

交通差旅费。“两不得”：不得报销餐费，不得租用车辆。“两允许”：一是允许村干部因公外出（村干部在该乡镇、街道开会办事除外）所发生交通、餐饮、住宿等开支，经街道办事处同意后，参照镇机关干部标准列支。二是村级组织在突发性事件、突击性任务等特殊情况下，允许租用车辆，但需经镇领导同意，并提出书面的申请。

严禁利用村级集体资金发放村干部车贴、住房公积金。严禁违反规定巧立名目发放各类补贴、津贴、奖金。严禁在专项资金中列支或负债发放村干部补贴。

严禁利用村级集体资金购买任何形式商业保险。

党员干部参加组织活动不得发放（领取）误工补贴。

严格执行村级报刊费限额制度。村级报刊费限额标准：人口1000人以下的村限额3500元，1000人至3000人的村限额4000元，

3000人以上的村限额4500元。上一年村级集体经济收入100万元以上的村，公费订阅报刊限额可适当提高，但最高不得超过一倍，超额部分由征订当事人承担。

严禁任何部门和组织以会费、捐赠名义向村级组织摊派费用。村级组织不得以捐款、赞助、贺礼费等名义向外捐款。

不得用集体资金购买贺年卡、挂历、年历等物品和登播祝贺性、拜年性广告。不得列支烟、酒费用。不得发放会议纪念品。严禁以集体资金支付高消费演出和活动。

严禁村级组织无实质性内容、无明确考察目的的学习考察；严禁借学习考察名义变相旅游；严禁外出途中擅自变更路线、延长日程、增加地点；严禁与学习考察内容无关的人员参加。

二、资产管理

1. 村级债权债务管理。村集体经济组织对该村各种债权债务往

来款项要建立往来登记簿，详细记录有关往来发生时间、款项内容、金额及增减变动等明细内容。对各类拖欠债权款项要采取一切可行的措施进行催收，限期归还，每年至少组织一次清收。对各种债务定期进行清理，及时结算。严禁村级集体组织以任何名义为其他单位和个人借款提供担保和抵押；严禁村级集体组织举债，确需举债兴办公益事业建设的，要从还债能力出发，经成员代表大会讨论决定，形成决议张榜公示。

2.村级工程建设管理。

村级1万元以下微小工程建设可以由村三委会商议决定后直接发包。

村级1万元以上10万元以下小额工程可以实行村级公开竞价。

村级10万元以上工程建设必须实行预决算和招投标，资金实行单独建账核算。

村级工程建设完工后无论金额大小必须经第三方审计（镇中标审计单位），按审计价格支付工程款项。10万元以上的工程项目由于项目变更、增加附属工程项目或相关设施，需严格履行相关的变更程序，并提交成员代表大会讨论决定，并形成书面决议。原则上变更工程量超过审定工程款20%的不予变更，需重新履行招投标手续（村级小额工程需严格遵循相关文件、通知流程）。

3.村级集体资产的处置（发包、租赁、入股、出让、拍卖）要全部纳入农村产权交易中心，公开招投标。但同时考虑到织里镇童装产业每年房屋租赁时间节点的特殊性、房屋（鱼塘）租赁的延续性（可能涉及大额装修费用或鱼塘挖掘费用纠纷处理），同等条件下上年租户续租的给予优先权免招投标。具体流程：

由上年租户向村集体组织提交书面续租申请，明确续租时间，年租金及租金支付方式等。

续租申请由村三委会集体审议后提交村成员代表大会讨论通过，形成决议并张榜公示。

村集体组织将本年度需续租并已经成员代表大会通过，公示无异议的续租申请整理出清单，统一交街道办事处监督审核确定后，与续租户签订房屋租赁合同。相关资料交镇三资中心备案，作为入账依据。

三、票据管理

1. 收入票据。村集体经济组织的收入必须开具农村集体经济组织统一收据，禁止外购和自制的收款收据。禁止向其他单位和个人提供或代开收据。

2. 支出票据。村集体经济组织的各项费用与支出，必须取得财税部门监制的正规票据，并填写报销单，填齐相关要素方可报销入账。下列情况可以使用村级自制付款凭证：因工作需要在村里自办伙食，从农贸市场或农户购买农副产品；村干部报酬、各类误工及其他补贴；农业基本建设和公益事业建设中使用的小额劳务费及杂费；五保户、困难户、计划生育等公益方面的补助费。

四、村级财务公开

织里镇建立“三资中心”（即村资产、资源、资金管理中心），负责按月及时向村集体经济组织提供村三资公开报表，村党支部、村委会和村监委审核签字后，在“村务公开栏”张榜公开。

企业财务管理制度：

织里镇域原各乡（镇）集体企业，即乡（镇）办企业财务管理制度，由乡（镇）工业办公室（早先是“经委”）统一制定下达，并负责监督实施。年初有计划，年末有决算。

第二节 东盛集团

集团简介

东盛集团有限公司创建于1994年，属织里镇东湾兜村集体企业。创办之初，村委会干部把握市场经济脉搏，利用地理位置的优势，踏上了艰辛创业的历程。创业伊始，建造了16间东盛集团办公大楼，村委会办公亦迁入其中。同时，又建造了3座大型储运仓库和织里加油站。企业初见成效，为感恩父老乡亲，1999年，在富民路建造设施一流的东湾兜村老年活动中心。

东盛集团经过20年时间的开拓进取，目前已发展成拥有东盛国际大酒店有限公司、东盛房地产开发有限公司、东盛教育发展投资有限公司、织里加油站、雨农纺织品贸易有限公司等多个经济实体。曾多次被湖州市银行协会评为银行信用优良单位，并获得吴兴区劳动关系和谐企业和湖州日报经济部评选的“依法规范劳动关系，努力构建和谐湖州”倡议响应单位。

为发展企业文化，东盛集团属下现有公益事业类单位2个。几年来，东盛幼儿园在织里镇的幼教事业中发挥良好作用，受到群众的好评和上级教育部门的表彰。东盛越剧团创立以来，为集团员工和东湾兜村老年活动中心进行多次文艺演出，创作剧目源于企业和农村生活，形式多样，为观众提供精神大餐，收到良好的社会效果。（2015年资料）

组织机构

董　事　长：侯国民

董事会成员：侯国民　侯金芳　钱利平

总　经　理：侯国民

副总经理：侯金芳　闵新平　钱利平

旗下企业

东盛国际大酒店

东盛国际大酒店有限公司2003年开工建造，隶属于浙江湖州东盛集团有限公司，是集餐饮、住宿、娱乐、休闲、商务于一体的四星级标准商务酒店。酒店坐落于有“中国童装之都”之称的湖州市织里镇，与镇人民政府紧紧毗邻，位于当地政治经济文化中心黄金地带，交通便捷，距上海、杭州均需一二个小时车程，离申苏皖浙高速公路入口仅3分钟车程，距湖州市中心、太湖风景区仅30分钟车程。

湖州东盛国际大酒店作为全国最大童装市场建设的配套项目之一，为进一步推动经济发展、提升城市品位的标志性工程，各级政府给予了极大关注和支持。酒店总投资8000多万元，总建筑面积15000平方米，外围水域、绿化面积近5000平方米，酒店自主停车场拥有200停车位。酒店周围风光优雅，风景秀丽。

酒店拥有各类客房69间，其中豪华双人间55间，豪华单人间10间，豪华套房3间，行政套房1间。同时，酒店大气恢宏的大堂，会让每位步入酒店的宾客眼前一亮。

酒店拥有18间豪华宴会包房，为宾客提供杭帮菜、粤菜、川菜及本地特色美食，可满足不同层次宾客需求。

酒店宴会场所可容纳1000人同时就餐，300余平方米的会议厅1个，接见厅1个，中、小型会议室2个，能满足酒店客人举办各种会议和宴会需求。

酒店娱乐桑拿中心则是集健身、洗浴、休闲为一体的理想场所，内设豪华KTV包房19间，高档棋牌室16间。

酒店于2014年1月分别荣获浙江省餐饮服务食品安全示范单位及湖州市餐饮服务食品安全示范单位荣誉称号，并于2014年11月荣获湖州市吴兴区健康酒店荣誉称号。

因资产重组，酒店于2017年8月停办。

东盛房地产开发有限公司

公司创立于2003年，主营房地产业开发销售，为市民营造和改造优良的人居环境。几年来，已开发兴建了多个商业楼盘，为美化小城镇的人居环境书写了亮丽的一笔。其中开发建造的紫荆宾馆商贸大楼，位于吴兴大道和富民路交界处，属织里镇最繁华的商业中心地段，建筑面积15000平方米，地下车库1500平方米，主楼12层，高43.4米，可作为大型商场、超市、酒店娱乐及高档写字楼。

公司前身为东安建筑有限公司，1993年创办。至2004年东安建筑有限公司在织里镇范围经营建筑工程将近200处，吸收项目经理20个，总建筑面积达到60多万平方米，上缴国家税金千万元。具体工程项目有东盛大楼、东盛商贸区、老村部改造、紫荆宾馆、新光电子、村民旧房改造、农民拆迁安置房、别墅区、广际小区、新国源、联户工程、金利宝新建厂房、步行街、晟舍南仁村工程、亚洲童装城、妙西公墓工程、旧馆联办工程、童装园区、湖申工程、朱湾村联户建房等工程。东安建筑有限公司下设水电工程部、铝合金工程部、矿渣运填工程部等，实行建筑工程一条龙整套运作。

织里加油站

创建于1991年，地址位于织里北路，是织里镇第一家加油站。30年来，昼夜为汽车业主提供加油服务，并且创造了较好的经济效益。

东盛游泳池

创建于1996年，地址位于织里加油站西侧，是丰富织里镇市民文化体育活动的场所。1998年因资产整组停办。

东盛教育发展投资有限公司

2003年11月成立，主要为发展本地区教育事业的设施规划以及投资等业务。

2019年5月，因资产整组而停办。

第三节　村级教育文化事业

东盛幼儿园

幼儿园基本情况

湖州市吴兴区明君东盛幼儿园是由湖州东盛集团投资建设的一所多元化、创新型幼教机构，成立于2005年5月，全称湖州市吴兴区织里东盛全能宝宝中心，简称东盛幼儿园。园址在织里镇利济东路39号，总占地面积约4.67公顷，共计44620平方米，建筑面积达23000平方米，运动场地面积有18000平方米，绿化用地面积有14203平方米，前期总投资约4500万元。整个园区内部装潢一切从专业的视点、孩子的需求和美学的观念出发进行设计，教学区、生活区等功能齐备，钢琴、电脑一体机、投影仪、空调、直饮水机等设备一应俱全，为幼儿的生活和学习提供优质条件。

2007年4月29日，更名为湖州市吴兴区东盛幼儿园。

2018年4月20日，更名为湖州市吴兴区明君东盛幼儿园，园址不变。宽敞大气、环境优美，设施设备配套齐全。幼儿园自2005年开园至今已发展为28个班级，900多名幼儿，百名教职员工的办园规模。其中，园长、专任教师65人持资格证100%，大专及以上学历63人，占96.9%，学前教育专业54人，占83%，初级职称40人，占62%。

东盛幼儿园先后被评为浙江省二级幼儿园、湖州市优秀民办幼儿园、湖州市民办教育诚信办学先进单位、湖州市卫生先进单位、湖州市文明单位、湖州市巾帼文明岗、吴兴区十佳诚信民办学校、吴兴区民办学校教育宣传信息先进集体、吴兴区平安学校、吴兴区绿色学校。2016年、2021年省二级两次复评顺利通过，优质的办学成效为幼儿园带来良好的口碑。

东盛幼儿园2005—2014年幼儿总人数统计一览表

表28　　　　单位：人

时　间	幼儿总人数（人）
2005.10——2006.7	220
2006.9——2007.7	367
2007.9——2008.7	430
2008.9——2009.7	560
2009.9——2010.7	630
2010.9——2011.7	675
2011.9——2012.7	760
2012.9——2013.7	838
2013.9——2014.7	910

东盛幼儿园2005—2020年历任园长一览表

表29

姓名	职务	时间
王晓燕	园长	2005.7—2006.7
潘忠妹	园长	2006.8—2007.1
侯金芳	园长	2007.2—2008.7
褚雪琴	园长	2007.8—2010.7
叶建红	园长	2010.8—2011.8
侯于红	园长	2011.9—2018.1
包淑娇	园长	2018.2—2018.7
潘 琴	园长	2018.8至今

办园指导思想

坚持正确的办园方向，坚持“倾心于孩子的今天着眼于孩子的明天”的办园宗旨，认真贯彻落实《幼儿园工作规程》《幼儿园教育指导纲要（试行）》的精神，重视幼儿的体、智、德、美全面发展和兴趣特长的培养，让幼儿在健康快乐、独立自信、友善合群的环境里成长。

教育内容

2015年至2017年是以《幼儿园建构式课程》建构课程为主，

2018年至2020年我们是以《完整儿童课程》为主。我园的教育幼儿园的教育内容是全面的、启蒙性的，可以相对划分为健康、语言、社会、科学、艺术等5个领域，也可作其他不同的划分。各领域的内容相互渗透，从不同的角度促进幼儿情感、态度、能力、知识、技能等方面的发展。

东盛幼儿园2015—2018年获奖情况一览表

表30

成 果 名 称	级别与等第	颁发机构	获奖年月
课题“利用幼儿绿化资源开展大班科学教育的实践与研究”	区三等奖（组长）	区规划办	2015.6
课题“中班幼儿礼仪培养的实践与研究”	区二等奖（组长）	区规划办	2015.6
早期阅读方案“大卫，不可以”	区一等奖	区研训中心	2015.6
课题“中班幼儿礼仪培养的实践与研究”	区二等奖（组员）	区规划办	2015.6
论文《幼儿园文明礼仪教育初探》	区三等奖	区研训中心	2015.5
课题“利用幼儿绿化资源开展大班科学教育的实践与研究”	区三等奖（执笔）	区规划办	2015.6
课题“利用幼儿绿化资源开展大班科学教育的实践与研究”	区三等奖（组员）	区规划办	2015.6
自制教玩具“好玩的箱子”	区二等奖	民办教育协会	2015.3
第八届运动会幼儿基本体操比赛	市二等奖（指导奖）	市体育局	2015.5
大班数学规则游戏“数字接龙”	联盟二等奖	蓝天联盟	2015.6
课题“中班幼儿礼仪培养的实践与研究”	区二等奖（组员）	区规划办	2015.6
论文《缩短小班幼儿入园分离焦虑期的思考》	区二等	区研训中心	2015.5
论文《让小班幼儿在玩色游戏中快乐成长》	区二等奖	区民办协会	2015.11
论文《游戏中体验，快乐中成长》	区三等奖	区民办协会	2015.11
论文《交往礼仪在中班幼儿教育实践中的组织与实施》	省二等奖	省民办协会	2015.10
区民办教师才艺比赛（绘画组）	区一等奖	区民办协会	2015.8
课题“角色游戏中有效培养小班幼儿生活自理的能力”	区二等奖（组员）	区研训中心	2017.6
课题“角色游戏中有效培养小班幼儿生活自理的能力”	区二等奖（组长）	区研训中心	2017.6
诵读比赛“祖国啊，亲爱的祖国”	区三等奖	区民办协会	2017.5

续表30

成 果 名 称	级别与等第	颁发机构	获奖年月
老师职业大赛	镇三等奖	织里镇中心	2017.5
论文《浅谈科学小游戏在中班区域活动中的有效推进》	区二等奖	区研训中心	2017.11
案例“玩转陀螺 玩出精彩”	区三等奖	区研训中心	2018.1
论文《幼儿园班级开展“主题式”区域游戏的实践与研究》	区二等奖	区研训中心	2017.11
案例“小小的球儿 大大的乐趣”	区三等奖	区研训中心	2018.1
论文《浅析在幼儿园探索性科学活动中培养幼儿的科学创造力》	市二等奖	市教育学会	2017.9
教师绘画比赛	园三等奖	东盛幼儿园	2017.9
师德征文比赛	区三等奖	区研训中心	2017.9
民办学校教师书法比赛	区二等奖	区民办协会	2017.9
教师绘画比赛	园一等奖	东盛幼儿园	2017.9
论文《聚焦玩沙游戏 点亮快乐童年》	区一等奖	区研训中心	2017.11
教师绘画比赛	园三等奖	东盛幼儿园	2017.9
“语言优质课评比”活动	园一等奖	东盛幼儿园	2017.12
	镇一等奖	织里镇中心	2018.1
论文《阅读 阅快乐》	区三等奖	区研训中心	2018.5
自制教玩具《百变乐》	园一等奖	东盛幼儿园	2018.3
	区三等奖	区研训中心	2018.5
论文《走进自然 亲近自然》	区三等奖	区研训中心	2018.5
论文《我是小小播报员》	区三等奖	区研训中心	2018.5
自制教玩具“哆啦A梦百宝箱”	区三等奖	区研训中心	2018.5
自制教玩具“快乐滑滑梯”	区三等奖	区研训中心	2018.5

续表30

成 果 名 称	级别与等第	颁发机构	获奖年月
自制教玩具“疯狂的老鼠”	区三等奖	区研训中心	2018.5
“我爱你中国”幼儿花片比赛	区二等奖	区研训中心	2018.6
自制教玩具“百变盒子”	区二等奖	区研训中心	2018.5
自制教玩具“奇妙的滚动”	区三等奖	区研训中心	2018.5
自制教玩具“好玩的纸板”	区二等奖	区研训中心	2018.5

幼儿园安全管理制度

（一）幼儿园安全工作的领导和管理

1. 成立安全工作领导小组，园长是幼儿园安全工作的第一责任人，制定幼儿园各类人员安全责任制和各方面安全措施，教育全园教职工牢固树立“安全第一、安全工作无小事”的思想意识。

2. 幼儿园每学期采用多样化的教育形式对幼儿、家长进行安全知识教育，每班每周有针对性地对幼儿进行安全教育活动，发现问题应及时进行安全教育。各班要对幼儿进行紧急情况处理办法、自救互救常识教育、紧急电话如110（巡警）、119（火警）、112（天气咨询）、120（急救）等使用常识和教育。

3. 把好教职工用人关，幼儿园的工作人员在入园前，必须进行全面的健康检查，经检查无任何传染病和无严重的心理、生理缺陷者方可进幼儿园工作。进园后，每年对工作人员进行一次身体全面健康检查，发现患传染病立即隔离或调离，经医生证明无任何传染性后，方可恢复工作。

4. 建立安全工作检查制度，幼儿园领导及有关负责人要经常检查园内外各种活动场所、消防、基建等设施情况，对有安全隐患的设施要立即予以修缮或拆除。

建立重大事故报告制度。各班幼儿发生的各类事故要立刻报告园领导并电话通知家长，及时查明原因并在当天进行家访；对事故的经过和处理结果及时报告园长。

（二）幼儿园各部门安全工作管理

1. 幼儿集体外出活动的安全管理。

（1）未经园领导同意，各班不得组织幼儿参加庆典活动以及外出参观等活动，组织幼儿外出活动（春游、秋游、参观等）要制定周密计划和安全措施，包括活动的路线地点、事前应进行实地勘察，不得组织幼儿到危险的地方开展活动。

（2）活动时班主任是各班的具体负责人，配班老师负连带责任。

（3）每次活动都要有安全、意外事故的应急预案。

2. 班级教学活动的安全管理。

（1）各班教室在教学活动时要严格按照教学活动要求组织教学，保证幼儿的安全。

（2）严格执行两人同时进班制度，幼儿活动时间，教师不得擅自离开工作岗位。户外，室内都要随时清查幼儿人数，防止幼儿单独离开集体。

（3）各班教室应重视幼儿课间休息活动的安全教育，教育幼儿不打人、不推人、不抓人、不爬高、不猛跑、不攀登阳台栏杆，不能让幼儿单独去厨房等容易发生危险的地方。及时发现和处理危及幼儿安全的事情。

（4）各班教师要随时注意幼儿活动区域是否有不安全因素，包括幼儿玩具、用具情况，随时检查幼儿身上是否有危险物品，发现问题及时处理。

3. 后勤工作的安全管理。

（1）牢固树立后勤工作为教学服务、为师生服务的思想，为教学工作创造安全条件，保证幼儿园的正常教育教学秩序。

（2）总务主任要经常性地对幼儿园的园舍、围栏、固定设施、水电、煤气等进行检查，发现问题要及时报告幼儿园主管领导，采取措施，并及时修缮和处理。同时要重视饮用水卫生安全，防止投毒或其他卫生疾患的发生。

（3）食堂工作人员要严把食品关，防止腐烂变质的食品购进，防止食品污染而引起的食物中毒，保证开水、菜汤的保温和降温，防止幼儿烫伤事件发生。

（4）保健老师要保证幼儿用药的安全，杜绝吃错药的现象，药品要放在幼儿不易拿到的地方。对幼儿伙食质量进行督促检查，配合园长做好安全工作。

（5）门卫一定要对出入幼儿园的人员严加管理，不明身份的人一律不准入园，以确保幼儿人身及财产安全。家长中途接送孩子时，必须在门卫处签字，防止幼儿走失及财产损失。

4. 不可预见灾害的安全管理。

（1）在遭遇不可预见的洪灾、火灾、地震等灾害时，应组织幼儿紧急疏散和撤离现场，保证幼儿的生命安全。

（2）加强对幼儿进行防火、防灾的教育，教给幼儿基本的防火知识，培养幼儿的生存能力。

（3）要及时向有关部门报告，请求有关部门和社会的援助，全力保护幼儿的安全。不得组织幼儿参加救火、救灾等。

幼儿园周边环境的安全管理工作

（1）重视幼儿园周边环境的安全治理工作，主动联系辖区的派出所、街道居委会抓好治理工作。

（2）严禁商贩和促销员在幼儿园门口做广告、发宣传单。

（三）幼儿安全教育与家长工作

1. 教师与家长要共同承担好幼儿的安全教育工作，要把安全教育列入家庭教育和幼儿园每学期的教学计划之中，并随时开展有针对性的安全教育与实践活动。教给幼儿必要的安全知识，如让幼儿记住父母联系电话和家庭住址，不随便离开集体、有事会向别人求助，知道一定的防火、防电、防骗及交通安全等常识，加强幼儿自我保护意识，提高自我保护能力。

2. 多让幼儿参加活动和体育锻炼，使之动作发展协调灵活，不要过度保护和包办孩子做力所能及的事情。

3. 严禁幼儿佩戴项链、耳环、胸针以及锋利、细小物件来园。教师发现问题应及时处理并教育纠正，对于老师反复强调的安全要求不予配合的家长，如有事故发生，则以后果自负或追究事故责任论处。

幼儿安全制度

1. 各项活动均要以幼儿为中心，工作人员要注意儿童各项活动，户外活动时不准扎堆聊天，上班时间教师要精神集中，不能擅离幼儿，不准做私事，不能串班。幼儿玩大型玩具时，老师必须在旁照看，并教给幼儿正确的玩法，确有急事需离开岗位，应找人替班，替班老师应切实负起责任。

2. 幼儿入园要检查衣袋内有无危险物品。睡觉前要提醒幼儿不要把小东西带到床上，预防发生意外事故，定期和随时对幼儿进行安全教育，使他们懂得怎样做是正确的、安全的，怎样做是不安全的、危险的，以及造成危险的后果。

3. 药品、针、刀等物品要放在一定地方，不让幼儿随便拿到，剧毒药品要专人保管，专柜要上锁，不准放在班上。

4. 户外活动前要检查鞋带，注意清点人数，对新入园的幼儿要多照顾，防止跑回家或丢失等问题发生。

5. 园领导、安全领导小组、医务人员应定期检查房屋场地、大型体育器材、玩具、教具、用具、电门、电线、插销等设备，发现问题要及时处理（每学期不少于2次）。杜绝触电、砸伤、摔伤、烫（烧）伤等事故发生。

6. 炊事员注意食物管理和加工，防止食物中混入异物，禁止采购、制作腐烂变质食物，不让幼儿吃隔夜饭菜，要做好食品留样检查工作。做好每餐前的消毒工作，预防传染病及食物中毒发生。

幼儿园安全保卫制度

1. 上午班教师下班前做好交接工作，重大事情做好书面交接记录，有事故的必须亲自与家长联系，处理好后，方可下班。下午班教师下班前负责督促检查保育员是否切断电源、关好门窗，做好检查记录并签名。负责把留晚班的幼儿名单和电话交到值班教师手中。

值班教师要请家长接孩子时签好名后，方可让幼儿离园，等幼儿全部接走后负责整理好值班室，切断值班室电源、关好门窗，关好值班室，确保无误后方可锁好门下班。

2. 节假日安排人员负责值班，负责全园安全保卫工作，有情况及时向有关部门联系，并向领导汇报。

3. 放假前各班做好整理物品、玩具、妥善处理幼儿财产等工作，由园领导或保健医生检查后方可封门。

4. 班级及各室的物品由负责人保管，使用电源、自来水，做到及时关闭，因负责人疏忽而发生事故的由负责人承担责任。发生事故及时汇报配合处理，人为事故由当事人负责。

5. 安全领导小组每周检查房舍、设备、运动器具和场地，发现问题及时维修，并做好检查记录和报修记录以及户外大型玩具检查记录，确保安全。

6. 各班要经常检查本班房舍和设备，发现问题及时报告领导，并做好安全记录。

闲杂人员不准进幼儿伙食操作间及库房。负责人应对安全隐患做出标识，如：紫外线开关、空调插座处做标识等。

7. 各类建筑设施设备均有安全防护措施，有消防装置。

8. 加强对教职工及幼儿安全教育，防止各种意外事故发生，重视对教职工使用消防装置的知识介绍。

9. 全园力争无骨折、砸伤、烫伤、中毒、触电、溺水、丢失等责任事故。

10. 各种事故及外伤应及时处理并有记录。

11. 教职工外出办公，进出幼儿园需关好边门，遵守门卫制度，外来人员实行登记制。

12. 向家长做好安全宣传工作，发放《家长须知》。

幼儿园安全检查制度

1. 安全领导小组每月有计划的对幼儿园的各项安全工作检查一次，并进行记录，发现问题及时进行报修。

2. 每周一对幼儿园的大型玩具进行检查，并进行记录，发现问题及时报修。

3. 分管安全的园长对教师的组织活动进行检查确保安全，出现安全事故协助教师解决。

4. 年级组长每月对本年级组的安全工作检查一次，发现问题及时和相关领导联系，及时解决，并做好记录。

5. 各班班主任做好班级的安全检查工作，发现问题及时汇报并做好当天的安全记录。

6. 各配班老师协助班主任做好班级的安全检查工作，发现问题及时汇报并做好当天的安全记录。

7. 保健教师负责好卫生保健安全工作，做好保育员的安全教育工作，指导保育员做好各类物品的保管工作，督促保育员做好各项消毒记录。

8. 厨房的工作人员要经常对煤气、水、电进行检查，确保安全，同时加强库房管理确保食品安全。每天做好各项记录。

9. 门卫上午9：00锁门，下午3：30开门，做到人走锁门，无锁见人，杜绝外来人员入园。

10. 各岗位下班的时候检查好水、电、门窗等确保无误后，方可下班。

东盛越剧团

2012年11月21日，由原嘉兴地区“小百花”越剧团部分艺人发起，东盛集团出资正式成立“东盛越剧团”。该剧团的成立旨在将湖州市各界越剧爱好者集聚到一起，丰富戏迷们的业余生活。同时也为湖州市文化事业的发展提供一个良好的沟通交流平台。

东盛越剧团属东盛集团旗下，由龚玉宝担任团长。

演出活动

东盛越剧团自成立以来，开展送戏下乡活动30多场。

2013年2月14日（农历正月初五），为认真贯彻落实中共十八大精神，东盛越剧团在东湾兜村老年活动中心举行新春戏剧专场文艺演出。整场演出由国家级戏曲演员倾情巨献，由市电视台著名主持人程宏伟（阿奇）主持。在越剧、京剧等经典曲目中穿插中共十八大精神相关知识问答，让村民在欢度新春、享受幸福中，共谋新年新发展。2014年11月17日，在湖州大剧院上演大型越剧《五女拜寿》，剧场座无虚席，观众掌声雷动，深获好评。

创作东盛企业之歌

《说唱东盛》：

科学发展新时代，高歌一曲赞东盛。

说东盛，唱东盛，东盛年年有奇迹。

经济效益（是）步步升，品牌效应（是）年年增，

今朝一曲把歌唱，喜事不断（是）唱不完：

犹记得，创业路，起步难。

一九九零最难忘，意气风发往前闯，风餐露宿家常饭。

车轮滚滚场面壮，人来车往加油忙，汽车市场做贡献。

春风吹暖信誉好，建筑市场生命力，东安建筑信誉好。

房地产开发号角响，心相连，场面壮，东盛员工造房忙，

满腔豪气冲云霄，繁华处，建家园，东盛花苑拔地起。

政策好，人心齐，雄心显，

公司扩大成集团，风流人物有信心，团结一致谱新篇。

有盼头、有奔头、有甜头，

东盛好比火车头，员工个个有劲头。

东盛国际大酒店，规模大，档次高，酒店经营有特色，

东盛教育暖心房，理念新，管理强，关爱幼儿塑心灵。

金融市场风云起，后起之秀做担保。

如今是，行业内具有影响力；

依靠中国童装城，雨龙贸易公司又成立；

带出去，请进来，旅游公司心欢喜；

搭大台，唱越剧，企业文化来建设。

重温东盛的历程，说不完党的好政策，说不完东盛好时光：

（白：加油站、酒店、教育、建筑、金融、旅游、房地产、旅游、越剧团，真正是--）

多元发展势头好，

多领域突破成效显！

满面春风忆往昔，

欢歌笑语把曲唱，
东盛精神振人心，
拼搏进取奔前方，
东盛未来更美好！

剧团主要演员

戴育莲　国家二级演员，市戏剧家协会副秘书长，原湖州市越剧团主要花旦。

陈建平　国家二级演员，市戏剧家协会常务理事，原湖州市越剧团主要小生。

陆秀梅　国家三级演员，市戏剧家协会主席团成员，原嘉兴地区小百花越剧团“新秀辈”当家花旦。

方秀珠　国家三级演员，市戏剧家协会会员代表，原嘉兴地区小百花越剧团“新秀辈”当家花旦。

程宏伟　湖州市著名主持人，湖州市戏剧家协会主席团成员，京剧名家。

杨斌华　湖州市老年大学戏剧老师,湖州市戏剧家协会会员代表。

龚新宝　国家三级演员，湖州市戏剧家协会常务理事，原嘉兴地区小百花越剧团“新秀辈”当家老生、湖州市越剧团副团长。

王秀君　湖州市戏剧家协会副秘书长，原嘉兴地区小百花越剧团“新秀辈”主要演员。

沈丽君　国家三级演员，湖州市戏剧家协会会员代表，原湖州市越剧团主要老生。

沈秀妹、钱秀香　湖州市戏剧家协会会员代表，原嘉兴地区小百花越剧团“新秀辈”主要演员。

沈金花、姚敏慧　湖州市戏剧家协会会员代表，吴兴区连续2届“戏迷擂台赛”擂主获得者。

丁雁宁 6岁开始学戏，国家二级演员陈建平的弟子。

2019年5月，因资源整合需要，东盛越剧团合并入湖州城市剧团。

第四节 村经济合作社股东名册

东湾兜村经济合作社股东名册一览表

（2014年12月）

表31

序号	户号	姓名	与户主关系	性别	户口性质
1	1	周桂珠	母亲	女	非农
2		钱建华	户主	男	非农
3		陈水红	妻子	女	非农
4		钱　誉	女儿	女	非农
5	2	钱良华	户主	男	非农
6		唐顺娣	妻子	女	非农
7		钱　锋	儿子	男	非农
8		钱静予	孙女	女	非农
9		阮　寻	儿媳	女	非农
10	3	吴顺林	户主	男	非农
11		陆根妹	妻子	女	非农
12		陆美丽	女儿	女	非农
13		陆海美	女儿	女	非农
14		陆承志	孙子	男	非农
15	4	陆伟国	户主	男	非农
16	5	钱阿四	户主	男	非农
17		丁建新	妻子	女	非农
18		汤玉英	岳母	女	非农
19		钱君伟	儿子	男	非农
20	6	钱团毛	户主	男	非农

续表31

序号	户号	姓名	与户主关系	性别	户口性质
21		沈兰英	妻子	女	非农
22		钱金龙	儿子	男	非农
23		沈元妹	媳妇	女	非农
24		钱依珏	孙女	女	非农
25		钱依恺	孙子	男	非农
26	7	郑兴珍	户主	女	非农
27		吴文琴	母亲	女	非农
28		钱盈盈	女儿	女	非农
29		钱乐菲	孙女	女	非农
30		钱云翔	儿子	男	非农
31		施勇勇	女婿	男	非农
32	8	吴顺江	户主	男	非农
33		姚会珠	妻子	女	非农
34		姚晶晶	女儿	女	非农
35		姚　瑶	孙女	女	非农
36	9	钱小林	户主	男	非农
37		姚新勤	妻子	女	非农
38		钱利明	儿子	男	非农
39		钱政福	孙子	男	非农
40		吴美琴	媳妇	女	非农
41	10	钱荣坤	户主	男	非农
42		谈阿玉	妻子	女	非农
43		钱国良	儿子	男	非农
44		陶国丽	儿媳	女	非农
45		钱晶晶	孙女	女	非农
46		周方英	儿媳	女	非农
47		钱　力	孙子	男	非农
48	11	钱应财	户主	男	非农
49		钱主强	儿子	男	非农
50		范琴芳	妻子	女	非农

续表31

序号	户号	姓名	与户主关系	性别	户口性质
51		钱佳宇	女儿	女	非农
52	12	杨美丽	户主	女	非农
53	13	李林妹	妻子	女	非农
54		朱根林	户主	男	非农
55		钱建强	儿子	男	非农
56		苏培华	媳妇	女	非农
57		钱鑫岚	孙女	女	非农
58	14	钱有宝	户主	男	非农
59		陆锦珠	妻子	女	非农
60		钱新娣	女儿	女	非农
61		周培民	女婿	男	非农
62		钱金方	孙女	女	非农
63		钱晨曦	曾孙子	男	非农
64	15	钱利琴	姐姐	女	非农
65		钱胜利	户主	男	非农
66		闵三英	媳妇	女	非农
67		钱懿雯	女儿	女	非农
68		钱懿琳	女儿	女	非农
69	16	陆荣法	户主	男	非农
70		范培丽	妻子	女	非农
71		陆美林	女儿	女	非农
72		章月江	女婿	男	非农
73		陆佳峰	孙子	男	非农
74	17	钱伟秧	户主	男	非农
75		钱阿二	母亲	女	非农
76		钱伟英	妹妹	女	非农
77		王声姣	妻子	女	非农
78		钱佳豪	儿子	男	非农
79	18	李爱琴	户主	女	非农
80	19	陆阿毛	户主	女	非农

续表31

序号	户号	姓名	与户主关系	性别	户口性质
81	20	陆锦荣	户主	男	非农
82		朱金凤	妻子	女	非农
83		陆解民	儿子	男	非农
84		陆烨斌	孙子	男	非农
85		孙红利	儿媳	女	非农
86	21	陆建明	户主	男	非农
87		丁建珍	妻子	女	非农
88		陆娇娇	女儿	女	非农
89		陆邱宇	孙子	男	非农
90	22	陆建康	户主	男	非农
91	23	张敬尊	户主	女	非农
92		陆小维	次女	女	非农
93		陆夏风	孙子	男	非农
94		陆顺华	女婿	男	非农
95		陆　玥	孙女	女	非农
96	24	陆根章	户主	男	非农
97		陆法英	妻子	女	非农
98		陆银培	儿子	男	非农
99		陆佳仪	孙女	女	非农
100		张淦英	媳妇	女	非农
101	25	杨玉妹	户主	女	非农
102	26	陆毛宝	户主	男	非农
103		郁金英	妻子	女	非农
104		吴连娣	女儿	女	非农
105		王学明	女婿	男	非农
106		陆小珏	孙女	女	非农
107		陆怡馨	孙女	女	非农
108	27	陆火江	户主	男	非农
109		陆文忠	儿子	男	非农
110		朱小英	媳妇	女	非农

续表31

序号	户号	姓名	与户主关系	性别	户口性质
111		陆思思	孙女	女	非农
112	28	陆武忠	户主	男	非农
113		陆文娥	母亲	女	非农
114		周晓英	妻子	女	非农
115		陆　琪	儿子	男	非农
116	29	陆小毛	户主	男	非农
117		王根妹	妻子	女	非农
118		陆健健	儿子	男	非农
119		陆　涛	孙子	男	非农
120		陆　远	孙子	男	非农
121	30	钱林娣	户主	女	非农
122	31	陆秧毛	户主	男	非农
123		沈火江	妻子	女	非农
124		陆荣芳	儿子	男	非农
125		陆荣妹	女儿	女	非农
126		潘忠勤	媳妇	女	非农
127		陆豪杰	孙子	男	非农
128	32	周培峰	户主	男	非农
129		陆会金	妻子	女	非农
130		周　洁	女儿	女	非农
131		戢能波	女婿	男	非农
132		周灏轩	孙子	男	非农
133	33	陆财林	户主	男	非农
134		陆阿林	妻子	女	非农
135		陆伟凤	女儿	女	非农
136		陆中海	儿子	男	非农
137		朱根珠	媳妇	女	非农
138		陆云霞	孙女	女	非农
139		陆琴琴	孙女	女	非农
140		姚　丰	女婿	男	非农

续表31

序号	户号	姓名	与户主关系	性别	户口性质
141	34	钱根兴	户主	男	非农
142		徐水珠	妻子	女	非农
143		钱伟樑	儿子	男	非农
144		钱妙言	孙子	男	非农
145		孙忠英	媳妇	女	非农
146	35	闵宝财	户主	男	非农
147		沈小根	妻子	女	非农
148		闵　强	儿子	男	非农
149		钱小芳	媳妇	女	非农
150		闵佳辉	孙子	男	非农
151	36	叶杏元	户主	女	非农
152		闵佳媚	女儿	女	非农
153	37	闵新平	户主	男	非农
154		陈金凤	母亲	女	非农
155		闵鹏飞	儿子	男	非农
156		闵水江	父亲	男	非农
157		王群哲	妻子	女	非农
158		陆　越	儿媳	儿媳	非农
159		闵　锐	孙子	孙子	非农
160	38	张连娣	户主	女	非农
161	39	闵顺发	户主	男	非农
162		张玲娥	妻子	女	非农
163		闵吉隆	儿子	男	非农
164		闵艳蕊	孙女	女	非农
165		闵晨磊	孙子	男	非农
166	40	蔡阿四	户主	男	非农
167		李梅英	母亲	女	非农
168		闵明华	妻子	女	非农
169		闵　莉	女儿	女	非农
170		闵霞莉	女儿	女	非农

续表31

序号	户号	姓名	与户主关系	性别	户口性质
171		闵一睿	孙子	男	非农
172	41	闵金林	户主	男	非农
173		沈培根	女婿	男	非农
174		潘林美	女儿	女	非农
175		闵佳奇	孙子	男	非农
176		闵雨涵	曾孙	女	非农
177		陆思思	孙媳	女	非农
178	42	闵火根	户主	男	非农
179	43	徐传勤	户主	女	非农
180	44	闵顺江	户主	男	非农
181		孟杏珍	妻子	女	非农
182		吴火生	儿子	男	非农
183		沈林平	媳妇	女	非农
184		蒋黎艳	孙媳	女	非农
185		闵金建	孙子	男	非农
186		闵优优	曾孙女	女	非农
187	45	陆水林	户主	男	非农
188	46	潘金毛	户主	女	非农
189		陆顺财	儿子	男	非农
190		强丽蓉	媳妇	女	非农
191		陆　涛	孙子	男	非农
192		陆　泽	孙子	男	非农
193	47	沈玲珠	母亲	女	非农
194		徐毛信	户主	男	非农
195		钱顺妹	妻子	女	非农
196		钱艳艳	女儿	女	非农
197		钱柔伊	孙女	女	非农
198	48	郑海芳	户主	男	非农
199		周桂珠	妻子	女	非农
200		郑锋民	儿子	男	非农

续表31

序号	户号	姓名	与户主关系	性别	户口性质
201		蔡文吉	媳妇	女	非农
202		郑谨艺	孙女	女	非农
203	49	郑新芳	户主	男	非农
204		闵水妹	妻子	女	非农
205		郑柏荣	父亲	男	非农
206		郑风琴	女儿	女	非农
207		郑　奕	孙女	女	非农
208		沈卫旗	女婿	男	非农
209	50	郑鑫水	户主	男	非农
210		沈阿团	妻子	女	非农
211		郑和佳	大儿子	男	非农
212		沈丽花	大媳妇	女	非农
213		杨小娟	媳妇	女	非农
214		郑　炜	孙子	男	非农
215		郑　杰	小儿子	男	非农
216		郑景怡	孙女	女	非农
217	51	郑铸荣	户主	男	非农
218		郑国萍	女儿	女	非农
219		郑义淳	孙女	女	非农
220	52	郑新妹	户主	女	非农
221		郑舒怡	女儿	女	非农
222		郑毅铭	儿子	男	非农
223		潘新荣	丈夫	男	非农
224	53	陆金土	户主	男	非农
225		郑林芳	妻子	女	非农
226		陆明明	儿子	男	非农
227		陆鑫媛	孙女	女	非农
228		金芝兰	媳妇	女	非农
229		陆星宇	二孙女	女	非农
230	54	陆金根	户主	男	非农

续表31

序号	户号	姓名	与户主关系	性别	户口性质
231		陆细毛	母亲	女	非农
232		陆芳勤	女儿	女	非农
233		陆芳丽	女儿	女	非农
234		陆奕霏	孙女	女	非农
235		章建康	女婿	男	非农
236	55	钱阿满	户主	男	非农
237		钱　伟	儿子	男	非农
238		吴亚娣	媳妇	女	非农
239		钱睿妍	孙女	女	非农
240	56	陆金宝	户主	男	非农
241		吴桂珍	妻子	女	非农
242		陆会民	儿子	男	非农
243		陈云丽	媳妇	女	非农
244		陆涵芬	孙女	女	非农
245		陆涵博	孙子	男	非农
246	57	钱杏宝	户主	男	非农
247		钱杏珍	妻子	女	非农
248		钱　新	儿子	男	非农
249		陈先容	媳妇	女	非农
250		钱伟杰	孙子	男	非农
251	58	陆荣炳	户主	男	非农
252		嵇明珠	妻子	女	非农
253		嵇安林	儿子	男	非农
254		闵小英	媳妇	女	非农
255		嵇培佩	孙女	女	非农
256		嵇嘉雯	孙女	女	非农
257	59	黄桂芳	户主	男	非农
258		朱阿新	妻子	女	非农
259		黄细毛	父亲	男	非农
260		黄喜强	儿子	男	非农

续表31

序号	户号	姓名	与户主关系	性别	户口性质
261		黄兆熙	孙子	男	非农
262	60	黄培芳	户主	男	非农
263		吴和珍	母亲	女	非农
264		吕富蓉	妻子	女	非农
265		黄斌斌	儿子	男	非农
266		黄梓曦	孙女	女	非农
267	61	黄学明	户主	男	非农
268		沈水晶	妻子	女	非农
269		黄英冬	儿子	男	非农
270	62	黄林江	户主	男	非农
271		黄学法	儿子	男	非农
272		钱晓英	媳妇	女	非农
273		黄澄辉	孙子	男	非农
274	63	黄勤荣	户主	男	非农
275		钱惠勤	妻子	女	非农
276		黄金根	儿子	男	非农
277		黄宇栋	孙子	男	非农
278		强方英	儿媳	女	非农
279	64	黄林荣	户主	男	非农
280		黄建英	女儿	女	非农
281		柳海滨	女婿	男	非农
282		黄劲成	孙子	男	非农
283		黄潇锐	外孙	男	非农
284	65	王永涛	户主	女	非农
285	66	吴金荣	户主	男	非农
286		吴新林	儿子	男	非农
287		陆荣飞	媳妇	女	非农
288		吴娜锋	孙子	男	非农
289	67	吴新宝	户主	男	非农
290		王玉华	妻子	女	非农

续表31

序号	户号	姓名	与户主关系	性别	户口性质
291		吴林根	儿子	男	非农
292		蒲学红	媳妇	女	非农
293		吴蒲昊	孙子	男	非农
294	68	吴湰芳	户主	男	非农
295		沈坤芳	妻子	女	非农
296		吴泽民	儿子	男	非农
297		周　婷	儿媳	女	非农
298		吴乐淇	孙女	女	非农
299		吴凯淇	孙女	女	非农
300	69	吴美焰	孙女	女	非农
301		范桂英	户主	女	非农
302	70	侯新民	户主	男	非农
303		潘金花	妻子	女	非农
304		侯国忠	儿子	男	非农
305		侯钰炜	孙子	男	非农
306		朱　韬	儿媳	女	非农
307	71	侯新良	户主	男	非农
308		吴金娜	母亲	女	非农
309		黄美琴	妻子	女	非农
310		吴佳华	儿子	男	非农
311		吴　凡	孙子	男	非农
312	72	吴海根	户主	男	非农
313		吴引妹	母亲	女	非农
314		强玉琴	妻子	女	非农
315		吴嘉炜	儿子	男	非农
316	73	吴培根	户主	男	非农
317		吴进发	父亲	男	非农
318		刘翠平	妻子	女	非农
319		吴玥琳	女儿	女	非农
320		吴悦洋	儿子	男	非农

续表31

序号	户号	姓名	与户主关系	性别	户口性质
321	74	闵连顺	户主	男	非农
322		闵新江	儿子	男	非农
323		沈林妹	媳妇	女	非农
324		闵　强	孙子	男	非农
325		杨志妹	儿媳	女	非农
326		闵烨欣	曾孙女	女	非农
327	75	闵新根	户主	男	非农
328		付　英	妻子	女	非农
329		闵成依	儿子	男	非农
330	76	闵新林	户主	男	非农
331		方春兰	妻子	女	非农
332		闵伟强	儿子	男	非农
333		闵文昊	孙子	男	非农
334		俞姝颖	儿媳	女	非农
335	77	闵玉琴	户主	女	非农
336		闵徐焰	女儿	女	非农
337	78	侯国民	户主	男	非农
338		侯水凤	妻子	女	非农
339		侯水英	母亲	女	非农
340		侯　佳	儿子	男	非农
341		赵　琪	儿媳	女	非农
342		侯慕岑	孙女	女	非农
343		侯佩岑	孙女	女	非农
344	79	吴新荣	户主	男	非农
345		王新凤	妻子	女	非农
346		吴　明	儿子	男	非农
347	80	吴水荣	户主	男	非农
348		陈根贞	妻子	女	非农
349		吴佩芳	儿子	男	非农
350		沈琴妹	媳妇	女	非农

续表31

序号	户号	姓名	与户主关系	性别	户口性质
351		吴雨璐	孙女	女	非农
352		吴璐瑶	孙女	女	非农
353	81	侯阿团	户主	男	非农
354		闵金珠	妻子	女	非农
355		侯宇新	儿子	男	非农
356		侯宇明	儿子	男	非农
357		侯清文	孙女	女	非农
358		侯墨涵	孙女	女	非农
359		宋晓姣	儿媳	女	非农
360		李晓宇	儿媳	女	非农
361	82	陈梅林	户主	男	非农
362		张金娣	妻子	女	非农
363		陈伟华	儿子	男	非农
364	83	侯文杰	户主	男	非农
365		邱文花	妻子	女	非农
366		侯叶晨	儿子	男	非农
367		侯欣蕾	孙女	女	非农
368	84	侯新芳	户主	女	非农
369	85	侯新财	户主	男	非农
370		闵阿二	妻子	女	非农
371		侯晓鹰	女儿	女	非农
372		芮利兵	大女婿	男	非农
373		侯依惠	孙女	女	非农
374		方小华	二女婿	男	非农
375	86	闵团毛	户主	男	非农
376		李德英	媳妇	女	非农
377		侯小红	孙女	女	非农
378		侯红妹	孙女	女	非农
379	87	周新芳	母亲	女	非农
380		侯建中	户主	男	非农

续表31

序号	户号	姓名	与户主关系	性别	户口性质
381		侯建妹	妹妹	女	非农
382		王秋芬	妻子	女	非农
383		侯棋峰	儿子	男	非农
384	88	侯阿芳	户主	男	非农
385		周丽荣	妻子	女	非农
386		侯钰莹	孙女	女	非农
387		侯黎明	女儿	女	非农
388		侯云飞	儿子	男	非农
389	89	侯永庆	户主	男	非农
390		侯玉平	儿子	男	非农
391		周金定	媳妇	女	非农
392		侯彬斌	孙子	男	非农
393	90	侯阿荣	户主	男	非农
394		侯国强	儿子	男	非农
395		李宝英	妻子	女	非农
396		侯婷玉	孙女	女	非农
397		张利平	媳妇	女	非农
398		侯婷立	二孙女	女	非农
399	91	侯六寿	户主	男	非农
400		陶爱珠	妻子	女	非农
401		侯金芳	儿子	男	非农
402		侯晨鸣	孙子	男	非农
403		侯嘉乐	曾孙	男	非农
404		钱利华	儿媳	女	非农
405		吴　晶	孙媳	女	非农
406	92	侯应林	户主	男	非农
407		侯水珠	妻子	女	非农
408		侯凤根	儿子	男	非农
409		张应霞	媳妇	女	非农
410		侯晨威	孙子	男	非农

续表31

序号	户号	姓名	与户主关系	性别	户口性质
411	93	吴水毛	户主	男	非农
412		钱林娥	妻子	女	非农
413		吴会珠	母亲	女	非农
414		吴鑫强	儿子	男	非农
415		吴利强	儿子	男	非农
416		吴源世	孙子	男	非农
417		蔡华雄	媳妇	女	非农
418		吴天乐	孙子	男	非农
419	94	吴新华	母亲	女	非农
420		吴建强	户主	男	非农
421		沈利美	妻子	女	非农
422		吴少杰	儿子	男	非农
423	95	吴阿四	户主	男	非农
424		李根珠	妻子	女	非农
425		吴建新	儿子	男	非农
426		吴美玲	媳妇	女	非农
427		吴　杰	孙子	男	非农
428	96	侯阿火	户主	男	非农
429		陆淦荣	女婿	男	非农
430		侯新美	女儿	女	非农
431		侯成强	孙子	男	非农
432		侯涵逸	曾孙	男	非农
433		侯舒逸	曾孙女	女	非农
434		沈利萍	媳妇	女	非农
435	97	侯新法	户主	男	非农
436		侯能珠	母亲	女	非农
437		郁爱珠	妻子	女	非农
438		侯建华	女儿	女	非农
439		侯嘉乐	孙子	男	非农
440		侯嘉惠	孙女	女	非农

续表31

序号	户号	姓名	与户主关系	性别	户口性质
441		左　彬	女婿	男	非农
442	98	侯阿三	户主	男	非农
443		侯凤清	妻子	女	非农
444		侯培荣	儿子	男	非农
445		王培华	媳妇	女	非农
446		侯飞飞	孙女	女	非农
447		侯　妍	孙女	女	非农
448	99	侯金海	户主	男	非农
449		王惠萍	妻子	女	非农
450		侯起开	儿子	男	非农
451	100	闵荣初	户主	男	非农
452		侯水珍	母亲	女	非农
453		侯金妹	妻子	女	非农
454		侯欢欢	儿子	男	非农
455		侯宇芊	曾孙女	女	非农
456		侯宇泽	曾孙	男	非农
457	101	吴曙明	户主	男	非农
458		吴水根	父亲	男	非农
459	102	邹　萍	户主	女	非农
460	103	吴顺林	户主	男	非农
461		孙荣珍	妻子	女	非农
462		吴水娥	母亲	女	非农
463		吴丽英	女儿	女	非农
464		闵吴珏	孙子	男	非农
465	104	沈金娜	户主	女	非农
466		吴佳琪	孙子	男	非农
467	105	钱引娣	母亲	女	非农
468		钱连江	户主	男	非农
469		沈春娣	妻子	女	非农
470		钱生华	儿子	男	非农

续表31

序号	户号	姓名	与户主关系	性别	户口性质
471		申万容	媳妇	女	非农
472		钱程红	孙女	女	非农
473		钱程超	孙子	男	非农
474		钱伟强	儿子	男	非农
475	106	李水根	户主	男	非农
476		闵火妹	妻子	女	非农
477		李建明	儿子	男	非农
478		李建平	小儿子	男	非农
479		邱建美	媳妇	女	非农
480		李若澜	孙女	女	非农
481		李阿凤	母亲	女	非农
482		陈利芳	小媳妇	女	非农
483		李思源	孙女	女	非农
484		李若波	孙子	男	非农
485	107	李水江	户主	男	非农
486		钱金珠	妻子	女	非农
487		李　平	儿子	男	非农
488		金　丹	媳妇	女	非农
489		李杰宇	孙子	男	非农
490	108	李顺法	户主	男	非农
491		钱顺娣	妻子	女	非农
492		李建根	儿子	男	非农
493		袁国琴	媳妇	女	非农
494		李烨青	孙女	女	非农
495		李天成	孙子	男	非农
496	109	李文敏	户主	男	非农
497		蔡阿毛	妻子	女	非农
498		李如强	儿子	男	非农
499		李焌凡	孙子	男	非农
500		苏建妹	儿媳	女	非农

续表31

序号	户号	姓名	与户主关系	性别	户口性质
501	110	黄新泉	户主	男	非农
502		沈桂华	妻子	女	非农
503		沈　炜	儿子	男	非农
504	111	沈爱珠	户主	女	非农
505		沈　斌	儿子	男	非农
506		周英英	媳妇	女	非农
507		沈煜阳	孙子	男	非农
508	112	李杏元	户主	男	非农
509		李水荣	儿子	男	非农
510		李佩英	媳妇	女	非农
511		李佳良	孙子	男	非农
512		李铭梁	小孙子	男	非农
513	113	李根荣	户主	男	非农
514		郑应男	母亲	女	非农
515		姚惠芳	妻子	女	非农
516		李佳玮	儿子	男	非农
517		李佳鑫	女儿	女	非农
518	114	李新康	户主	男	非农
519		周文新	妻子	女	非农
520		李　金	女儿	女	非农
521		李学婷	二女儿	女	非农
522		吴阿巧	母亲	女	非农
523	115	李法林	户主	男	非农
524		李阿娥	妻子	女	非农
525		侯金花	媳妇	女	非农
526		李水龙	孙子	男	非农
527		李宇宸	曾（外）孙子	男	非农
528		吴俐霞	孙媳	女	非农
529	116	李林法	户主	男	非农
530		李巧珍	妻子	女	非农

续表31

序号	户号	姓名	与户主关系	性别	户口性质
531		李锦强	儿子	男	非农
532		李楠炜	孙子	男	非农
533		沈丽娟	儿媳	女	非农
534	117	李建荣	户主	男	非农
535		朱水宝	母亲	女	非农
536	118	徐秀秀	户主	女	非农
537		李佳晟	儿子	男	非农
538	119	李金狗	户主	男	非农
539		刘红梅	妻子	女	非农
540		李汐釜	女儿	女	非农
541		李俊然	儿子	男	非农
542		李小毛	父亲	男	非农
543	120	李春法	户主	男	非农
544		张李梅	妻子	女	非农
545		李　静	女儿	女	非农
546	121	潘顺荣	户主	男	非农
547		李春妹	妻子	女	非农
548		李潘新	儿子	男	非农
549		黄连娣	母亲	女	非农
550		胡文娟	儿媳	女	非农
551		李鑫悦	孙女	女	非农
552	122	李阿四	户主	男	非农
553		李金美	妻子	女	非农
554		李水法	儿子	男	非农
555		蒋美琴	媳妇	女	非农
556		李　斌	孙子	男	非农
557		李若希	曾孙女	女	非农
558		李哲希	曾孙子	男	非农
559	123	李新林	户主	男	非农
560		邹水芳	妻子	女	非农

续表31

序号	户号	姓名	与户主关系	性别	户口性质
561		李海强	儿子	男	非农
562		李雪坤	小儿子	男	非农
563		郑咏梅	媳妇	女	非农
564		李铭东	孙子	男	非农
565		李文娟	孙女	女	非农
566	124	李新宝	户主	男	非农
567		谈新妹	妻子	女	非农
568		李　伟	儿子	男	非农
569		李和珍	母亲	女	非农
570		李佳琪	孙女	女	非农
571		李佳烨	孙子	男	非农
572	125	李永根	户主	男	非农
573		郭占英	妻子	女	非农
574		李　郭	儿子	男	非农
575		李永发	兄长	男	非农
576		李　璐	侄女	女	非农
577	126	李根生	户主	男	非农
578		戴林惠	妻子	女	非农
579		李　明	儿子	男	非农
580		李璐逸	孙女	女	非农
581		黄红梅	媳妇	女	非农
582		李子浩	孙子	男	非农
583	127	李毛狗	户主	男	非农
584		李金毛	妻子	女	非农
585		李桂芳	儿子	男	非农
586		蔡阿丽	媳妇	女	非农
587		李晨辉	孙子	男	非农
588	128	潘金根	户主	男	非农
589		李根娣	妻子	女	非农
590		李忠强	儿子	男	非农

续表31

序号	户号	姓名	与户主关系	性别	户口性质
591		李中英	女儿	女	非农
592		张忠英	媳妇	女	非农
593		李娴萍	孙女	女	非农
594	129	邹佩丰	户主	男	非农
595		邹林娥	母亲	女	非农
596		潘建妹	妻子	女	非农
597		邹洁洁	女儿	女	非农
598		邹　俊	儿子	男	非农
599	130	邹林江	户主	男	非农
600		邹小红	女儿	女	非农
601		潘伟强	女婿	男	非农
602		邹　瑶	孙女	女	非农
603		邹　蕊	二孙女	女	非农
604	131	沈和囡	户主	女	非农
605		邹春妹	女儿	女	非农
606		朱惠平	女婿	男	非农
607		邹栋奇	孙子	男	非农
608		邹铭婷	孙女	女	非农
609	132	邹毛宝	户主	男	非农
610		李法妹	妻子	女	非农
611		邹明杰	儿子	男	非农
612		王海英	儿媳	女	非农
613		邹尚宇	孙子	男	非农
614	133	邹彩娥	妻子	女	非农
615		邹新强	户主	男	非农
616		罗三妹	媳妇	女	非农
617		邹伟伟	孙子	男	非农
618	134	李毛宝	户主	男	非农
619		蔡引娣	妻子	女	非农
620		李战强	儿子	男	非农

续表31

序号	户号	姓名	与户主关系	性别	户口性质
621		李晨康	孙子	男	非农
622		汤晓佩	媳妇	女	非农
623	135	李志茂	户主	男	非农
624		朱水权	女婿	男	非农
625		李新勤	女儿	女	非农
626		李　萍	孙女	女	非农
627		李曹毅	曾孙子	男	非农
628	136	李金根	户主	男	非农
629		李小红	女儿	女	非农
630		吴国圣	女婿	男	非农
631		李佳程	孙女	女	非农
632	137	许红娟	母亲	女	非农
633		李　杰	户主	男	非农
634		李博弈	儿子	男	非农
635	138	李小根	户主	男	非农
636		王培丽	妻子	女	非农
637		李华杰	儿子	男	非农
638	139	王明江	女婿	男	非农
639		李佩华	女儿	女	非农
640		李锋锋	孙女	女	非农
641		李魏魏	二孙女	女	非农
642		钟　杰	女婿	男	非农
643	140	李林根	户主	男	非农
644		郑玉芳	妻子	女	非农
645		李佳红	女儿	女	非农
646		李六英	母亲	女	非农
647		李佳丽	大女儿	女	非农
648		李洛霏	孙女	女	非农
649		方　亮	女婿	男	非农
650		李洛霆	孙子	男	非农

续表31

序号	户号	姓名	与户主关系	性别	户口性质
651	141	李土根	户主	男	非农
652		沈利英	妻子	女	非农
653		李锦旗	儿子	男	非农
654		张汝妹	媳妇	女	非农
655		李颖萍	孙女	女	非农
656		李乐浩	孙子	男	非农
657	142	郁玲娥	户主	女	非农
658	143	蒋安平	户主	男	非农
659		周美洪	妻子	女	非农
660		蒋信益	儿子	男	非农
661		蒋佳益	二儿子	男	非农
662	144	蒋锦平	户主	男	非农
663		蒋哲贤	儿子	男	非农
664	145	吴佩英	户主	女	非农
665	146	郑阿团	户主	男	非农
666		蒋明凤	妻子	女	非农
667		蒋建龙	儿子	男	非农
668		钱水娥	媳妇	女	非农
669		蒋羽丰	孙女	女	非农
670		蒋辰杰	孙子	男	非农
671	147	李顺林	户主	男	非农
672		李引娣	妻子	女	非农
673		李水庆	儿子	男	非农
674		金　橘	媳妇	女	非农
675		李　琳	孙女	女	非农
676	148	李淦清	户主	男	非农
677		吴新勤	妻子	女	非农
678		李　建	儿子	男	非农
679		杨林燕	媳妇	女	非农
680		李晨涛	孙子	男	非农

续表31

序号	户号	姓名	与户主关系	性别	户口性质
681	149	钱小毛	户主	男	非农
682		顾荣珍	妻子	女	非农
683		钱利平	儿子	男	非农
684		钱伊宁	孙女	女	非农
685		钱丽娟	媳妇	女	非农
686		钱钰涵	小孙女	女	非农
687	150	苏培珍	户主	女	非农
688	151	郑水春	户主	男	非农
689	152	钱桂琴	户主	女	非农
690		钱郑威	儿子	男	非农
691		钱 旭	女儿	女	非农
692		钱宇涵	孙女	女	非农
693	153	李 强	户主	男	非农
694		谭利凤	妻子	女	非农
695		李泽昕	女儿	女	非农
696		李昕熠	女儿	女	非农
697	154	沈 强	户主	男	非农
698		沈引囡	母亲	女	非农
699		陆建丰	妻子	女	非农
700		沈 倩	女儿	女	非农
701		沈哲楷	儿子	男	非农
702	155	蒋连珠	户主	女	非农
703	156	黄小毛	户主	男	非农
704		金忠义	妻子	女	非农
705		黄 杰	儿子	男	非农
706		黄乐怡	孙女	女	非农
707		李星星	儿媳	女	非农
708	157	黄红毛	户主	男	非农
709		顾小英	妻子	女	非农
710		黄崔贤	女儿	女	非农

续表31

序号	户号	姓名	与户主关系	性别	户口性质
711		黄龙云	二女儿	女	非农
712		黄宝珠	母亲	女	非农
713		黄乐瑶	孙女	女	非农
714	158	吴荣康	户主	男	非农
715		黄永珍	妻子	女	非农
716		黄学林	儿子	男	非农
717		王旦红	媳妇	女	非农
718		黄家豪	孙子	男	非农
719	159	黄炎林	户主	男	非农
720		朱根娣	妻子	女	非农
721		黄　旭	女儿	女	非农
722	160	黄水林	户主	男	非农
723		黄凤妹	妻子	女	非农
724		黄　欢	儿子	男	非农
725		黄爱珠	祖母	女	非农
726	161	黄水根	户主	男	非农
727		黄建妹	妻子	女	非农
728		钱延庆	儿子	男	非农
729		钱延明	二儿子	男	非农
730		钱一笑	孙子	女	非农
731		钱一菲	孙女	女	非农
732		王菊菊	儿媳	女	非农
733	162	钱坤宝	户主	男	非农
734		钱林法	儿子	男	非农
735		谢多姨	媳妇	女	非农
736		钱小龙	孙子	男	非农
737		陆芳芳	孙媳妇	女	非农
738		钱泽鑫	曾孙	男	非农
739	163	钱阿根	户主	男	非农
740		钱鑫妹	女儿	女	非农

续表31

序号	户号	姓名	与户主关系	性别	户口性质
741		钱东金	孙子	男	非农
742		钱昊鑫	曾孙	男	非农
743	164	钱开放	儿子	男	非农
744		钱延乐	户主	男	非农
745		魏彩凤	母亲	女	非农
746		潘松花	妻子	女	非农
747	165	黄建康	户主	男	非农
748		陈金芳	妻子	女	非农
749		黄　佳	儿子	男	非农
750		黄佳红	女儿	女	非农
751	166	黄银林	户主	男	非农
752		黄二妹	妻子	女	非农
753		黄　辉	儿子	男	非农
754		黄引娣	母亲	女	非农
755		黄奕涵	孙子	男	非农
756		沈小芳	儿媳	女	非农
757	167	黄子根	户主	男	非农
758		沈明华	妻子	女	非农
759		黄云飞	儿子	男	非农
760	168	黄子荣	户主	男	非农
761		沈珍妹	妻子	女	非农
762		黄燕飞	儿子	男	非农
763		郑金凤	母亲	女	非农
764		黄宇轩	孙子	男	非农
765	169	黄阿三	户主	男	非农
766		黄阿乔	儿子	男	非农
767		黄新妹	媳妇	女	非农
768		黄燕龙	孙子	男	非农
769		黄泽楠	曾孙	男	非农
770	170	黄林江	户主	男	非农

续表31

序号	户号	姓名	与户主关系	性别	户口性质
771		甄新娥	妻子	女	非农
772		黄洪英	女儿	女	非农
773		黄利英	二女儿	女	非农
774		钟冠群	女婿	男	非农
775		黄晔菁	孙女	女	非农
776		黄　超	孙子	男	非农
777		潘　军	二女婿	男	非农
778	171	黄毛宝	户主	男	非农
779		黄群先	儿子	男	非农
780		范芝琴	媳妇	女	非农
781		黄湫露	孙女	女	非农
782	172	黄连毛	户主	男	非农
783		叶照娣	妻子	女	非农
784		林　伟	儿子	男	非农
785		黄红芳	女儿	女	非农
786		黄子成	孙子	男	非农
787	173	黄阿宝	母亲	女	非农
788		黄连根	户主	男	非农
789		吴金娣	妻子	女	非农
790		黄芳芳	女儿	女	非农
791		黄芳梅	二女儿	女	非农
792	174	黄金财	户主	男	非农
793		方翠香	妻子	女	非农
794		黄方明	儿子	男	非农
795		黄舒琪	孙女	女	非农
796		黄圣阳	孙子	男	非农
797	175	黄阿和	户主	男	非农
798		黄新春	儿子	女	非农
799	176	陶林凤	户主	女	非农
800	177	黄根新	户主	男	非农

续表31

序号	户号	姓名	与户主关系	性别	户口性质
801		黄文妹	妻子	女	非农
802		黄燕强	儿子	男	非农
803		黄燕晨	二儿子	男	非农
804		蔡顺珠	母亲	女	非农
805		黄钰婷	孙女	女	非农
806	178	黄永庆	户主	男	非农
807		蒋阿三	妻子	女	非农
808		黄建平	儿子	男	非农
809		黄小平	二儿子	男	非农
810		施小红	媳妇	女	非农
811		黄静怡	孙女	女	非农
812		蔡晓蔚	二媳妇	女	非农
813		黄欣怡	孙女	女	非农
814		蒋荣珍	母亲	女	非农
815		黄奕阳	孙子	男	非农
816	179	黄细毛	户主	男	非农
817		黄林凤	妻子	女	非农
818		黄忠华	儿子	男	非农
819		朱中丽	媳妇	女	非农
820		黄燚杰	孙子	男	非农
821	180	黄呆毛	户主	男	非农
822		黄金囡	妻子	女	非农
823		黄根荣	儿子	男	非农
824		闵培娣	媳妇	女	非农
825		黄　冰	孙子	男	非农
826	181	黄永春	户主	男	非农
827		黎道会	妻子	女	非农
828		黄　建	儿子	男	非农
829		黄根娣	母亲	女	非农
830	182	周新宝	户主	男	非农

续表31

序号	户号	姓名	与户主关系	性别	户口性质
831		黄永顺	儿子	男	非农
832		吕春兰	媳妇	女	非农
833		黄祎明	孙子	男	非农
834	183	黄淦金	户主	男	非农
835		邢红梅	妻子	女	非农
836		黄　涛	儿子	男	非农
837	184	蒋丽华	户主	女	非农
838		黄　云	女儿	女	非农
839	185	黄晓辉	户主	男	非农
840		张水方	母亲	女	非农
841	186	周应芳	户主	男	非农
842		冷菊花	妻子	女	非农
843		周振华	儿子	男	非农
844	187	周小毛	户主	男	非农
845		闵翠娥	妻子	女	非农
846		周荣华	儿子	男	非农
847		吴小萍	媳妇	女	非农
848		周　敏	孙女	女	非农
849		周星宏	孙子	男	非农
850	188	周淦明	户主	男	非农
851		李水珠	妻子	女	非农
852		周丽赟	女儿	女	非农
853		周子浩	孙子	男	非农
854	189	周生寿	户主	男	非农
855	190	黄永桂	户主	男	非农
856		黄惠芳	儿子	男	非农
857		钱新妹	媳妇	女	非农
858		黄佳怡	孙女	女	非农
859		黄家威	孙子	男	非农
860	191	黄建芳	户主	男	非农

续表31

序号	户号	姓名	与户主关系	性别	户口性质
861		黄新囡	妻子	女	非农
862		黄明明	儿子	男	非农
863		黄引珠	母亲	女	非农
864		黄潇仪	孙女	女	非农
865		朱芳明	儿媳	女	非农
866	192	黄阿顺	户主	男	非农
867		黄阿娥	妻子	女	非农
868		黄毛新	儿子	男	非农
869		吴苏华	媳妇	女	非农
870		黄晶晶	孙女	女	非农
871		白华夫	孙女婿	男	非农
872		白禹泽	曾孙	男	非农
873	193	周水荣	户主	男	非农
874		房根巧	妻子	女	非农
875		周　萍	女儿	女	非农
876		周阿琴	母亲	女	非农
877		周依琳	孙女	女	非农
878	194	杨荣生	户主	男	非农
879	195	周荣昌	户主	男	非农
880		陆荣荣	妻子	女	非农
881		周　英	女儿	女	非农
882		严国强	女婿	男	非农
883		周　源	孙子	男	非农
884	196	周忠泽	户主	男	非农
885		盛彩富	母亲	女	非农
886		周淦林	父亲	男	非农
887	197	周淦成	户主	男	非农
888		吴新凤	妻子	女	非农
889		周钟翔	儿子	男	非农
890		周财珍	母亲	女	非农

续表31

序号	户号	姓名	与户主关系	性别	户口性质
891		周佳莹	孙女	女	非农
892		李　芬	儿媳	女	非农
893	198	吴　洲	户主	男	非农
894		朱　静	妻子	女	非农
895		吴　昊	儿子	男	非农
896		茹贤丽	母亲	女	非农
897	199	吴　星	户主	男	非农
898		吴伯哲	儿子	男	非农
899	200	吴掌财	户主	男	非农
900		朱佳琪	儿子	男	非农
901	201	吴掌法	户主	男	非农
902		吴青青	女儿	女	非农
903	202	姜洪萍	户主	女	非农
904		吴玲珠	女儿	女	非农
905	203	黄林根	户主	男	非农
906		王　静	妻子	女	非农
907		黄良翊	儿子	男	非农
908	204	黄海根	户主	男	非农
909		陶金妹	妻子	女	非农
910		黄　华	儿子	男	非农
911	205	黄新根	户主	男	非农
912		金林珍	妻子	女	非农
913		黄慧利	二女儿	女	非农
914		黄锦汐	孙女	女	非农
915	206	黄鸭毛	户主	男	非农
916	207	黄三林	户主	男	非农
917		郑有珠	妻子	女	非农
918		黄阿强	儿子	男	非农
919		黄若恩	孙女	女	非农
920		黄若唯	二孙女	女	非农

续表31

序号	户号	姓名	与户主关系	性别	户口性质
921		韩思佳	媳妇	女	非农
922	208	吴锦林	户主	男	非农
923		陈金妹	妻子	女	非农
924	209	黄继芳	户主	男	非农
925		黄云妹	妻子	女	非农
926		黄元鑫	儿子	男	非农
927		黄阿团	母亲	女	非农
928		黄子涵	孙女	女	非农
929	210	吴生强	户主	男	非农
930		周子华	妻子	女	非农
931		吴卓辉	儿子	男	非农
932	211	吴海乔	户主	男	非农
933		黄新华	母亲	女	非农
934	212	吴国强	儿子	男	非农
935		官玲珠	媳妇	女	非农
936		吴卓莹	孙女	女	非农
937	213	黄荣江	户主	男	非农
938		钱元英	妻子	女	非农
939		黄红燕	儿子	男	非农
940		杨　莉	媳妇	女	非农
941		黄　扬	孙子	男	非农
942	214	钱和宝	户主	男	非农
943		黄子娥	妻子	女	非农
944		蔡友芝	媳妇	女	非农
945		黄若晴	孙女	女	非农
946		黄　烽	孙子	男	非农
947	215	黄利妹	户主	女	非农
948	216	黄雪成	户主	男	非农
949		刘正萍	妻子	女	非农
950		黄铭杰	孙女	男	非农

续表31

序号	户号	姓名	与户主关系	性别	户口性质
951		黄阿碗	母亲	女	非农
952	217	罗水芳	户主	男	非农
953		闵美容	妻子	女	非农
954		罗小燕	女儿	女	非农
955		罗淼玲	孙女	女	非农
956		罗淼芳	孙女	女	非农
957	218	吴淦荣	户主	男	非农
958		曹银妹	妻子	女	非农
959		吴爱辉	儿子	男	非农
960		吴阿毛	母亲	女	非农
961		吴淦妹	妹妹	女	非农
962	219	吴阿平	户主	男	非农
963		陈娟萍	媳妇	女	非农
964		吴乾乾	孙子	男	非农
965	220	李根妹	户主	男	非农
966	221	吴红霞	户主	女	非农
967		吴骏楠	儿子	男	非农
968		章晓伟	丈夫	男	非农
969	222	陈金妹	户主	女	非农
970		吴承成	儿子	男	非农
971		吴惠明	丈夫	男	非农

第六章　老年事业

东湾兜村20世纪80年代以前是一个穷困的江南水乡村落，历史上以农业耕种为主要产业。老一辈村民从旧社会走来，经受了无数的灾荒战乱，尝尽了艰辛生活。新中国成立后，祖辈父辈在漫长的农业集体化年代中，经历了大跃进、“文化大革命”等峥嵘岁月，他们互帮互扶，在这块古老的土地上辛勤劳动，长相厮守，无怨无悔。1990年以后，东湾兜村借天时地利之优势，集体企业迅速崛起并不断壮大，昔日贫穷的村庄改造成现代化城镇。为了关心和感恩老一辈村民，村委会决定给60岁以上老年村民自1998年起按月发放养老金，并在镇区繁华路段富民路建造老年活动中心。

第一节　老年活动中心简介

东湾兜村老年活动中心成立于2000年9月28日。活动中心大楼有5层，建筑面积900余平方米，村委会投资200余万元。底层为老年茶室，茶座洁净。墙壁悬挂名人字画和老年人照片，清幽典雅。2楼是棋牌活动室，下象棋打麻将，陶冶情操，娱乐身心，许多老年村民成了这里的常客。3楼为图书阅览室和影视室，阅览室藏有各类图书2000余册，供人们自由阅读，影视室除了平常收看文艺节目外，兼作老年大学学员收看课程的课堂。4楼是体育健身室，有乒乓球桌及台球桌，跑步机等健身设施。

老年活动中心由村老年人协会负责，制订各类规章制度，聘请专人管理。成立伊始，曾聘请织里镇退休干部汤和林专职管理老年活动中心事务。同时聘有管理人员若干名，负责卫生清扫，茶水供应和各活动室的场地管理。活动中心天天开放，时间为早晨4点30分至下午4点。活动中心同时对外来老年人开放，十多年来，不少外村老年人已把这里当作自己的活动之家。

老年活动中心除了平时开放各种功能室之外，还开展丰富多彩的活动。2001年以来，多次组织老年村民学习《中华人民共和国老年人权益保障法》，使大家了解国家法律规定老年人的权益、家庭关系、社会关系等方面的内容，以维护老年人的自身权益。在村委会的支持下，多次组织老年村民外出春游，观赏祖国的湖光山色之美。节日期间，特地邀来湖州越剧团等专业文艺团体来村里演出，让老年人饱尝文艺美餐。而说唱、评弹这些老百姓喜闻乐见的曲艺节目，老年活动中心常有安排，满足各类人群的需求。请艺术家上书画鉴赏课，请音乐老师上音乐课，开展猜谜等竞技类活动，增强老年人的审美情趣和智力开发，是老年活动中心的一项新的探索工程。

定期给老年人检查身体，慰问患病和行动不便的老年村民，亦是村老年人协会的常态性工作。每逢重阳节，除了给老年村民发放礼品和组织座谈外，村老年人协会对重点老人都要进行一次走访，了解他们的身体和思想状况，帮助解决一些实际问题。

春风送暖马蹄疾。各级领导对东湾兜村老年活动中心给予关怀和肯定。中共浙江省委梁平波、陈敏尔等领导曾亲自到村老年活动中心视察调研，给予诸多赞扬和鼓励。市、区、镇三级领导经常对村老年活动中心工作给予关心和指导，这是一种巨大的动力和无形的鞭策。

2010年，新建村老年活动中心落成搬迁。位于与镇行政中心隔河对望的康泰桥畔，闹中取静，环境更为幽雅，活动面积更加宽畅。

屈指行程，东湾兜村老年活动已经走过了20余年，她是新时期农村老年人事业的一项重要工程，她在不断探索中稳步前进。

第二节　村老年人协会成员

东湾兜村第一届老年人协会成员名单：

会　长：侯六寿

副会长：陆荣炳

成　员：钱和宝　李阿四　李六贵　黄阿和

东湾兜村第二届老年人协会成员名单

会　长：陆荣炳

成　员：吴顺林　李毛宝　黄阿和

第三节　老年活动室规章制度

语音收视室管理制度

一、进入语音室，不得大声喧哗，以免影响他人。

二、文明观看，不与他人争抢座位，不得打架斗殴。

三、爱护室内设施，如有损坏，照价赔偿。

四、保持室内整洁，不乱扔杂物，禁止吸烟。

五、如遇设备故障，请与工作人员联系，切勿自行处理。

棋牌活动室管理制度

一、进入棋牌室内，不得大声喧哗，以免影响他人。

二、自觉爱护棋牌等活动用棋。如有人为损坏，则由使用者赔偿。

三、保持室内环境清洁，不得乱扔杂物。

四、禁止赌博或变相赌博。

五、请妥善保管个人物品，遗失自行负责。

图书室管理制度

为丰富老年人的精神文化生活，增长知识，了解国内外大事，提高文化素质，使书报成为老年人取之不竭、用之不尽的精神财富，特制订如下制度：

一、图书阅览室开放时间，除图书管理员休息日外，其他节假日、双休日一律照常开放。

二、凡是本村村民均可进入图书阅览室学习，阅览报刊、杂志、连环画、小说等书籍。

三、图书原则上不外借，报纸阅后放回原处。

四、书刊、报纸是人们的精神食粮，不准涂写、撕页，如有发现，除批评教育外，按原价赔偿。

五、在图书室要专心阅览，不准大声喧哗影响他人学习。

六、保持室内清洁，不准吸烟，不准随地吐痰。

第四节　老年活动中心管理人员

2001—2010年

汤和林　陆荣炳　钱阿满　侯六寿　陈根珍　李六贵　钱和宝

2010年后

陆荣炳　黄林江　李金根　黄小方　李毛宝　黄毛兴　吴水毛
陆根兴　钱小毛

老年活动中心开放时间

5月1日至9月30日　　上午4时30分至下午4时

10月1日至4月30日　　上午5时至下午4时

第五节　养老金发放情况

东湾兜村养老金发放历年明细一览表

表32　　单位：人、元（万元）

年份	老年人数（人）	每月人均发放金额（元）	每月发放金额（万元）	本年发放总额（万元）
1998	90	36	0.32	3.89
1999	90	50	0.45	5.4
2000	105	100	1.05	12.6
2001	130	220	2.86	34.32
2002	140	220	3.08	36.96
2003	150	420	6.3	75.6
2004	155	520	8.06	96.72
2005	162	520	8.424	101.088
2006	165	520	8.58	102.96
2007	162	550	8.91	106.92
2008	165	550	9.075	108.9
2009	168	550	9.24	110.88

续表32

年份	老年人数（人）	每月人均发放金额（元）	每月发放金额（万元）	本年发放总额（万元）
2010	182	600	10.92	131.04
2011	185	600	11.1	133.2
2012	200	600	12	144
2013	204	600	12.24	146.88
2014	210	800	16.8	201.6
2015	214	800	17.12	205.4
2016	223	800	17.84	209.2
2017	266	1500	39.9	307.98
2018	271	1500	40.65	482.4
2019	278	1500	41.7	493.65
2020	292	1500	43.8	514.2
总计				3765.49

第六节　东湾兜村老年活动中心

历年来获得的荣誉

2001年，被评为“浙江省先进老年活动中心”。

2005年，授牌“织里镇中学学生社会实践基地”。

2007年，被评为“湖州市三星级老年活动中心”。

2011年，被授予“湖州市居家养老市级示范点”荣誉称号。

第七节 文稿遗存

老人之家其乐融融

汤和林 撰文

2000年夏，位于织里镇繁华路段的东湾兜村老年活动中心成立了。这是一个有品茶室、棋牌室、阅览室、影视室、健身室，设施齐全、功能多样，在当时堪称一流的老年活动场所，是本村老年人事业全面发展的一个里程碑。

我是2001年应邀到东湾兜村老年活动中心协助管理工作的，2003年离开。回忆往事，十余年前老年活动中心工作的情景，至今历历在目，记忆犹新。

开业伊始，村老年协会指导并制订了老年活动中心全年的活动安排。记得2001年，我们曾多次组织老年村民学习《中华人民共和国老年人权益保障法》，大家了解国家法律规定老年人的权益、家庭关系、社会关系等方面的内容。在全村加大《中华人民共和国老年人权益保障法》的宣传力度，有针对性地做好一人一事的工作。

活动中心的宗旨是让老年人“老有所养、老有所医、老有所乐、老有所学、老有所为”。在东湾兜村，村委会每月定期给60周岁以上老人发放养老金，合作医疗报销看病费用。村里每年定期请医务人员给老年人体检，对“三高”人群及时诊治和配给药品。因此，老年人的“养”与“医”已得到有效保障。

在“学”与“乐”方面，村老年协会花费一定的心力，确保老年人的生活质量，让他们幸福快乐地安度晚年。在村老年协会成员侯六寿、陆荣炳等老同志的带领下，当年有20余人参加湖州市老年电视大学学习。课程有法律、养生、花卉等，大家定时聚在一起听课，做作业，交流学习心得，并参加有关结业考试。

为在全村形成敬老氛围，每逢传统节日，东湾兜村委会总要组织文艺活动慰问老年人。如2001年春节，邀请湖州越剧团在村里连续演出几天几夜，不仅本村村民观赏得津津有味，附近村庄的老年人也兴高采烈地赶来观看。如说书、评弹、京剧演唱会之类群众喜闻乐见的传统艺术，东湾兜村老年活动中心几乎年年都有安排。开发智慧、陶冶情操是老年人工作的新课题。村老年活动中心多次请来艺术家为大家上书画鉴赏课，提高老年人的审美情趣。开展有奖竞猜灯谜等活动，使老年们的文化活动渐趋形式多样化。

“九九重阳节，浓浓敬老情。”如今的重阳节，老年村民已当成自己的节日。多年来，村老年协会在重阳节前夕都开展走访和慰问老年人活动，特别是对患病的老人，不仅送去慰问品，还与之聊天谈心，鼓励他们树立生活信心，战胜疾病。曾经有个别老人因身患疾病，家庭关系也不够融洽，情绪出现萎靡，经活动中心人员做其及子女的思想工作，终于化解矛盾，使这位老人提振了生活信心。村里凡有老人亡故，老年协会和老年活动中心都送挽联和花圈，表示对亡故村民的尊重，并送他（她）走完人生的最后一程。

组织老年人外出旅游，让他们领略祖国山水之美，东湾兜村村委会和老年协会可以说是费尽心血。2001年村里组织全村老年去杭州旅游，租了5辆大客车，全体党员和干部全程陪同，并分工具体负责每位老人的安全工作。后来几年，村委会还组织老人去嘉兴和苏州等名胜地游览。由于安全工作做得细致，几次旅游，未发生安全事故。老人们心情舒畅，游兴浓烈。回来后纷纷感言，村委会如此关心我们，此生知足矣。

上级对东湾兜村老年活动中心的工作非常关心和重视，把它作为新时期农村老年人事业的探索。织里镇、吴兴区、湖州市领导及有关部门经常前来调研和座谈。2002年8月，时任浙江省委副书记梁平波专程来东湾兜村老年活动中心视察调研。在参观活动场景后，梁平波兴致勃勃，当场挥毫题写了“群贤毕至”的墨宝。翌年，时任浙江省委宣传部长的陈敏尔也视察调研村老年活动中心，寄言再接再厉，把东湾兜村老年活动中心的各项工作更上一层楼。

“老吾老以及人之老”，这是古贤对人类社会寄予的美好祈愿。我在东湾兜村老年活动中心工作了2年，对古人之言的感受特别深刻。借此，祝愿东湾兜村老年活动中心越办越好，祝愿全社会的老年人幸福安康。

在老年活动中心落成开业典礼上的讲话

侯国民

2000年3月

各位领导、同志们：

在全国上下正在传达、贯彻、落实中共中央、国务院召开的全国老龄工作会议精神，在国庆五十一周年和国际老人节、浙江省第十三个老人节即将来临之际、在区委召开的全区老龄工作会议精神鼓舞下，我们东湾兜村老年活动中心于今天隆重举行落成开业典礼。这是全村老年人政治生活中的一件大喜事，也是我们村委会为老年人办实事的具体体现。近年来，我们东湾兜村村级集体经济的日益壮大、人民生活日益富裕、老龄工作和老龄事业快速发展。一是来源于改革开放的政策，依托近临集镇开发的优势增强了村级集体经济的实力，现有村级集体单位8家，村年经济收入达到100万元以上。随着织里经济开放区小城镇建设的加快发展，集体规模的扩大，全村耕地面积几乎全部征用，使全村村民从传统农业转变为从事服装加工、棉布经营、电脑绣花、建筑运输服务等。从而家庭生活走上富裕。二是我们的工作和所取得的成绩离不开上级组织、镇党委、政府的关怀和重视，同时也离不开社会各界对我们老龄工作的大力支持。在此，我代表东湾兜村党支部、村民委员会向光临指导的各位领导表示热烈欢迎，并向关心、支持我村工作以及老龄事业的社会各界表示衷心的感谢。

中央领导同志一再强调必须坚持两手抓，一手抓物质文明、一手抓精神文明。经济上去了，人民生活得到了改善，如何来加强精神文明建设，促进全体村民素质的提高，特别是在尊老爱幼这一方面，如何形成一个良好的社会道德氛围，弘扬尊老爱幼的传统美德，是摆在各级党组织面前的一个重大课题。对此，我们村两委会经过反复商量，统一思想，本着两手抓、两手都硬的方针，确定了以丰富老年精神文化生活为突破口，促进全村群众性精神文明创建活动的指导思想。按照这一指导思想，重点围绕老有所养、老有所医、老有所学、老有所教、老有所乐、老有所为的“六个老有”作为村两委会一项重要工作来抓。近年来，村两委会为老年人包括全村村民努力注重办好三件实事：一是尽力为老年人办实事。首先健全老人协会组织。自96年开始建立和健全村老人协会，设会长一名，副会长一名，名誉会长一名（支部书记兼任），自协会建立以来，起到了积极作用，发挥了老年人的特殊优势，为全村两个文明建设作出一定贡献。其次关心老年人生活，发放养老金，确保老有所养。根据村里集体经济的实力，养老金从99年度开始发放，对象为全村60岁以上老年人，发放标准逐步提高。60—69岁的从原每月80元现增加到每月160元；70—79岁的从原每月100元现增加到每月180元；80岁以上的从原每月120元现增加到了200元。就养老金一笔，全年发放达30万元。三是营造阵地，为我们的老年人创造一个舒适的活动场所——老年活动中心。从年初开始兴建到现在已全面竣工并已开业。整幢大楼五层，建筑面积900多平方米，总投资达200万元。(其中内部装修及购置设备达80万元)。为了庆祝老年活动中心开业，迎接国庆五十一周年和国际老人节，省第十三个老人节的到来。特邀湖州市越剧团演戏3天6场，从今天下午开始到30日晚上结束。老年活动中心内设茶室、棋牌室、影视室、健身室、图书阅览室、老年电视大学教室、医务室等。为加强对老年活动中心的管理，特聘请镇机关退休干部具体负责老年活动中心的管理。今年起村委会决定全村村民包括老年人享受医药费报销和补助，在镇合作医疗报销多少，村再给以补助多少的待遇。

党和政府历来十分关心老年人，重视老龄工作。新中国成立以来，特别是改革开放以来，国家颁布实施一系列有关老年人和老龄工作的法律和政策，初步建立了养老、医疗等社会保障制度，各项老龄事业有了一定的发展。江泽民总书记早在1989年就指出“老龄问题越来越成为一个重要的社会问题，我们要重视各级党委和政府加强对老龄工作的领导，切实做好这项工作。”在中共十五大报告中，他又强调：“要正确处理经济发展同人口、资源、环境的关系。要重视人口老龄化问题。”江总书记的指示，为老龄事业的跨世纪发展，为我们进一步做好老龄工作指明了方向。我们决心按照江总书记的指示精神，认真贯彻党和政府关于老龄工作的各项方针政策，大力宣传和落实《中华人民共和国老年人权益保障法》，维护老年人的合法权益，并调动社会各方面力量，在现有工作基础上进一步做好老龄工作，踏踏实实为老年人办实事，进一步推进老有所养、老有所医、老有所教、老有所学、老有所为、老有所乐等各项老龄事业的发展。

老年人是社会的宝贵财富，他们曾经为民族的解放，国家的富裕和下一代幸福建功立业，在镇建的开发，家乡的建设，征用土地工作上作出了贡献。在他们身上，有对党、对祖国、对群众的深厚感情；有艰苦创业、奋发向上、勤俭办事的优良传统；有不计名利、无私奉献、任劳任怨的高尚品德。正因为老年人有业绩、有贡献，所以他们德高望重。他们的理想信念、思想状态和精神风貌如何，将直接影响后辈，影响家庭，影响同伴，进而影响整个社会。因此，做好老龄工作，事关重要。我希望村老年人协会、老年活动中心全体工作人员以《党中央、国务院关于加强老龄工作的决定》精神为指导，以庆祝国际老人节、浙江省第十三个老人节为契机，以老年活动中心开业为起点，尽心尽职加强对老年活动中心内部的管理，强化为老年人服务，使“六个老有”真正落实到实处，努力把老年活动中心办成名副其实的“老人之家”。

最后，祝各位领导工作顺利！祝各位老人健康长寿！

第七章　民俗文化

东湾兜村民俗文化丰富多彩，本章共分四节，年节习俗与人生礼俗沿习织里范围古旧传统记述。民间文化一节中的民间歌谣据杨湾自然村老艺人钱团毛回忆记述。乡村记忆一节中的换糖、扎草囤等，曾经是东湾兜村民几十年前操持过的旧业，更是一缕浓浓的乡愁。村域方言典型词汇一节由朱剑平、徐永文老师调查编撰。

第一节 年节习俗

东湾兜村先民崇尚中华民族的传统文化，讲究礼仪和倡导孝善，谨守织里地域的传统习俗。现将乡域内的年节习俗记述以下。

春 节

春节（即过年），年前半个月为准备阶段，年后半个月是祭祀及走亲访友阶段。旧时过年礼俗繁多，大致有以下几项：

蚕花生日 从农历（以下日期均为农历）十二月十二日蚕花娘娘生日开始。这天多数人家要吃一餐面条加糯米细圆子，面条寓意每年要有结余，细圆子象征银白蚕茧。表示对今年蚕花丰收的谢意，并预祝来年蚕茧再获丰收。

磨年糕粉 十二月初十左右，多数人家开始淘米磨年糕粉，包括粳米粉、糯米粉。几十户人家靠一二只石磨排队，轮流互助推磨。三四个人一组，基本上每户50千克米。也有50千克以上至100千克的。20世年70年代中后期不再用石磨，到机埠加工用电机磨粉。

蒸年糕 腊月十二过后，陆续开始蒸制年糕，三五家、二三家不等，互助合作式。选一家灶头比较好烧，房屋较宽敞的人家，有秀粉的，有上蒸笼的、烧火的，打制成形的，大家配合默契。顺利的话，年糕熟透明亮，省时省柴又省力。也有不如人意的时候，原因是秀粉太湿，或太干，或糯粉比例太多；上蒸笼的人技术不熟悉，心急怕热气，撒粉不均；也有烧火不匀，火势不旺，锅中水位不够等。蒸年糕也是一项技术性工作，任何一个环节不到位，都有可能出现生粉块（即生面）。有些村子有迷信观念，往往责怪上蒸笼时进来了生人，或有人在门外高声叫喊等。当调整好各道工序后，生粉块也就自然消失。因为蒸成生粉块年糕，人们往往会预感来年不顺而不开心。这段时间内，同时开始杀猪宰羊，车干鱼塘，腌肉、腌猪头、腌鱼等准备年货工作。

送　灶

腊月二十三晚饭后，家家准备送灶神。仪式是：先把灶台洗干净，平时存放的杂物都拿掉，灰尘掸扫干净。灶台上摆好香案，把灶神马纸从灶宫里请出来放好，一副盅筷，一盘生豆腐干，一盘三果，即老菱角、橘子、甘蔗三种水果。因菱角是水生植物，菱网茂盛发达，有菱千头之称，也有玲珑乖巧之意。橘子是大吉大利，甘蔗是节节高升，含意从头甜到梢的彩头，历代沿用至今。如今物质丰富了，还加上不少新品种，增添新的彩头。

二十四掸尘日。本宅屋内大扫除，搞卫生，寓意干干净净过大年，另有把这一年中的不愉快心情及晦气清扫出门之意。送灶、掸尘后，大多亲戚家有16岁孩子的，村上流传送满年宝的风俗。有新生儿的也要送一只，也有年年送的，一直送到16岁成人大典后。送元宝礼中的物品主要有米粉元宝（蒸制年糕时一起做好），还有两个大团子，4个小团子，家有两个小孩的加两个大团子即可。（团子用米粉做成蒸熟，内有赤豆，红糖，外面用赤豆皮炒燥磨细后粘滚上去）加上三果。满年宝还要加上两支整长甘蔗，红带扎上柏树枝等。红包压岁钱，还有新衣、新鞋袜，帽子等。而今有巧克力元宝，干果代替三果等。

二十五后家家户户开始整理本年度的往来账目，讨债还债一直持续到除夕年三十夜里。旧时乡村有句口头禅：“儿子快活养田蚕，老子难过三条边。”即蚕生日边、送灶边、年脚边。主要为借债、还债、讨债、还租。经济债务问题产生不少烦恼。但小辈不理解父辈的生活艰辛，高兴快活地参与儿童们的各种过年活动。还有民谣“廿三送灶，廿四掸悬尘，廿五廿六不出门，廿七廿八打出门。”意思是过去的长工、店铺的学徒、伙计，已在老板财主家吃过年夜饭，并结清应得的工钱。第二年的去留也作了决定，应该回去与家人团聚了。同时通过这些民谣对因故尚未回家，或不愿意回家及不能回家的人进行催促和提醒。

这段时间内，家家户户都要准备年货，不但杀猪宰羊，车鱼塘，还要到集镇上去买年货。年货品类从日常生活用品到正月里请客人来吃的菜肴，既有走亲访友用的礼品年规，又有南北干货，炒货。现在还包括海鲜、河鲜及时鲜果品蔬菜等。

年货中当然包括必不可少的祭祀用品，俗话叫捎纸模蜡烛。有利市纸马、土地灶神纸马、五路财神纸马、棚头五圣纸马等，还有各档炮仗、花筒、焚烧用的纸头，即黄纸、纸锭、锡箔、纸元宝、冥钱。各类香烛，蜡烛并写明各种用途。利市烛上写有利市大吉，财源茂盛，风调雨顺，五谷丰登。接天供佛蜡烛上写有：三天上帝、三世如来，财神烛上写有“生意兴隆通四海，财源茂盛达三江”等各种吉祥文字。

年三十(月小为二十九)除夕 村里人家早上杀雄鸡,洗腌肉、猪头,并开始烧猪头,请利市(也有前几天请好的人家,现今流行请利市在立春节气的前一天)。时近中午，家家堂屋的桌子上摆好了烧熟的猪头，囫囵雄鸡、猪爪头及猪肝一块，小肠一段、整鸡一盘、鲜活鲤鱼一条，统称猪头三牲。上面撒盐，放整棵葱，葱根染成红色头朝里（北），还有利市长年糕，元宝、团子、三果，生豆腐干1盘，菜刀一把放在猪头旁，坐北朝南摆上利市模纸，前面放12只酒盅，1

把新竹筷。根据家境贫富程度摆设各种年货、财物、礼品，点燃利市香烛。有些农户还将南北堂模纸一起摆放。两个仪式一起举行的，只要在南北堂模纸前多放2只酒盅，加放新筷一把，豆腐干1盘、2盘糯米饭、生鲤鱼（或鲢鱼）1条、生鸡蛋4个、生猪肉一块、菜刀一把、整支甘蔗用一二枚红线扎捆。以上供品上都要放上红纸条，千年红干花、青柏枝、供桌下面放一蒸笪，内搁稻草圈一个，黄纸一把，仪式进行到尾声时再放一碗利市饭，内放肉汤及块肉，结束时分吃，鲤鱼河中放生。

祭拜祖宗是春节中很重要的仪式，意在教育后人懂得感恩。桌面上荤素菜非常丰盛，但菜肴中忌放葱蒜。据说祖宗吃了葱蒜，后代小孩会流鼻涕。东、北、西各放置6副盅筷。南面供香烛、年糕、团子等礼品，桌上不供模纸。

各种祭祀完毕，全家才能吃年夜饭。把祭祀用过的菜肴重新热一下，年夜饭宴上，一盆茄菇芋艿萝卜烧烤肉是必不可少的，因意蕴时来运转，财物摞进来的彩头。年夜饭习俗各村大同小异，忌讳食汤，鸡肉、猪头肉。因它们隐含有麻烦事，出门会常遇雨天，猪头猪脑的意思。年夜饭是团圆饭，还要请嫁出去的女儿、女婿、外孙，及过房儿女来吃，意味阖家团聚。特别过房儿女，一般年年请，一直到16岁成人为止。

吃过年夜饭，长辈要给小孩发红包压岁钱（16岁以下）。天黑时分，小孩子拿着状元灯笼到外面串村串户，结伴玩耍。口里唱着“猫啊来，狗啊来，蚕花娘子到伢府上来。大元宝，滚进来，小元宝，门角落里挤进来”等吉利话语。到熟悉的人家互讨糖果瓜子，发芽蚕豆之类的过年零食。

男人们要拜关门土地，用年糕、元宝团子、豆腐干、三果年饭土地纸马5位，5只酒盅、1把新筷。点燃香烛，酒过三巡，焚烧纸锭、元宝纸，并供奉三天上帝、三世如来、司命灶君三位纸马，新筷一把，12只盅子摆成4行，即3盅清茶，3盅年饭，3盅豆腐干，3盅面条等供品，准备年初一接天。

女人们最是忙碌，扫地清理厨房，烧水做糯米饭团子，内用上好红糖，赤豆细沙馅，是年初一早上接天及自己新年头一餐的早餐，以示新年新甜头，并把水缸挑满，灶后准备好第二天用的稻草卷。然后整理大人、小孩年初一穿的新衣，鞋、袜、帽子等。

上述事项做完后，人们结伙聊天，相互谈论过去一年的经历，来年的打算。有听说书的，参加敲年响锣鼓的，有打牌玩麻将的，人们通常守岁不眠。现在有中央电视台春节联欢晚会观看，其他活动相对较少，特别是敲年响锣鼓的风俗已经失传。年夜里的长明灯基本每户都点，即使在最穷的年代，也用一点菜油浸泡根灯草点着。

将近午夜，人们开始接天放炮仗，接着便是一片蓬啪声，迎接新年的到来。旧时大多数人家都在天亮后进行，现在流行越来越早。以中央电视台敲响新年钟声前后十分钟内最多。2017年湖州市实行“禁放”，烟花爆竹声此后绝迹。接天仪式是，在原先供好神位供品的桌子上，点着接天供佛香烛，然后用开水泡上红糖汤3杯，薰豆茶3杯，再上3碗甜团子。参拜礼毕，燃放鞭炮、花筒，以示接天佛灶神到家。接着再上5杯糖汤，5杯薰豆茶，5碗热团子放在土地神位前，再换点香烛，新年第一次参拜土地神。模纸供品要供奉到年初三早上。

天亮后，人们起床先吃糖，后吃团子，陆续出门，互道祝福，笑脸问候。父母会再三叮嘱小孩，大年初一出门不能打架，不能骂人，要相互谦让，互赠糖果等。旧时，青壮年们要敲年响锣鼓，并敲出各种名堂，如将军令闹台场，三五七等多种旋律。大一些的自然村总有一场锣鼓，他们相互比赛，一场比一场紧凑、密集、响亮。早上，农户到庙里烧香。有的甚至午夜去敲门烧香，叫抢烧头香，以求新年财气旺盛、事事称心。春节期间，有的村请来戏班子，有庙戏、有社戏。庙戏要把老爷公公的泥塑菩萨像抬到戏场上，搭架凉棚，以示敬重神灵。以前大多数村上各家各户派钱，派粮付工钱，请吃饭，现在大多是有钱人家包场。

年初二开始走亲访友，人们拎着大包小包礼品到长辈家拜年。特别是女婿，外孙要到岳父母、娘舅家拜访。20世纪50年代及以前，晚辈对长辈拜年，要双手抱拳，双膝跪地。特别女婿对岳父、岳母要行四跪八拜大礼，表示感恩。同辈各自双手抱拳，互致问候。

年初三安灶送佛。清晨用甜团子3碗，点上香烛，祭拜后焚烧天模、佛模及纸锭、纸元宝，并放炮仗4至8枚，把原供清茶倒在纸模灰边，用一点团子粉粘在灶模嘴上，叫甜在口上，并把灶君纸马放进灶宫。至此，3天斋天供佛仪式结束，然后再上甜团子，祭拜土地，这是新年第二次拜土地公公。礼毕焚纸锭（土地模纸一般不烧，要用一年甚至几年，陈旧后在冬至烧掉，过年换请新的。）然后收掉供奉了3天的酒盅及年糕等年货礼品。中午拜年飨，新年第一次祭拜祖先。

年初五接财神。午夜，人们在自家堂屋桌子上摆好财神模纸，烧熟的猪肉1块或猪头1个，雄鸡1只（半熟的）、鲜活鲤鱼1条，酒盅5只，筷1把。年糕、团子、元宝、年货礼品、三果、豆腐干等，点燃财神香烛。酒过三巡，燃放4至8枚炮仗、花筒，烧纸锭、元宝纸等。有先放炮再敬酒的，有常年供着财神模的，也有初五烧掉财神模的，此仪式大多是做生意、经商户举行，一般纯农户不举行。鲤鱼河中放生。

年初七是人口生日，早餐家家都吃硬团子（粳米粉为主，少量糯米粉揉成的团子）。如这天天气晴好，预示今年人口太平少疫病。

年初八是稻谷日，如天气晴好，意含五谷丰登。

正月十一日这天人们盼望下点雨。据说一滴雨代表一条鱼，这天的雨水多少预示着今年雨水是否调匀。

正月十二日，有香桌的人家，除平常每月初一、十五日点香祈祷外，这天要为本宅香桌（据说是狐仙、大仙之类）开星官。用新蒸花糕、粽子、寿桃、寿圆及茶食，用三四样新鲜水果、豆腐干一盘，点香烛祭拜，然后焚黄色纸元宝等。也有燃放4至8枚炮仗的，此仪式无神模，织里地域旧时约近半数人家设有香桌。

正月十五元宵节。吃甜汤团，吃糯米细圆子加面条。晚上，有邻村来舞龙灯的，或本村自行组织敲锣鼓，糊马灯及其他花灯活动。元宵节一过，春节基本结束。

二月二（拜土地）

二月初二，传说是土地神生日。这天早上，大部分人家把蒸热的年糕切成块状放在盘子中，上面放些红糖，摆在堂屋桌子上，加上豆腐干，请出土地模，5只盅子，一把筷。仪式基本与过年拜土地一样。这天清晨，还要到野外掘蓬草、青麦，洗净戴在头上。民间有俗话“二月二，戴朵蓬”，据说戴蓬花年内不头晕，不头痛。

清明节

有“前三后四”的说法，乡俗以正清明日后四天为末节。

先浸箬叶裹粽子，有赤豆粽、藕丝粽、青菜粽、咸肉粽等。也有把老藕削开一小头，把淘净的糯米灌入藕的空洞中，用筷削尖把小藕头盖上煮熟食用。大多农户做花糕，把搓韧的红米粉条（米粉中拼入少量可食用的红颜料）、青粉条（混入上年用的石灰腌制的嫩南瓜叶叫做青），白粉条（米粉本色），做成长方形，称为“花糕”。花糕内有文字形状，也有花朵图案，非常美观，可称作是民间艺术品。

次日早上剥好粽子，粽头要有大红枣的，切几片花糕及藕片各一盘，在堂屋桌子上摆好，还要摆一串未剥开的粽子、一段熟藕、一段花糕。其他物品与前面的相同，点上香烛拜土地。中午，用粽子等食物及四荤四素菜肴祭拜祖宗，仪式与年飨相似。尔后带着粽子、水果、少量酒菜到自家祖宗坟上祭拜，叫上坟。用铁锹掘新土放在坟上，叫年年添新土。大多人家正清明日上坟，也有拜飨连同上坟的。

旧时，大户人家还要摆上坟酒，视财力的大小，摆几桌、十多桌不等。邀请本族男女、亲邻友属参加上坟、踏青。

正清明夜里要吃螺蛳。据说吃了螺蛳眼睛明亮，并有清明螺蛳抵只鹅之说，可见此时螺蛳的营养之高。

清明夜里，还有在自家门口插杨柳枝条，道场上用散石灰画字，一般写（和尼、嘛、咪、勒令）的纸条贴于门上。有的还把尉迟恭、秦琼两个门神像贴在门上，并在门上按石灰手印，贴上写有“姜太公在此百无禁忌”长纸条，传说可以驱鬼辟邪。

三月三（野火饭）

三月初三，清晨家家都要去野地上掘老荠菜花，洗干净后由女人、小孩子戴在头上，有三月三戴荠菜花的民俗。寓意今年茧白、蚕花丰收。小孩身上还挂上一串野韭菜蒲头，有辟邪驱瘟之意。

小孩子三五成群结伴烧野火饭。到一家人家灶头上或用矮灶（可以移动的小土灶）搬到白场上，方向朝着有喜鹊窝的大树。小孩子自己去捡柴火，掘野韭菜，并到河中张荡孵（鲈鳢），有“三月三，荡孵登岸滩”的童谣。张荡孵的方法简单，用草绳和两片瓦片，扎成瓦洞，一头塞上草鞋底或草圈，扔在河中捕捉鲈鳢，叫荡孵窝。

菜肴一般是鲈鳢炖蛋汤、炒野韭菜，还有过年的剩肉，肉圆子等。野火饭倡导小孩子自己动手，以使他们适应野外生活。同时，三月三也是男孩子拜小弟兄的日子。十二三岁年龄的孩子，选择情趣相合者，择定这天为结拜日。小弟兄的人数须单数，或七人或九人。结拜仪式是：供品三牲三果等。一般无模纸，用红纸写上桃园结义的刘备、关羽、张飞名字。香烛点燃后，结义孩子同跪在一根用红布铺着的大门栓上，口念结拜誓词，自愿结拜弟兄，同甘苦共患难之内容。也有人在旁喝彩：菱千头、藕万头，茄菇、芋艿无断头。礼毕，燃焚纸锭，放炮仗4至8枚。女孩有结拜小姐妹的风俗，但一般不举行结拜仪式。

立　夏

立夏这天，以前要称人，用大秤（湖广秤）称。把秤钮绳挂在柱梁上。人往绳圈里坐好就可称，后来用磅秤称。一年一度，看小孩子长大增重，看老人们衰老渐轻。

老话有“杏子青蚕豆，立夏摘蚕豆”，意为这天本地种植的蚕豆已经长成，可以当菜肴食用尝新鲜了。这天还要去田边地头摘寸金头草（一种长有白色绒毛，有黄花蕊，呈浅黄绿色的）泡串后拌入米粉中做米圆子吃。俗话说：寸金头粗圆子韧究究，一升米做得十八个，吃得肚子胀呦呦。即使做重活、累活，食后一时半会儿不会觉得肚皮饿。

四月初八

佛教传说是释迦牟尼的生日。织里乡村有吃乌麻团的风俗习惯。

俗话说“四月初八乌腾腾”，意为吃乌麻米团，防乌蚊、乌蜢。制作方法：到街上买来乌草头，浸泡数日后取汁放入糯米，烧熟后用石臼树桩，打碎米粒，做成乌麻米团。而今大多买现成的吃。织里瑞祥兜自然村历来有做乌麻米团的人家，并有专门的工具及配料。走村叫卖，或市上设摊。据说吃了乌麻米团，乌蜢（乌蚊）不会叮咬。

拜蚕花

旧时，当蚕户领来蚕种后，蚕农开始拜蚕花（用熟肉、鸡蛋、鲜鱼、豆干、盅筷一副，有的把蚕种盒放在祭拜桌上），也有在头眠、二眠期，也有在出现蚕病后，如“白徒（一种蚕病）、僵蚕、亮头等，也有在蚕室中见到蛇，以为不吉利或认蛇为神，就拜蚕花，祈祷今年养蚕顺利，少蚕病。拜蚕花日人们吃面条，细米圆子或馄饨，祈求蚕茧的色质好、产量高。

问蚕信（讯）

无特定日期，在大蚕饲养期或老蚕上山（蔟）后阶段，凡去冬今春有女儿出嫁的人家，准备好两盒或两笆斗红、白、青有馅圆子（内有头芯菜干、嫩春笋加肉、及赤豆洗沙两种馅），数量视女婿家族规模而定，送到岳父家后，由他们分送给四邻友族，这叫送蚕信米圆子，及问蚕信。

端午节

五月初五谓“端五节”或“端午节”。有香桌的人家用四荤四素菜肴及时鲜水果、软糕、绿豆糕等食物祭拜，仪式与过年一样。午饭菜肴较丰盛。喝雄黄烧酒，吃黄鱼（海鲜）、灰鸭蛋（咸鸭蛋）即三黄，也有吃黄鳝的。民间传说这天中午白娘子喝了丈夫许仙敬的雄黄酒后，午时显现蛇身，故雄黄有驱邪避毒之功。端午日，用雄黄酒在小孩额头上书“王“字。穿上长辈送的黄老虎布衣裤、虎头帽、虎头鞋。项上挂有虎布香袋，内装樟脑丸之类中药，厅上、灶前、床上喷洒雄黄酒，并在门梁上挂一束用红线扎成的菖蒲、老连梗大蒜及带有青桃子的桃树枝，贴上道士赠送的张天师符咒，以辟邪气。午饭后用雄黄炒的老蚕豆作零食。

有的村还搭台请班子做社戏，主要演“白蛇传”。乡村有穷端午富端午之别，春蚕丰收卖茧后，有钱购买礼品食物的是富端午，还没有上山（蔟）卖茧，无钱或借钱过，称穷端午。

谢蚕花

卖了春茧后，村上有谢蚕花风俗：买一刀肉，一个鸡蛋或把鸡烧熟，鲜鱼、水果、豆干等祭拜蚕神，焚纸放炮仗4至8板，叫谢蚕花。感谢蚕花菩萨的关照，赐予蚕茧丰收。特别在养大蚕期间，时值黄梅多雨，天气闷热，蛇虫较多，往往此时有蛇出现，老辈传说不能打死，只能把蛇轻轻放上桑叶，不惊动它，绕开走。也有从桑树上把小青蛇抢回家放在房子地上的，传说这是真蚕花蛇。青蛇、菜花蛇是银条，赤练蛇则是金条。故出现蛇的蚕农虔诚祭拜，集体养蚕的年代同样祭拜。集体生产年代，当天吃大伙饭，每户一二人不等，视劳力多少而定。

其实，养蚕历来赚钱不多，古人有“遍身罗绮者，不是养蚕人”的伤感诗句，旧有“养期蚕买包盐”之说，但也有“养蚕不赚钱，回头看亩田”的对比法。虽然养蚕赚不到钱，但积累了大量有机自然肥料用在田里，稻苗嫩绿粗壮，可以带来农田丰收（当时无化肥），因此怨气渐消。

养蚕产业在江南水乡渊源已久，唐宋时期就有“桑基圩田”的历史记载。到了20世纪七八十年代属最盛期，但90年代中晚期以来，逐渐步入衰落。

六月六（天贶节）

“六月六，猫狗畜生潮个浴”的歌谣始于何时已无法考证，但祖辈一代代流传下来已成妇孺皆知。六月初六这天，凡养有猫、狗、羊等动物的人家都要把它们扔到河中泼水冲洗。如果羊逃到别人屋里，一定要割羊耳朵出血见红去白，并向人家道歉。鸡不能飞到人家屋顶上，如飞上去，一定要杀掉，俗说“鸡飞狗上屋”不吉利，要出大事。

大人小孩洗头、洗浴，自古传有六月六洗了头就不会生虱子、不头痛之说。如这天天气晴好，还要把拆洗好的衣被拿到室外日晒，备有老人寿衣的需要整套晒。据说可身体安康，延年益寿。相传这天还是土地菩萨晒银日，百姓为图吉利辟邪，大多人家翻晒衣物，就不会发霉虫蛀。

六月六家家户户包馄饨吃，意味今年过夏包好（无病痛，凡事顺利）。如果这天打雷下雨，有“六月六打个阵（阵雨），要打六十六阵”之说，可能出现伏黄梅，意为这年伏天雷阵雨颇多。

七月半（中元节）

七月十五日俗称“七月半”“鬼节”。民俗规定3天前发酵做面粉馒头，蚕豆瓣拼红糖炒馅，也有咸菜豆干馅、萝卜苗干菜馅、青黄豆苗叶子垫上蒸笼，蒸透煮熟。也有做青、白米粉圆子的。七月十二或十三日早上祭拜土地神。其他供物、仪式与清明节相同。十三十四日拜飨祭上祖，食物是馒头、圆子。仪式和菜肴同清明节一样。旧俗有甜馒头、苦粽子之说，吃了清明粽子后，农忙、蚕忙开始，农人要早出晚归。做的都是重累农活、蚕活。吃食方面将进入青黄不接期，旧时有缺餐少顿，粗粮菜草充饥。而吃了七月半馒头后，苦尽甘来，夏收结束，农活蚕活渐将轻松，秋粮丰收在望，故有“甜馒头”之说。

七月十五晚上要放水灯。方式有用旧面盆或不漏水的器具，里面放上黄纸头焚烧，并放入河中随风飘荡。在河沿桥埠口也要烧纸头，主要是烧给那些无人家祭拜的野鬼游魂及溺水而亡者。自七月十二日夜，鬼从地府出来后，到处游荡，无处不在，直到七月十五夜回归地府。以前家有小孩的人家，夜里不让他们出去，怕受惊吓而得病。

七月三十（地藏香）

七月三十是地藏王生日，村民到寺庙烧香叩拜，晚上在家门前地上插烧“地藏香”。“地藏香”是特制的品种，上头为香，下半节用竹料削制，染上各种颜色，非常精致。烧香前先把地面用水泼浇潮湿，点燃竹香插在泥地上任其燃尽。

中秋节

八月十五中秋节，村人称为“八月半”。月到中秋分外明，故中秋又谓“赏月节”“团圆节”。亲朋间有互赠月饼，相邀吃饭（赏八月半，即赏月）的习俗。晚上赏月的风俗，至今延续。晚辈节前送给岳父母等长辈礼品。祭祀方面，只有设香桌的人家同端午、年三十一样，用月饼、四荤四素菜肴祭拜。晚上赏月，买许多水果，有鲜菱、鲜梨、柿子等。小孩子则缠绕大人讲月宫里嫦娥玉兔的故事。

重阳节

九月初九日是重阳节。村里以往在这天重砌灶台的人家较多。传说在这天建灶，不用请人看吉日吉时，总是大吉大利。本日的泥匠师傅特别忙，只能到需建人家砌个灶台脚子，然后让徒弟干，自己又到别家去了。现在大都是煤气灶，垒砌灶台已成为历史。

重阳日如家有久病老人的，有请裁缝做寿衣、寿器（即棺材）的，用糕、团等食物及时鲜水果祭拜星官。据说能辟邪祛病、增寿益年，并有吃重阳菊花糕的传统。也有爬山远行的，意为“登高望远”。

浙江省把重阳节定为“老人节”。东湾兜村非常重视老人节，村委会干部每年走访慰问老人，送上重阳糕等礼品。老年活动中心举办文艺演出，让老年人过一个开心的节日。

冬至节

当地有“冬节大如年”之说。节前3天大多人家烧好大盘、小盘糯米饭，即冬节糯米饭。也有做冬节圆子的，有青、黄、白、红等颜色，有萝卜馅，有咸菜豆干、赤豆细沙馅等。节前1至2天早上先拜土地神，中午拜祭祖先。桌上放有冬节糯米饭及团子，其他供品与仪式和“七月半”“清明节”相同，也有分两天祭拜的。

“冬节圆子年节糕，清明粽子稳得牢。”可见旧时过节时对米粮食物及制品的重视与期盼。

正冬节这天，也是对先祖坟墓、（房屋式简易坟墓）进行修缮、移位、换地方或化毁的日子。传说冬至日百无禁忌，不用请风水师择时。冬节一过，春节将近，人们又开始忙碌过年的准备工作。

第二节　人生礼俗

人生漫长又短暂，而不同地区礼俗有异。东湾兜属湖州地区，人生礼俗大同小异。

催生汤

当胎儿在母亲腹中时，外婆家就忙着准备各种颜色的四季替换衣服及尿布、被褥等。在外孙出生前一个月左右，就准备各种红糖、补品、生鸡蛋、糯米等。亲戚们结伴前来端汤（俗称催生汤）。外婆还准备了一节芦管放在衣包里，意为催生（吹生）。有的人家提早端汤，也有出生后“三朝”或“十二朝”“八朝”端汤。

生　辰

出生时生辰很重要，它关系着婴儿一生的命运，旧时乡村缺少计时器。村民往往用点香来计算时辰。将要临产时，家人就点燃一炷香，一方面祝愿婴儿顺利出生、母子平安；另一方面用燃香来确定出生时辰。

拜三朝 婴儿出生第3天，家人要为其拜三朝。用1块熟肉，鸡或蛋1只，鲜鱼1条及水果等，两副盅筷，祭拜时放炮仗4至8枚。同时要祭拜祖先，向祖宗报喜本宅又添新丁，香火延续，并请长辈及接生婆来家吃三朝饭。

十二朝（八朝）

男孩出生12天，女孩出生第8天时，家人摆酒宴请端汤的亲戚。旧时汤礼一般用肉一块，六七个鸡蛋，红糖一斤及少量糕点，已经端过催生汤的就不端了。外婆家要端饭，两大盒子饭，面上点红色，放花生。两只熟猪肚，两只熟鸡，熟猪肉，熟鸡蛋等。根据端汤户数，切碎鸡，肉，肚，各分一小块及饭给端汤的亲戚，俗称分饭。

满月饭

婴儿出生一个月时，母亲带其到外婆家做客。住上较长一段时间，俗称吃满月饭。外婆家的左邻右舍及长辈为婴儿准备了见面钱（礼）送外孙。吃过满月饭回家时，外婆家要送外孙，视外婆家财力大小。一般用盒子装满圆子，有红、青、白等色。大圆子有一斤多重，是蒸熟的。外婆家需要准备几天。还有赠送外孙的项链、手镯，脚镯都是金银所铸，有的还另置玉器等。送回家后要把外孙圆子分送给各亲戚家，表明外婆家已经送过外孙。外婆外公要拜土地神,意为外孙到家，祈求土地神保佑。

拜周岁

婴儿满1周岁时，家人要庆贺。旧时祭拜仪式用熟猪肉、熟鸡、1条鲜鱼（即三牲）、三样水果，两盆糯米饭，两盒糕点、豆干等，两只盅子，一把筷子，点上香烛祭拜，烧黄纸放炮仗。同时祭拜上祖。周岁后，每逢生日年年祭拜，一直到16岁为止，俗称拜南堂。

婴儿周岁时，一般人家都会摆上几桌周岁酒，宴请客人。周岁贺礼一般送鞋子、袜子、布料、帽子。周岁鞋一定是姑母送的。旧时姑母会提前做好送来。时下流行送礼金。

上　学

小孩七八岁时，父母要为其寻师上学。旧时有私塾。上学时，娘舅买来书包，内有笔墨纸砚文房四宝，有的还送衣裤、鞋帽、雨具等。第一天上学，家里备有鲫鱼，祈愿小孩读书记性好，过目不忘。还要有虾，湖州人称“弯转”，有弯弯顺之彩头，祈祝小孩学习顺利。学生由大人陪同到校，腰里要栓条大红袱布，拿一大包盐拌枣，一壶糖汤，分给同学们吃，据说能与老师同学缘分好，嘴甜能相互说话，红袱布意思为服帖老师。每天到校都要参拜孔子像及老师（先生），走在路上遇见穿长衫有学问的老者也要拱拳施礼。现在已无私塾，孩子都上正规小学。

十六岁成人之典

孩子到了16岁，父母要为其举行成人礼。仪式极为隆重（俗称拜南堂）。由娘舅、姑父两家合作操办。娘舅负责拜南堂。送来猪头、雄鸡（熟的）、鲜鲤鱼（三牲）、水果，两支连长甘蔗，两长盘糯米饭并有红绿丝着彩。另外还有衣裤鞋袜帽子。南北堂模纸，炮仗若干，上午祭拜。午饭后，姑父开始布置祭拜，称“开星官”，供品有糕、粽子、圆子，面条水果各1盒或两盒，意示“高中状元”。同时要吃生日面，送给左邻右舍每家各1碗。下午祭祖，告知本家后代初长成。

其他亲邻旧时送礼有糯米饭，面条、糕点，很少送衣料。年底亲戚家又送“晚年宝”，红包、衣料等。

20世纪90年代后农村生活水平提高，成人礼大多在宾馆酒店举办。请专职司仪，歌舞伴场，非旧时可比。

婚姻礼俗

定　亲　旧时，孩子长到十七八岁甚至更小，父母托人为其说亲，而许多由媒人及算命先生撮合。男女青年双方虽也相亲，但看人是次要的，此前互不认识。一旦双方父母看过人家，认为合适，满意即可。随后选定日子定亲，请上媒人及至亲长辈吃一餐，称定亲酒。男方要送给女方第一次彩礼，包括礼金，首饰。叫安心饭。

通　信　地方习俗在娶亲之前还要进行一次通信。男方请媒人把结婚的日子告诉女方后，双方各自把至亲长辈请来聚餐，俗称通信酒（现大都省略）。男方再一次送礼金到女方家。女方父母也要为女儿出嫁准备嫁妆。同时，男女方各自通知本家亲邻友族，现时均发请柬邀请。

摆酒（婚宴）　旧时，男女青年20岁左右（有的十七八岁）就要结婚，婚宴始末共3天。第一天晚宴俗称“待媒酒”，第二天是正日，娶亲，举行拜天地仪式。中午宴称“正酒”，下午晚宴在女方家吃称“回门酒”。第三天中午宴，男方家宴请女方家女长辈问朝，请族长辈及小弟兄和邻居参加，俗称“问朝酒”或“散福酒”。

喜堂布置 喜堂布置男方女方大致相同，男方正梁下悬挂斗大“狮”字，女方家悬挂“凰”字。一个是百兽之王，一个是百鸟至尊。都用大红布幔，张挂于厅屋，喜糕摆放在围系红布幔的桌子上，大红双喜字贴在门窗及所有的用具上。男方乐队随演奏。

端回门酒 第一天晚宴前，男方要送女方家腊腿肉、鸡、鲜鱼及酒，供第二天新女婿女儿回门酒用。一般两桌，需20斤肉，20斤鱼，由小弟兄送去，俗称“端回门酒”，也有迎亲时带去的。

请婚姻利市及供神酒 吃过待媒酒后，小弟兄要做第二天早餐用的糯米软团子，男女双方家中都要请婚姻利市。仪式及供品与过年近似。

供神酒是一个祭拜仪式。在祭拜婚姻利市后，另做四荤四素八道菜，重新布置供桌，请乐师吹打伴唱。有京剧“甘露寺”和滩潢“打纱窗”“十打铺”“拔兰花”等，至午夜祭拜结束，燃放鞭炮，并焚烧四双草鞋。

上头(戴冠) 正日上午，男女双方各自上头，由各自的娘舅、舅母做上头阿爹、阿太（俗规要原配结发夫妻，并生有儿子的）吃上头团子。仪式是：由结婚男女青年自己在正屋摆有喜糕的桌子上点燃上头香烛（香烛是由“上头人”买来的），桌前放一把梯子，提挡上放有红服布，梯前是一把包有红布的椅子，下面红毯铺地。新郎坐在椅子上，新娘脚下是一对盒子（木质，意蕴年年有子），里面放有凤冠和新鞋。男方的衣冠一般是娘舅当贺礼送的，男女双方各自朝香参拜后，坐在椅子上，由“上头人”把冠帽从梯子下档往上面穿几档，意思为节节高，并戴好帽子或凤冠，同时有乐师伴奏喝彩。上头团子由“上头人”用筷子夹给新郎，新娘吃。

发 迎 娶亲日，小弟兄一早就准备大红花轿迎船。迎船用农用木船，红绸装饰一下，船上有两支木橹，4人摇橹。

迎　亲　迎亲人数要双数。到女方家时，炮仗4至8枚迎接。迎船一靠岸，一个小弟兄要先抱着两条迎席，飞快跑到女方的喜堂上，喊报迎席到，然后拿回一条回到迎船上。花轿到女方门口后，男方管账向女方管账送上礼单。女方管账及长辈一一过目清点。如有遗缺，马上补足。

坐　茶　在讨价还价议定礼金、红包的同时，女方招待迎亲客人坐茶。这时坐茶的人最多最热闹，不时有小姐妹来与小弟兄打招呼。

搬嫁妆　双方协商满意后（也有僵持几个小时的），小弟兄等迎亲人员开始搬嫁妆。乡俗嫁妆不论大小，都需要两个或者4个人抬，不能单人搬。嫁妆多少视女方财力而定。据说以前富户嫁女有全副行嫁的，从小件到大件一应俱全，包括新娘老死后的棺材木料都用大红绸缎包扎后嫁过去。

出　嫁　新娘子出嫁时候一定要哭，称为“哭发”。喜泪满面，穿戴整齐后要拜过灶君，并撬开男方送来的嫁饭，内有戒指，耳环等首饰戴上。（女方家也准备一碗女婿饭随嫁送给男方，新婚之夜，洞房内扒开饭粒，内有岳父母赠送的金戒指等。）女儿出嫁前到厅堂拜别父母，换穿男方送来的嫁衣，旧时头戴凤冠，穿大红绣服，红裙，站在红地毯上，绣鞋不能沾泥，由舅舅抱上轿子或彩船。现已流行轿车迎亲。

拜　轿　旧时，新娘登上轿子须由新郎拜轿后才能起轿上路。有的新郎官为占“先头”，把自己的礼帽挂在轿子顶上（意思为压得住），而女方的兄弟姐妹看见后即去拿掉。此风俗现已消失。

开迎船　迎船离岸时，掌篙人不能一篙撑开（有亲戚被撑断之忌讳），须由女方长辈用留下的一枝迎竹慢慢把迎船推开。

邀送亲　男方迎亲前邀请女方长辈及兄弟，随迎船到男方家做送亲。新娘的小姐妹也随船同往。旧时，伴随新娘的小姐妹，男家不招待酒饭，要回到女方娘家吃。故有“阿姨做送亲，来得去不得”之说。此风俗现已不存。

回迎礼 女方一般回给男方迎竹一枝，迎芦扉（芦苇编织）1张，迎席1条，淘箩1只。男方送来的两盒喜糕原物送回，另赠送男方喜糕两盒，共4盒，作“回门大姐家”之用。

抢 轿 迎船到达男方家河岸后，新娘登轿，小弟兄抬着花轿在路上晃悠，嬉闹，人们争相观看。有的小弟兄故意拿新娘子取乐，把花轿旋转摇晃，使新娘头晕呕吐，这时新娘的小姐妹急忙帮助护着轿子，使其减少震荡。新娘进门时，男方父母要暂时避一下，不能直接在堂屋见面。要等新娘进门后，洗了脸，他们要用同一盆洗脸水（新娘洗过的）及毛巾，洗脸后才能出门。称避碰热面孔，今后全家和睦好过日子。

拜堂(拜天地) 花轿到堂前由男方同辈女眷接请后，由男方娘舅抱进堂屋洗脸，并进行拜堂仪式。乐人伴奏，由伴娘（妆化妈妈）带领新娘进行，一拜天地，二拜男方父母，三夫妻对拜，由新郎用红线牵引新娘入洞房。旧时，新婚夫妇拜天地时，堂上放一袋米，约80斤，特意安排给新郎跪拜，意思跪在米袋上比新娘高过一头。拜天地仪式一结束，由小弟兄中的一位当着众多宾客之面独自上肩掮米袋入洞房。

坐大桌 拜堂仪式结束后，随即开午宴（正酒）。宾客入席后，女方来的送亲必须由男方一位长辈或同辈相陪，方桌每桌5位，送亲坐北朝南1位，东西两侧各两位，南面空着用桌纬。无送亲的每桌坐6位，里面坐两位，新郎新娘另开一桌。乐人伴奏、喝彩。伴娘夹菜到两位新人面前的碗里。一道菜，一声彩，如“吃个肉圆子，生个肉太子”，“吃个蛋，养个男”等（此风俗现已消失）。此时生有婴儿还未开过荤的人家，都来要求伴娘帮助接开荤交头。

见　礼　席散后，一对新人要见过男方亲邻友族中的长辈，并呼尊称。一般由男方召集各位长辈按至亲顺序一对对先后坐定。拜见长辈并行见面礼。见礼后，就开始拜飨祭祖。

回　门　下午新人要回娘家，由4个小弟兄陪同，带上喜糕及其他礼品。也有去6个人的，如不是小弟兄，就是新郎的兄弟，或堂兄弟表兄弟随行即可。新郎是第一次到岳父母家做客，坐茶后，即入席，这是女方家的正酒。新郎由女方一位长辈陪桌入席，同去的小弟兄另开一桌，新郎坐北朝南，其他4位长辈或同辈分坐东西两侧。席间，新郎由长辈或同辈陪同，向女方的亲邻友族长辈敬酒，新娘则同小姐妹同桌共饮。回程一定要等天黑，民间有新娘子出家门要回头看不见娘家烟囱的风俗。

问　朝　第二天中午，受新郎之邀，丈母娘带领女方所有女长辈及同辈来男方家吃午宴。同上日男长辈一样坐茶后入席，由男方同辈陪酒，称为问朝，看望离家后的女儿，婚礼至此结束。小弟兄午饭后帮助归还所借用具，晚饭叫做“散福饭”。

端年饭　旧时结婚摆酒大多数择在年底。农历十一月底开始，到十二月二十五六日之间，其他季节也有，相对少些。男婚女嫁后，十二月二十七八日或前几日，岳父母要送年糕年饭，用的是特做的年糕和年宝，米饭、红鸡蛋几盒，还有菱、橘、甘蔗等水果，俗称端年饭。年饭送到男家后，分送给男方亲邻友族。

新女婿要用猪蹄子，或猪肉、鲤鱼等送到岳父家，分送到女方各长辈家，俗称端年饭。要连续端3年。

吃蹄子　翌年正月初二开始，新郎由岳父或郎舅陪同到女方各长辈家吃蹄子。新娘则由婆母陪同到男方各长辈家吃蹄子，并一定要吃到双数。岳父家要进门堂子、出门堂子两只。结束后，双方长辈都要送新客，礼品是红白顺风圆子、米粉、糯米等（现送整箱方便面的较多）。

端午节 婚后第一个端午节，旧时新女婿要买猪蹄或猪肉、大黄鱼等各几对，软糕、绿豆糕、枇杷和鲜桃等时鲜水果送到岳父家，由岳父家或女婿亲自分送到女方各长辈家，连续三年。

岳父母送给女婿家有各种羽毛扇，折纸扇、女婿女儿的夏衣，鞋袜、几盒子腌鸭蛋、彩蛋、软糕、油团子、油头绳等，并由女婿家分送到男方各长辈家。俗称送端午节。

八月半 婚后第一个中秋节，新女婿送礼相当丰厚。有猪蹄，猪肉、鲤鱼、时鲜水果，两只整体莲藕，水红菱等，大月饼、小月饼分装几盒送到岳父家。由岳父家分送或女婿亲自送到各长辈亲戚家，连续3年。此风俗称端八月半。

三十三岁破凶煞 “三十三，乱刀斩。”乡域有33岁逢凶煞的说法。为破此凶，不管是女婿还是女儿，都由岳父母家割几斤猪肉，切细斩碎，做成33个肉元子蒸熟送到女婿家，给女婿或女儿吃，以求消灾破煞，求得平安。

三十六岁开星官 旧时有“人活三十六，已经过半生”之说法。36岁这年的生日，岳父母家要为女婿或女儿开星官。礼品有：花糕、粽子、圆子（寿桃寿圆）。意示“高、中、团、圆”，即人生中官场、商场顺意，家庭和美。时鲜水果、几盒生日面条、整套新衣裤，鞋袜及星官模纸二位，炮仗4至8枚，并举行祭拜仪式。当事人还设宴请客（现时大多在酒店设宴）庆贺。

六十岁寿诞 人到60岁，已是一个甲子。旧时，当地有“六十岁以外，不在外面过夜”的说法。旧时生活艰辛劳累，人老得快，人均寿命较短。故60岁这年生日（也有59岁做生日），女婿、女儿要为岳父、岳母祝寿。送整套衣冠，寿面、寿桃、寿圆、糕点、水果等，举行祭祀仪式，俗称开星官或做寿，以祝老人百年长寿。有财力的老者，还要送小辈拜寿红包。

六十六吃碗肉　66岁做寿是当地较为重视的风俗。子女等小辈及亲戚都要烧送一碗肉，肉面上撒有生花生（俗称长生果），意谓长生不老。现盛行送猪蹄子。当年，除祝寿酒外，子女会视父母身体健康状况，商量是否在重阳节请人做寿衣及寿材。

丧　俗

生老病死，是人生的自然规律。人类自古生生灭灭，代代相传。在乡域，丧葬习俗随社会发展而变化。

送　终　病人或老者弥留之际，家人尽量不外出，并请人帮其穿好寿衣。病人或老者气息尚存，家人要昼夜陪床（俗称陪夜）。临终时，亲人都要哭叫，并焚纸念佛，俗称烧开路银打发来请的鬼差。儿媳、女儿穿上孝衣，头戴白绵兜绕村哭一圈，俗称开路，并把死者枕头扔到屋面上，让其自行腐烂。

转　床　亲人亡故后，把遗体从病床转抬到灵堂门板上，头南脚北面朝天摆放整齐。必须等到最近的亲戚把一盘转床塔饼（前几日备好米粉，临时请人做成用铲刀揿平的无馅粉饼），一盘熟糯米饭放在灵堂桌子上，才能把帐幔挂到遗体头部南面与灵桌隔开，并挂上死者遗像及灵位，点燃桌上香烛，习俗称为转床。随后便在死者遗体脚后头点上油灯或蜡烛，称脚后火。民间传说，脚后火能照亮死者走向天堂之路，而来世冬天会不觉脚冷。亲属不断在死者遗体旁添烧纸钱。

买　水　由儿媳把一枚古铜钱抛入河中，并从硚口舀取一碗河水，放到门口户槛上，俗称“买水”。

戴 孝 灵堂布置好后，儿媳们都要披麻戴孝。儿孙辈不但孝服有区别，而且白布的长度也不同。儿子穿麻鞋，腰中拴草绳，孙辈鞋上只钉一块麻白布，而玄孙却要戴红布，曾玄孙戴绿布。旧时，媳妇还用两片长黄麻打成一个活八结，戴在发髻上，一头拖到背后地上。此孝服一直穿到三朝出材（出殡送葬），不能到别人家里去。如有事必须脱装前往。此后逢七羹饭是必穿，直到除灵烧幡后才不用孝服。其他亲属友邻也按辈分远近分别戴孝。

报 丧 左邻右舍及小弟兄齐聚灵堂后，即分头向至亲及各亲属报丧。报丧用一小块麻布或棉白布，一小块红布作为信物，据说信物要放在被报丧人家的水缸面板上。亲戚家会马上烧好四个甜蛋汤请报丧人吃，以示客气，同时为报丧人消除晦气。

旧时，大户人家有祖宗祠堂或家堂。平民百姓的生死大事则属庙宇，因此一定地域内必有一座庙宇，称为社庙。凡老人亡故，须先到社庙去报，庙里的和尚会把辖区内死亡者的年月时辰记录在案。每逢清明、七月半、冬至，和尚会把你家已亡先祖的名单写在黄纸上，放入黄封袋送到每户，叫做送“节关”。而户主则送给和尚少量的香火钱或绵兜等物品。社庙，就是农民大家的宗祠。和尚送“节关”的习俗延续到20世纪60年代终止。

哭 灵 灵堂上必须有哭声。当有人来吊唁祭拜时，门口有人向内通知叫哭。如无哭声祭拜，对来人视为不敬，或不利，故来人祭奠时，总有哭声或哀乐。

女儿闻丧来时，必身穿白衣白裙，一路号哭而来，俗称开路，旧时要哭过三条桥，几座庙。

哭灵也是女人们展示自己才艺的一种形式。她们轮流哭诉，在哭诉中称颂死者生平对自己的关爱和帮助，哭述其勤劳简朴的人生。同时，也哭诉自己人生中受到的委屈、挫折和不公，也有哭诉婆媳间矛盾、姑嫂间不睦，也有哭诉相互称赞、谦让、帮助照顾之类等。

大殓之夜，在为死者拉护胸绵兜告别遗体时，哭灵达到高潮，怀着对死者的无限怀念及崇敬心情，两个女人哭诉《十二只绵兜》的丧葬歌谣，在场者跟着伤心流泪。

豆腐饭　旧时死人摆豆腐饭，基本无份子（礼金）收入，亲邻友属来吊唁送一盘生塔饼、一盘糯米饭，一刀黄纸。至亲的飨酒也量少质不丰。一般友邻只一刀黄纸祭拜。豆腐饭也很简陋，6至8碗菜，大都用水豆腐，甚至有用豆腐花的。荤菜也只有几片盐沾肉，几条燥煎小鱼。当然也视家庭财力大小而定，一般只有出柩前天晚饭才开斋，出材当天午饭略有荤菜，并无酒水。

时下人们生活富裕，素酒与荤宴相差无几。

佛事、道场　一般人家都由女婿请和尚拜忏念经，也有其他至亲送忏的，有道士忏、尼姑忏等。集体化生产年代，经济困难户较多，老人亡后，只请一个和尚念经，称一个和尚笃笃经。在五七或除灵、烧幡时也要拜忏念经。本家还要请和尚放焰口，并在全自然村焚烧纸钱，和尚出巡转佛、撒佛米，超度野鬼游魂。

看风水　死者遗体安葬，旧时的棺材（现骨灰盒），都要请风水师择址。一般在人死后第二天即请先生定地定方位。过去穷困人家不请风水先生定方位的，就拿着自家大门栓到预想地块上，以抛门栓落地选址，门栓落地是啥方位，棺材就安葬在此，入土为安。

跪　拜　乡域办丧事期限为3日。人死3天后，一定要出材（出殡）。特殊情况下，有存放5至7天的（如遇年三十等，或家中有婚庆等）。出殡前，所有亲邻友属要做最后的跪拜。先从远亲友邻开始，后到儿孙跪地匍匐绕棺材一圈结束。当死者同辈跪拜时，其守灵儿孙要回拜，以示谢意。当儿孙跪拜时，灵桌后面的帐幔已经收起。盖着生者棉被和帐子的棺材已经调头。跪拜中奠酒，即一杯酒一块熟塔饼、一块豆腐干，各放在一只小碗中，旁边有人主持仪式，从一边放到跪拜者手中，转到另一端，拜完后，匍伏到堂前道场上，跪成亲族送葬横队。

出材(出殡)　出殡是丧事中极郑重的程序。棺材起抬时，儿子要敲一下左后的棺材面板钉（俗称子孙钉），并拍一下棺材面板盖，以示动身要离家走了。先前在盛殓时，儿子捧死者的头，孙子捧脚，平稳地把尸体放到棺材中（现行火葬，也用纸棺完成此仪式）。有专门盛殓人帮助把遗体安放舒适，整理好寿衣，钉好面板。起抬时，儿子擎幡，捧着灵位牌，孙子背着外婆家送来的笼头，媳妇头戴三角麻帽，双手捧着饭淘箩，里面是一棵带根待种的万年青，一把新竹筷，女儿也头戴三角麻帽。女婿、嫡亲侄儿女及外甥等都要戴麻风凉帽及白绵兜，身穿白衣、白裙。其他亲戚小辈也各穿孝服、鞋幔，棺材出门时要脚头先出。抬棺材的小弟兄都会穿上死者女儿家送来的新草鞋（现大都是新解放胶鞋）。棺材抬到择定地点放好后，送葬队伍要绕棺材一周，祭拜后回程。同时把淘箩内的万年青与筷子留下。儿子要把盖棺材的棉被围在脖子上，孙子则头颈上围帐子(俗称长子长孙)。到家门口要跨越用草柴堆烧的3个火堆，并喝糖汤，然后脱孝衣。

设灵台　棺材出门后，在家人员已经把一只鸡杀了淋血到门外，并打扫干净灵堂，把原灵桌移到堂屋后墙根。送葬者回来后，把灵位牌、幡及遗像挂到墙或桌上。放上一副盅筷，点上白蜡烛或灯油一直到五七不灭，儿子从即日起要在此每天打铺睡觉，至少到二七，也有到五七的，俗叫陪灵台。自父母亡故日起，儿子必须蓄发七七四十九天，此期间不能理发剃胡须。

复坟(或作复问)　灵堂设置后，子女要拿着一盆复坟圆子、酒、豆腐干等，再次到死者棺材边，放好复坟圆子等供品祭拜，焚烧纸钱。把万年青种在棺材头部方向地上，筷也放在地上。圆子最好要抢吃完，传说吃了复坟圆子不会发隔日子寒热。复坟日如不及时建坟，就要用稻草或芦席把棺材包扎一下。旧时贫困人家就这样一拖几年，或任其风吹雨打，直至风化腐烂。一般人家会及时做坟、建飨庭（在棺材外砌墙盖瓦成小屋）。

七羹饭　死后第7天为头七。这天要在灵桌上摆放菜肴、酒饭祭奠。子女至亲都会来哭诉祭拜，并焚烧纸铂。此后每隔7天一祭奠，直到五七，俗称做七羹饭。每个七羹饭都在同一个时间（中午或早上）的称早七，如第一个七羹饭在下午三四点做，以后逐渐往前提早，到五七早上八九点钟做羹饭，称节节高，祭奠时都穿送葬时的孝服。

五　七　死后35天是五七。传说五七时死者已到了冥府的望乡台，回望生前的故乡和亲人，已遥不可及，难以回来。这天女婿要买来塾庭（有专人用纸糊成的冥间用具），在黎明时候悄悄放到灵桌上，把灵牌位放进，同时在上午送来飨酒。死者生前吃素的，用素飨（香菇、木耳、豆干之类八碗菜），吃荤的即四荤四素或六荤二素，并进行祭拜，称开荤上塾庭。塾庭有摆放一年的，甚至几年的，视家庭财力而定，直至除灵烧幡（现基本随即除灵烧幡）。五七后，不再穿麻、白幔服，而要穿新的鞋子，子女原先穿的白鞋破损后，换穿蓝鞋子，其他非直系亲属穿蓝鞋子。

断　七　世人亡故后第49天，俗称断七。这天主家不开伙生炊。连开水都是上一天烧好的，早饭吃冷食，中晚饭到亲戚家用餐。乡俗自家烟囱不能有炊烟，使死者阴魂不见烟囱，断绝还阳念头。

接麻(模)人　死后第一个农历七月十二日，午夜过后，十三日子时时分，家人用一块西瓜、一只面盆，内放一条毛巾、一面镜子、一把木梳，置于一条长凳上，点上三支清香后，媳妇、女儿等女眷到门外喊叫逝者称谓，并哭着回到家中灵桌前，此仪式称接麻人。

做时节　旧时在灵桌、塾庭未撤除前，每逢时节（主要是三大阴节）亲戚家都会用食物在灵桌上祭拜、哭诉。清明节用一盘粽子、七月半用一盘馒头、冬至节用一盘圆子或花糕、糯米饭。立夏前买来纸糊凉床，立冬前买来纸糊棉被、脚缸并带有几块软糕、花糕等，纸糊工艺品随纸头焚烧，此仪式称“做时节”。意为死者夏有凉床睡，冬天有棉被盖，并能烘脚取暖。

除灵(烧幡)　旧时，死者亡故周年日，一般都会请和尚念经拜忏超度亡灵。同时除灵烧幡（现大多五七烧），并视辈分远近，邀请亲戚前来参与仪式并吃烧幡酒。除灵需视财力而定规模大小，故需按辈分邀请。被邀亲戚都送飨酒及圆子、粽子、花糕等食物，还有纸箱筒、箱子及纸糊的各种祭奠品。下午把这些纸品及塾庭和死者生前所穿的衣裤、鞋、帽等全部整理成堆焚烧。纸堆四周用散石灰粉画一圈，焚烧时，儿孙小辈要用竹竿围着火堆，在外面不停地敲打地面，据说是防止野鬼游魂抢夺财物。烧尽后，媳妇、女儿要用铜铁水勺舀一勺灰回家，意思是要延续后代，不致冷断，并把灰烬就地掘潭埋掉。

忌日羹饭　死者每年的逝世之日，称忌日。儿孙辈为纪念死去的先祖，在其忌日用菜肴、酒、饭拜飨，并烧纸铂，俗称“忌日飨”或“忌日羹饭”，仪式略简于年节飨。盅筷围桌子二副一面，共六副。菜肴也可二荤二素，也可三荤一素或三素一荤。凡拜飨菜谱也有讲究，有些菜则不能用。如荤菜类只有猪牛肉、禽类肉，其他羊肉、野味不能用，海鱼及无鳞鱼不用，只用四大家鱼及鳊鱼。素菜类萝卜（忌埋泥潭）、茄子、丝瓜（忌上吊）、冬瓜（忌浮肿）、葱蒜等不用。

第三节　民间文化

方言（典型词汇）

村域方言，是指东湾兜及周围村坊，北塘河以南，王母兜村以西、白龙港以东区域范围内的原住民语言。含织里老街、晟舍旧馆、大河、朱湾、晓河、大邾、李家坝、大港、联漾、郑港、凌家汇、秧宅诸村落。虽然域内各村之间尚有细微差别，但语调和用语习惯基本一致。

村域方言典型词汇

1. 安旦

意思：①舒心，没有负担。②不要事，不惹事。

例句：①退休真好，日子过得安旦、开心。

②他这人安旦，从来不做争名夺利的事。

2. 阿嘎不伦登

意思：不凑巧。

例句：这活有点阿嘎不伦登了，干一天吧来不及，干两天吧又不需要。

3. 翱哨

意思：快，快一点。

例句：天快下雨了，翱哨点！

4. 噢畅

意思：懊悔。

例句：我这辈子最噢畅的是，当初没有听师傅的话。

5. 百坦嘎来

意思：慢慢来，不急。

例句：做事不要太急，百坦嘎来。

6. 半吊子

意思：不达标，不完美。

例句：阿明这个人么狼（良）不狼（良），莠不莠，确实是个半吊子。

7. 半盘凉姜

意思：①不上不下的样子。②马虎，不认真。

例句：①这块料做一件衣服，肯定做不完，做两件又不够，有点半盘凉姜。

②做事就要好好做，半盘凉姜的，怎么做得好？

8. 半里法嘎

意思：做事不得法，搞僵了，也指事情做到一半。例句：被他半里法嘎一搞，这事肯定黄掉了。

例句：事情现在半里法嘎的样子，你别着急，等等结果吧。

9. 半死沧吞

意思：无精打采的样子。

例句：与性子慢的人打交道很累，说句话都是半死沧吞的。

10. 本厢

意思：从前，很早的时候。

例句：老万家本厢是河南的，明朝时因战争而迁徙到江南。

11. 毕静大吉

意思：特别的静。也指无话可说，不再争辩。

例句：老英雄作报告时，台下上千群众毕静大节，听得十分认真。

例句：刚才两个人还争论不休，见领导一来就毕静大吉了。

12. 白徒

意思：原指不做茧的家蚕，引申为无本事、无出息的成年男子。

例句：你呀真是个白徒，这么简单的事都做不好！

13. 别甲

意思：差，不好。

例句：哦，你说他呀，是个别甲货！

14. 搬嘴绕舌头

意思：搬弄是非。

例句：有些人喜欢搬嘴绕舌头，让大家难堪。

15. 搬间色

意思：辩论、争输赢。

例句：老张这个人就是喜欢搬间色，你别理他。

16. 板要

意思：坚持

例句：这件事情本来你爸已经跟你说过多次了，你板要这样犟吗！

17. 把细

意思：做事仔细。

例句：老张做事很把细的，尽可放心。

18. 鼻相

意思：玩，同上海话里的“白相”。

例句：昨天我们去了南浔、乌镇，两个地方都好鼻相。

19. 哔力白啦

意思：慌张，急急忙忙。

例句：警察一来，这些赌钱的人哔力白啦逃走了。

20. 绷硬尸直

意思：直挺挺的样子。

例句：他绷硬尸直地躺在路边，把我吓了一跳。

21. 吃桑威（生活）

意思：挨打，受惩罚（还可特指遭遇挫折）。

例句：小孩子吃（顿）桑威后，就老实了。

22. 触头凉姜

意思：不诚实、不靠谱。

例句：他这人一贯触头凉姜，什么事都办不成。

23. 插烂污

意思：把事情弄砸了，无法收拾。

例句：这件事情到现在还没有搞定，估计要插烂污了。

24. 插蜡烛

意思：①发生了意外（故障）。②事情没做好。

例句：①汽车开到半路上插蜡烛了。

②这件事就拜托你了，千万不要插蜡烛哦！

25. 插白

意思：①打断别人说话；②掺和。

例句：①我们在严肃讨论问题，你不了解情况不要随便插白。

②这里没你的事体，不要你来插白。

26. 脆忒

意思：完了（完蛋了）。

例句：这小青年脆忒了，不看好样学坏样。

27. 吵怪事

意思：闯祸。

例句：听说张家的孩子吵怪事了，而且吵得很大。

28. 嘈渡（大）头

意思：吹牛、说大话。

例句：他只会嘈渡头，什么事都不会做。

29. 触气

意思：生气、讨厌。

例句：这个孩子经常闯祸，真触气。

30. 痴头怪脑

意思：形容做人做事极不靠谱。

例句：他这人痴头怪脑的，离远一点好。

31. 趁钿

意思：盈利。

例句：去年卖了半年西瓜，一点趁钿都没有。

32. 糙里夫拉

意思：粗糙。

例句：这桌子摸起来有糙里夫拉的感觉。

33. 成目

意思：①对达成目标有把握。②说话、做事有分寸

例句：①对这件事我有成目，放心吧。

②这事交代给你去谈判了，你一定要有成目。

34. 场户

意思：地方。

例句：东西放在老场户，你自己去拿好了。

35. 趁荡

意思：①鱼荡的水抽干后大鱼捕完，不花钱去捕些剩下小鱼小虾。②顺势、乘机的意思。

例句：①儿时记忆里印象很深的事情要数每年年底生产队里干

鱼荡时，一群小伙伴去趁荡，因为有趣手脚冻得通红也不觉得冷。

②小时候爸妈偏爱弟弟，当给弟弟买玩具时，我只能趁荡，稍微轮着一点点。

36. 出手撩甲（脚）

意思：动手动脚，贬义，一般特指男性对女性的猥亵之举。例句：你给我老实点，别见了女孩子就出手撩甲（脚）。

37. 出花腔

意思：①不守承诺，中途变卦；②也可特指男女之间的出轨。

例句：①本来我们之间说得好好的，以为妥妥的，不料对方出花腔了。

②这段时间我怀疑老公出花腔了。

38. 叠（跌）舌头

意思：丢脸。

例句：你怎么会做这种糗事，真是叠舌头“叠”到家了。

39. 到把

意思：周到、周全。

例句：这件事做得到把了。

40. 钝煞（旦）

意思：倒霉。

例句：钝煞哎，这么容易的事情都没做成。

41. 档嘚

意思：①当，充当。②相当于。

例句：①这点钱在老板眼里档嘚什么呢?

②他送了一件皮衣服给我，这样，我就档嘚没有损失了。

42. 档档尼子

意思：果然，果真如此。

例句：嘿，我不是说了嘛，结果档档尼子是这样啊！

43. 倒搬浆

意思：帮倒忙或故意使坏。

例句：这件事体不要让老陈擦白（掺和）了，因为他这个人往往容易倒搬浆。

44. 倒顺溜

意思：指不吉利的言语或数字

例句：甲——哥们，你今天出门小心点，别让车给撞了。

乙——小子，拜托你的乌鸦嘴不要给我倒顺溜，行吗！

45. 浮头头

意思：形容某事物特别丑陋，令人恶心。也称“浮煞”。

例句：①这东西浮头头的，快把它扔了！

②这个人不男不女，十分做作，浮头头得让人起鸡皮疙瘩。

46. 烦舌

意思：话多，令人生厌。

例句：这个人有点烦舌，下次不想跟他搭档了。

47. 翻来倒去

意思：指反反复复、令人厌烦的言行。

例句：话已经跟你说得很清楚了，你别再翻来倒去没完没了的了。

48. 法嘎

意思：①本事；②办法。

例句：①我家隔壁人家的三个儿子法嘎大的很，他家没有办不成的事。

②这件事体有难度了，不知道谁有法嘎。

49. 个头

意思：那里。

例句：个头出了一场车祸。

50. 个辰光

意思：以前，过去。

例句：个辰光农民的生活十分艰难。

51. 个宁子

意思：前几天，前些日子。

例句：龙之梦个宁子我们去过了，很好玩的。

52. 嘎形

意思：身架。

例句：小伙子长得像他爸，嘎形很大。

53. 嘎胡子

意思：假装。

例句：我嘎胡子摔了一跤，孙子急得哭了。

54. 嘎先

意思：现在。

例句：嘎先好了，农村与城市一样漂亮。

55. 嘎哇

意思：这种，这样的。

例句：嘎哇东西我家都有。

56. 掼忒货

意思：指好吃懒做、不求上进的人。

例句：某村的阿兰是个掼忒货，长年游手好闲，不干正事。

57. 掼高

意思：摔跤。

例句：年纪大了只怕掼高，一掼恐怕就起不来了。

58. 港鼻相

意思：说闲话。

例句：我们港鼻相的时候，他推门进来了。

59. 港肖白

意思：讨说法。

例句：李阿姨在超市买来牛奶，回家一看发现已经过期了，她急忙去超市找营业员港肖白。

60. 呱唧摇天

意思：形容声音极大。

例句：阿毛家的孙子特别吵，每个晚上都要呱唧摇天地哭一场。

61. 狗笔倒灶

意思：形容不大气，斤斤计较，一点点蝇头小利都不放过。

例句：①小张为这么一点小事情没完没了的纠缠，真是有点狗笔倒灶。②我才不愿狗笔倒灶，为这点小事去麻烦人家。

62. 嘿思

意思：担心。

例句：孩子他爸出门3天了，却没有一点音信，一家人整天嘿思。

63. 户头

意思:原意为一家之主，引申为某人。

例句：这个户头真能干!

64. 黄梅倒转

意思：顺序、秩序颠倒。

例句：张伯伯家的儿子小小年纪一点不尊重阿爸，这家人家有点黄梅倒转了。

65. 猪头猪脑

意思：指不聪明，糊里糊涂。

例句：这个人有点猪头猪脑的，跟他讲清道理很难的。

66. 寒吪丝尼

意思：随便不经意的。

例句：甲—老张，你也学书法了？乙—哪里，我嘛，寒吪丝尼的。

67. 寒（汗）毛凛凛

意思：恐怖。

例句：一个人走夜路，有点寒毛凛凛。

68. 划里缺鬼

意思：特别，与众不同，贬义。也称“娲里娲鬼”。

例句：这种人有点划里缺鬼，少来往为好。

69. 浑忒

意思、用法：同“了忒”。

70. 好吪嘚嘚

意思：无由来的，令人厌恶的举止（同“吪着吪诺”）。

例句：我们出来玩是找开心的，你好吪嘚嘚跟他吵架干什么呢？

71. 好佬

意思：这里。

例句：今天在好佬看戏。

72. 夯盲郎当

意思：全部。

例句：今年村里的收入夯盲郎当有一百五十万。

73. 滑塌精光

意思：干干净净的，彻底完蛋，形容一无所有。

例句：小李爱赌，辛辛苦苦一年挣来的钱，一个晚上就输了个滑塌精光。

例句：这件事情已经无法挽回了，滑塌精光了。

74. 滑里滑鬼

意思：特别，另类。

例句：这个人有点滑里滑鬼，与他少打交道为好。

75. 哈煞（旦）

意思：怕死（了）。

例句：过去用火铳打麻雀，实际上是打死的少，哈煞的多。

76. 哈扣

意思：正好，正巧。

例句：柜子放在这里哈扣。

77. 哈头鸡

意思：言行没有分寸。

例句：我家老公有点哈头鸡兮兮哎，经常讲话、做事不妥当，请你们不要跟他太较真。

78. 花骚

意思：①漂亮。②花架子。

例句：①这孩子的眼睛长得真花骚。

②有的人做事表面花骚，实际却是另外一回事。

79、花菜菜蛤菜菜（hu cei cei ha cei cei）

意思：装模作样，不认真做事。

例句：这孩子在这里花菜菜蛤菜菜，出工不出力。

80. 鸡灶

意思：①复杂、麻烦。②烦躁。

例句：①这件事不会这么简单，有些鸡灶。

②你们都不要说了，鸡灶死了！

81. 鸡缩

意思：喜欢多操心，对事情很敏感。

例句：我妈这个人很鸡缩的，一般麻烦事都不跟她说的，否则会害她睡不着觉的。

82. 鸡零狗碎

意思：零碎。

例句：他的东西鸡零狗碎，没有一件完整的。

83. 鸡毛倍子

意思：鸡皮疙瘩。

例句：听他讲鬼怪故事，我每次都起鸡毛倍子。

84. 鸡毛落作

意思：形容做事毛毛躁躁，不够沉着稳重。

例句：阿三，你这个人，做事情总是鸡毛落作的，啥时候能一个靠谱的样子！

85. 鸡猫喊叫

意思：嘈杂，乱哄哄的样子。意思：厉害。

例句：这个小孩做事鸡猫喊叫，让人不得安宁。

86. 将晃

意思：刚才。

例句：这个小孩子将晃在店里买东西，现在不见了。

87. 嚼浑话

意思：说不着边际的糊涂话。

例句：你莫非在嚼浑话吧？哪里有这种事？

88. 嚼舌头

意思：乱说话、胡说八道。

例句：不要听他们嚼舌头。

89. 交关

意思：多。

例句：父亲从城里回来，带了交关好吃的东西。

90. 季

意思：贵，（价格）高。

例句：去年的猪肉特别季。

91. 焦货

意思：劣质，也指品行不好的人。

例句：张某是个焦货，从来没有干过一件正经事。

92. 节子凉帽

意思：蜘蛛网。

例句：桑树地里都是节子凉帽。

93. 迹足

意思：污渍

例句：衣服上的迹足时间一长，肥皂也洗不掉。

94. 精杀几

意思：吝啬

例句：我爸是个精杀几，不知啥时候肯给我买辆车。

95. 困告

意思：睡觉。

例句：小时候生活艰苦，天气一热，我们就在地上困告。

96. 看凉阵

意思：看到人家有困难，却不管不顾。

例句：村里老张家出了这么大的事，他家的至亲好友难道都只会看凉阵吗！

97. 考交

意思：勤劳。

例句：老李家的人，从爷爷辈开始每一代人都很考交。

98. 卡慰

意思：高兴。

听说儿子准备回国发展，老张十分卡慰。

99. 空搭呒头

意思：空头空脑，不着边际。

例句：有的人一天到晚空搭呒头，不做实事。

100. 里相

意思：里面。

例句：他在里相接电话。

101. 烂污拉了枪柴哩

意思：同“插烂污”。枪柴，山里的毛柴（树枝、竹子等）。

例句：他这桩事办得不靠谱，烂污拉了枪柴哩。

102. 烂污笃笃

意思：软塌塌的样子。

例句：这东西解冻后烂污笃笃的样子让人恶心。

103. 滥造山鬼精（滥造三官经）

意思：形容说话毫无根据，睁眼说瞎话。

例句：这人喜欢滥造山鬼精，说话无准头。

104. 乱话三千

意思：说话无遮拦，而且无根无据。

例句：喜欢乱话三千的人，十分令人讨厌。

105. 了忒

意思：厉害、不得了的样子，也称“了忒只袜”。

例句：这人了忒哎，无论是上天的、还是下海的国之重器，都运用到了他的研究成果。

106. 了户头

意思：败家子。

例句：张家出了这号了户头，真是作孽。

107. 雷煞

意思：能干。

例句：老李家的孩子蛮雷煞，参加工作才3年就提干了。

108. 呒着呒落

意思：不着边际，没由来的。（无缘无故的意思）

例句：①这种事人家早已做好了，你呒着呒落去参与，想啥呢？

②这事与你无关，你呒着呒诺瞎掺和个啥？

109. 呒轻头

意思：不知（事情）轻重。也叫“呒轻呒头”。（把握不好分寸）

例句：小伙子太单纯了，说话做事都呒轻头。

110. 呒呗

意思：没有。

例句：手机放在桌子上才一会儿就呒呗了，奇了怪了。

111. 呒嗦话头

意思：无话可说，无语。

例句：对这种人真是呒嗦话头。

112. 呒精头

意思：不好意思的样子。

例句：阿强这点事情我没有帮上忙，感觉呒精头煞。

113. 呒心思

意思：①不留神，没引起注意。②非故意。

例句：①对不起，你上次跟我说时我呒心思，没记住。

②对不起，这事确实对你造成了一点不好的影响，但我是呒心思的，还请见谅。

114. 呒颜呒色

意思：不显山不显水的样子。

例句：这人看上去呒颜呒色，其实后台很“硬”。

115. 呒勘烂好

意思：不讲好坏（不太讲究）。

例句：他这人随和得很，吃东西从来都是呒勘烂好。

116. 毛脚女婿

意思：指未结婚的女婿。

例句：端午节，老陆家的毛脚女婿来做客了。

117. 明公

意思：优秀、能干。

例句：他家的俩孩子都很明公。

118. 盲二夯子

意思：糊涂，一股脑儿，瞎弄。

例句：对这件事，你不能盲二夯子的，还是要根据不同情况区别对待的。

119. 闹猛

意思：热闹。

例句：端午节的古镇十分闹猛。

120. 昵甲

意思：日子。

例句：黄梅天气一会儿雨、一会儿晴，这种昵甲最是闷热难受。

121. 哪哈（嘎）

意思：疑问代词，什么。

例句：这个哪哈了，说话不阴不阳的。

122. 那嘎弄通

意思：怎么做的。那嘎，怎么。

例句：不知道他那嘎弄通，居然把事情办成功了。

123. 捏几疯

意思：做无意义的事，几，指头。也叫“捏几捏疯”。

例句：你一天到晚在捏几疯啊？

124. 弄松

意思：作弄、欺侮。

例句：这个人有怪癖，经常弄松小孩子。

125. 那嘎嘚

意思：怎么。

例句：①他到底那嘎嘚了？半年多不见踪影了。

②那嘎嘚？想拉我下水？

126. 逆莫

意思：惋惜，舍不得。

例句：新买的杯子打碎了一只，妈妈逆莫死了。

127. 值钿

意思：疼爱。

例句：这个孩子他很值钿。

128. 酿呒倒丝

意思：指说的话、做的事上不了台面。

例句：这个人经常有点酿呒倒丝，搭其（跟他）呒起（不能）作真（较真）。

129. 藕（呆）头带细

意思：被人耍了也不知道，傻乎乎。

例句：你的这位朋友其实老在背地里损你，你么藕（呆）头带细真心诚意待人家，清醒一点吧。

130. 翘硬硬

意思：死掉了。

例句：这两条鱼早就翘硬硬了。

131. 翘甲盘子（翘甲班子）

意思：翘甲，瘸子。（跛脚，瘸子，一般指合作对象有缺损）

例句：小陈半途退出，我们现在成了翘甲盘子了。

132. 齐整

意思：漂亮。

例句：小姑娘很齐整。

133. 轻骨头

意思：亲热

例句：我家外孙跟我最轻骨头，没有白疼她。

134. 嘁嘚开

意思：交际广。

例句：阿毛在社会上十分嘁嘚开，到处有要好朋友。

135. 嘁瘪

意思：打败。

例句：这个社会能人很多，稍不留神就被人家嘁瘪。

136. 桥千档

意思：指关系密切的“伙伴”。

例句：他们几个是桥千档。

137. 清透

意思：很干净。清清楚楚，有条有理。也指人长得好看。

例句：张老师做事就是清透。

138. 清丝格楞登

意思：过于清淡。

例句：这个汤清丝格楞登的一点味道都没有。

139. 酌考

意思：①印象。②分寸。

例句：①他说的这件事我稍微有点酌考。

②放心吧，我有酌考的。

140. 顺淌

意思：顺利，也称“顺顺淌淌”。

例句：今天办事很顺淌，一点鸡灶都没有。

141. 死样活气

意思：没有热情，冷冰冰的。

例句：张老板这人整天死样活气的，客人都跑走了。

143. 哨劈

意思：形容人的身手矫健，也称“哨”、“哨嘎”。

例句：他这人很哨劈，你赢不了他的。

144. 死样呒气

意思：无精打采的样子。

例句：有些人玩起来劲头十足，一谈工作就死样呒气。

145. 张古李三赵

意思：形容说话不着边际。

例句：这人说话总数张古李三赵的，听了半天还是不明白他说的啥。

146. 数盲

意思：印象。

例句：这件事他一定有数盲。

147. 谁雷欧

意思：总共，全部。

例句：我家谁雷欧这点钱了，如果被你拿走，明天连菜也买不成了。

148. 桑盲搏精

意思：①勉强。②固执、任性。

例句：①他的水平一般，这次能考取公务员的确有点桑盲博精。

②这孩子想啥要啥，常常桑盲博精，弄得大家都尴尬。

149. 桑死一包龙（脓）

意思：任性，不理智，特指对得不到的东西或办不成的事情不肯放弃。

例句：我家儿子桑死一包龙（脓），我真拿他没办法了。

150. 坦

意思：与“苦”相对，形容日子过得好。

例句：现在的农民真叫坦，种田不仅不需要完粮，国家还给发补贴。

151. 贴烫丝平

意思：非常平坦。（另一意思：没有障碍）

例句：①那里的路做得贴烫四平，闭着眼睛也能走。

②这件事情的前期准备工作做得很到位，已经贴烫四平了。

152. 忒节

意思：①形容猥琐、下流。②没底线，无耻。

例句：①这人是个忒节货。

②连这种事都做得出来，这人太忒节了。

153. 忒空

意思：办事不靠谱、落空的意思，也指只说不做的人。

例句：他是个忒空。

154. 忒俏

意思：偷巧，也就是偷工减料。

例句：我们要大力倡导工匠精神，杜绝工作马虎忒俏。

155. 头旗鼓锣

意思：慌慌张张的样子。

例句：做事情要有条有理，头旗鼓锣怎么做得好?

156. 透熟三国经

意思：形容在某方面很熟悉，精通。

例句：对于机械，他是透熟三国经的。

157. 讨顺溜

意思：指吉利的言语或数字。

例句：老婆，你生日给你发个红包6666元吧，凡事都要讨顺溜。

158. 倘生噶

意思：假如。

例句：“倘生噶他不去，你还去吗?”

159. 淘仙

意思：开玩笑

例句：老话里有“三勿淘仙”的说法。

160. 逿煞

意思：①软弱。②差，不够好。

例句：①小王身体逿煞，请你们照顾一点。

②在这批医生里，姓张的医生最逿煞。

161. 勿舍嘚

意思：舍不得。

例句：搬家的时候，母亲这也勿舍嘚扔，那也勿舍嘚扔。

162. 勿拎清

意思：糊涂，拎不清。

例句：这人有点勿拎清。

163. 娲里缺鬼

意思：特别，与众不同，贬义。也称“娲里娲鬼”。

例句：这种人有点娲里缺鬼，少来往为好。

164. 午雷

意思：哪里。

例句：今天你去午雷啦？

165. 外汉

意思：外面。

例句：他们在外汉讲事体。

166. 乌盲出黑

意思：特别的暗（形容光线特别昏暗，也形容皮肤黝黑）。

例句：①雷阵雨来前，天乌盲出黑，就像晚上一样。

②今年夏天老是在外面跑东跑西的，整个人被晒得乌盲出黑。

167. 乌鸡糟狗

意思：邋遢，不干净。

例句：大家都忙，孩子没人照看，浑身乌鸡糟狗的全是泥土。

168. 弯里胡噜

意思：（说话做事）不清楚。

例句：这人弯里胡噜的，说什么呢？

169. 五里

意思：哪里

例句：小李，你急急忙忙要到五里去？

170. 旋鸡头圆

意思：①转圈圈。②无目的地随便走走。

例句：①有的人碰到问题没有解决的办法，只会旋鸡头圆。

②老李，一大早就在外面旋鸡头圆了？

171. 旋（贱）忒子

意思：贱（褒义）。

例句：孙子在身边时嫌烦，不在身边了又怪想的，我就是个旋忒子啊。

172. 旋花头

意思：出歪主意。

例句：小马会旋花头是有名气的。

173. 旋盆子

意思：①跟人耍花样；②诱惑别人。

例句：①老李这个人蛮会旋盆子的，跟他打交道你要小心点。

②这件事情可能是有人在旋盆子的，小心上当受骗。

174. 斜里劈甲（脚）（斜甲搭劈）

意思：走路不稳，慌乱，也称“斜里劈哑甲”（形容走路不稳的样子，也可特指为人做事不靠谱）。

例句：①这人斜里劈哑甲的过来，还以为他喝醉了呢。

②这个人有点斜甲搭劈的，我对他很不放心的。

175. 虾匝

意思：①身体好，健康。②能干，技艺精湛。

例句：①你妈妈虾匝不？

②医生里头老孙最虾匝。

176. 相磨

意思：吵架。

例句：夫妻两人经常相磨。

177. 淆嘎

意思：不要这样。淆，不要。

例句：淆嘎，我们都是自己人。

178. 雪霜丝白

意思：形容皮肤细白。

例句：姑娘很美，皮肤雪霜丝白。

179. 新客宁

意思：新郎官，也特指老公。

例句：今朝新客宁来，多烧几盘菜。

180. 新娘子

意思：新娘，特指老婆。也指新媳妇。

例句：新娘子是上海人。

181. 细诺囡 细硬几

意思：对小男孩的爱称。

例句：这个细诺囡经常旋花头。

182. 细丫头

意思：小女孩。

例句：细丫头心灵手巧，讨人喜欢。

183. 细有啦

意思：指小孩子。

例句：如今这些细有啦胆子大得吓死人。

184. 歇嘎歇

意思：等一会儿。

例句：歇嘎歇带你们去喝茶。

185. 淆

意思：不，不要。

例句：老王问："西瓜要吗?"小刘道："淆。"

186. 雅精

意思：①小孩子长得好看；②稀奇、古怪。

例句：①这孩子真雅精，我很喜欢。

②好好的一件事怎么弄成这样了？雅精煞啊！

187. 幺尼

意思：隔几天，今后，以后。

例句：在共产党的领导下，幺尼的生活一定会更好。

188. 一沓括之

意思：所剩的（全部包括在内）。

例句：我一沓括之就这点钱了，再不发工资，就要饿肚子了。

189. 要紧森抹（要紧桑么）掼潮烟

意思：重要的（时刻）。

例句：看电视正看到要紧森抹，突然停电了。

190. 烟怏呒气

意思：指事物萎靡的样子。

例句：这几棵茄子秧烟怏呒气的，怕是活不成了。

191. 有嘎事

意思：有这事。

例句：你一说我就想起来了，有嘎事的。

192. 做舍姆

意思：生孩子。

例句：她做舍姆了，这段时间不上班。

人称代词

1. 恩（ng）：我。

2. 馁（nei）：你。

3. 其（qi）：他、她。

4. 伢（nga）：我们。

5. 那（na）：你们。

6. 伽（jia）：他们、她们。

7. 自噶：自己。

称谓

1. 祖父：嗲嗲（diadia）

2. 祖母：娘姆（niangm）

3. 父亲：阿爸、阿亚（aya）

4. 母亲：姆妈（mma）

5. 哥哥：嘎嘎（gaga）

6. 姐姐：贾贾（jiajia）

智慧俚语

教子

1. 从小看大。（强调小时候教育的重要性。）

2. 拳头唠出孝子。（强调对小孩子的教育要有一定的惩罚。）

3. 筷头唠出忤逆。（指对小孩子宠爱会害其长大不懂感恩，不孝顺。）

4. 容其三年，苦其一世。（容，宠的意思。）

5. 小辰光偷只钉，度（大）起来偷块金。（小时候犯了小错误不去教育，长大后就会犯大的错误）

6. 嘴么八哥，手么木笃。（嘴巴像八哥一样灵，手像木笃一样笨。指动手能力差。）

7. 娘有耶（父）有不如自有。（从父母那里要钱，不如自己去挣。）

8. 树要从小绊，宁（人）要从小管。（教育人与管理树木一样，应该从小时候开始。

9. 宁（人）要面孔树要皮。（人的脸面与树的皮一样重要。）

持家

1. 六月里朝东坐乘风凉，冬天弓看银嘎（人家）草堆高米屯度（大）。（平时少干活，冬天只有羡慕别人了。）

2. 晓嘚夜里沛尿催，宁可坐啦一夜天。（沛 za 尿催：尿床的意思，就是说世上没有后悔药。）

3. 吃西北风亚（也）要起早。（说明一切获得都需要付出。）

4. 地唠只鸡，哗哗嘁嘁（huahuaqiqi）。（意思：地上的鸡，只有不停的用爪子扒泥土，才能找到虫子吃。哗，扒土；嘁，吃。比喻劳动才能有收获。）

5. 增产不如节约。（强调节约的重要。）

6. 赢一千去八百，剩下两百长急刮。（“长急刮”的意思是生翅膀飞走了。比喻赌来的钱不可靠。）

7. 走路闪，洒尿甩。（意思：火燎火急。）

歌　　谣

幼儿催眠歌

阿太啥吃饭	头吃饭
啥头	琵琶头
啥琵	膏药皮
啥膏	芦花膏
啥芦	香炉
啥香	檀香
啥檀	麻团
啥麻	芝麻
啥猪	婆猪
啥婆	老婆
啥老	张果老
啥张	米张

啥米	籼米
啥籼	湖籼
啥湖	太湖
啥太	湖州城里飞英塔

（村民陈梅林提供）

幼儿数字歌

阿一嘎嘎（鸭子叫声）	阿二做蒲鞋（草鞋）
阿三挑荠菜	阿四包馄饨
阿五偷来吃	阿六关厨门
阿七掼折脚	阿八叫郎中
阿九做膏药	阿十污里污里做个污坑虫

（村民郑铸荣提供）

花冠米囤歌

旧时婚礼有拜天地习俗，仪式上有送花冠米囤风俗。此歌在新娘迎进大厅时由妆花妈妈（现称跟妆师）吟唱。

花冠米囤到了
大米囤碰着梁
小米囤搬梯量
大米囤一千
小米囤八百
一囤一发
楝树果果变成白婆枣
火刀家什变成金元宝

家沿石变了活宝　　　　　　　　　　　　　　　　（村民陈梅林提供）

猫啊来（儿歌）

此儿歌为旧时除夕夜儿童拎着状元灯笼歌唱。织里农村有多种版本，这是杨湾村之儿歌版。

猫啊来　狗啊来

花蚕宝宝搭伢同介来

我也来　你也来

前门关关

后门戳戳

长往火堆

火烛小心

天上一个星

天上一个星，地上一只钉，叮令当啷甩油瓶。

油瓶甩得高，换把刀。

刀呒（呒不即没有的意思，下同）柄，换把秤。

秤呒铊，换面锣。

锣呒槌，换条被。

被无角，换只台子八仙桌。

台子呒不脚，换只鸭。

鸭呒头，换只牛。

牛呒腰子，换只狮子。

狮子呒不翎毛，换只小猫。

小猫呒不奶奶（方言：乳房），换个爸爸。
爸爸呒不儿子，换粒螺蛳。
螺蛳呒不鳞，换只针。

摇摇船外婆去

摇摇船，外婆去。
外婆家在何端（方言哪里的意思）呀，
外婆家在天上。
那哈（怎么）爬上去，
花花轿子抬上去。
那哈爬下来，红绿丝线挂下来。（村民陈梅林提供）

十二只棉兜

第一只棉兜初起头，头横头拉到脚横头。
冬天拉来身上暖，夏天拉来身上凉。
第二只棉兜自成双，金童玉女领出村。
前面撑起黄凉伞，后面跟着我娘亲。
第三只棉兜是三宝，花线照到卞山上。
卞山头顶百花开，桃红柳绿迎亲娘。
第四只棉兜四方角，四方平安到西方。
西方直到蓬莱岛，早登仙界判生方。
第五只棉兜是财神，五路财神常进门。
早晨得来摇钱树，晚上得来聚宝盆。
第六只棉兜六里顺，保佑六亲富眷好收成。

搭着亲戚亲要好，搭着邻舍邻和睦。

第七只棉兜是七仙，七仙领娘上九天。

九天仙女天宫坐，胜如南方老寿星。

第八只棉兜是八仙，八人抬轿抬到佛面前。

观音大士坐上方，弥勒大佛哈哈笑。

第九只棉兜九座桥，九春十岁好风光。

男清女秀步步升，芝麻开花节节高。

第十只棉兜十等圆，子子孙孙中状元。

养个男的高官做，养个女的凤冠霞帔做夫人。

第十一只棉兜是仙丹，事事称心如我愿。

手拿黄秧千斤田，手拿鹅毛百斤茧。

第十二只棉兜拉完成，保护儿孙福寿全。

保得四方永平安，永保太平万万年。

（“十二只棉兜”是织里地区颇具代表性的哭丧歌谣，一般是在往死者身上拉绵兜复盖时由女子边哭边唱。此歌谣有多种版本，本书择选其中一首。）

二十四节气歌

立春雨水正月里，亲戚朋友做客来，囡儿女婿外甥来。

惊蛰春风二月里，老人住在走廊头，年轻后生出风头。

清明谷雨三月里，清明粽子到田头，稻秆蒲头垦转来。

立夏小满四月里，养蚕阿大忙起来，蚕花菩萨请进来。

芒种夏至五月里，黄梅时节也到来，手捏黄秧种起来。

小暑大暑六月里，大伏炎天热起来，黄麻百合收起来。

立秋处暑七月里，苍蝇蚊子虫情来，水稻全靠阵雨来。

白露秋分八月里，稻花飘到埂塍头，萝卜青菜种好来。
寒露霜降九月里，地上桑叶摘起来，田地边蚕豆播起来。
立冬小雪十月里，水稻快要收起来，榻车乔扦到田头。
大雪冬至十一月，西北大风发起来，白雪霜冻一齐来。
小寒大寒十二月，石臼磨子忙起来，年糕圆子做起来。
廿四节气快到来，猪羊鸡鸭杀掉来。
有钱回家来，无钱逃转来。

（以上除署名者外均由村民钱团毛提供）

谚　　语

农事篇

杨柳青，粪似金。
人怕胎里瘦，苗怕根不肥。
人补桂圆和蜜枣，地补河泥和粪草。
鸟靠树鱼靠河，庄稼望好靠肥多。
土壤要变好，底肥要上饱。
追肥在种前，一夜长一拳。
流不尽的长江水，积不完的农家肥。
荞麦不见风不老，小麦不吃风不黄。
麦在灰里滚，收成十成稳。
甜馒头，苦粽子。
一季苗两季稻，苗好稻好。
种子经风扇，好种容易见。
清水下种，浑水插秧。

过了芒种不可强种。
处暑根头白，农夫吃一吓。
白露白兮兮，秋分稻透齐。
霜降无青稻，立冬一起倒。
儿要亲生，田要冬耕。
要想韭菜好，只要灰里找。
冬雪是被，春雪是鬼。
大雪飞满，来岁保平安。

处事篇

天下第一苦，摇船打铁磨豆腐。
天下第二苦，进门女婿童养媳妇。
一家不知道一家事。
不当家，不知柴米贵。
屋里无灯望日出，身上无衣望冬暖。
穷无亲戚苦无邻，娘舅姑夫关大门。
十只黄猫九只雄，十个先生九个穷。
人穷不攀高亲，落雨不走高墩。

船到桥门自会直。
只有上不去的天，没有过不去的山。
只要肯劳动，两世不会穷。

比上不足比下有余，知足常乐。
嘴巴甜有人缘，手脚勤有人情。

太湖萝卜，吃一节剥一节。
只勤不俭无底洞，只俭不勤水无源。

手滑塌有收场，嘴滑塌无收场。
豆腐多了一泡水，空话多了无人信。
会说的惹人笑，不会说的惹人跳。
会说的说一句，不会说的说十句。
虎落平原被犬欺，乌龙难盘地头蛇。

好马不吃回头草，好女不嫁二个郎。
不磨不练，不成好汉。
谷要自长，人要自强。
人人要骑高头马，个个要称好郎君。

鞭打的快马，事找的忙人。
别人托的事情要热心，自己的生活细节要小心。

对待长辈要孝心，对待老伴要忠心，对待朋友要真心。
庄稼不让时，船家不让风。
人无千日好，花无百日红。

健身篇

心胸宽大能撑船，健康长寿过百年。
人有童心，一世年轻。
常打太极拳，益寿又延年。

饭后百步走，活到九十九。
懒惰催人老，勤劳能延年。
房宽地宽，不如心宽。

妻贤夫少病，好妻胜良药。
出汗不近风，跑步草凹胸。
六月里吃粥，郎中先生朝你哭。
冬吃萝卜夏吃姜，郎中先生卖婆娘。
夏天一碗绿豆汤，解毒祛暑胜仙方。
冬睡不蒙头，夏睡不露肚。
大蒜是个宝，常吃身体好。
潇洒一点，糊涂一点。忘记年龄，忘记疾病，忘记恩怨。
有个老伴，有个老窝。有点老本，有批老友。
1岁出世亮相，10岁天天向上。
20岁远大理想，30岁基本定向。
40岁处处吃香，50岁发奋图强。
60岁告老还乡，70岁打打麻将。
80岁晒晒太阳，90岁躺在床上。100岁挂在墙上。

警世篇

病从口入，祸出口出。
从小偷只钉，到老偷块金。
桑树从小绊，人要从小管。
不做亏心事，不怕鬼敲门。
不听老人言，吃苦在眼前。

三兄四弟一条心，门前泥土变成金。
三兄四弟各条心，家中黄金化灰烬。

勿识人头，吃一世苦头。
吃苦不记苦，到老无结果。
人怕没脸，树怕没皮。
吃不穷穿不穷，没有算盘一世穷。
拳头里出孝子，筷头上出忤逆。

骂人无好口，打人无好手。
一只碗不响，两只碗叮当。
人争一口气，佛争一炷香。
酒肉朋友千个有，落难之中一个人。
戒酒要戒头一盅，戒烟要戒头一口。

懒汉下地事多，懒驴上套尿多。
懒汉尿水多，穷人规矩多。
吃过的馍馍不香，嚼过的甘蔗不甜。
丁时不剃头，寅时不祭祖，丙时不作灶。

代管代，不管隔壁代。
有钱无子不算富，有子无钱不算穷。
满饭好吃，满话难说。

天要下雨乌云起，娘要嫁人横心起。
婆管媳妇村村有，公管媳妇话话啊羞。

病急乱投医，逢庙就烧香。

病好不谢医，下次无人医。

歇后语

歇后语是汉族劳动人民在生活实践中创造的一种特殊语言形式，是一种短小、风趣、形象的语句。它由前后两部分组成：前一部分起“引子”作用，像谜面，后一部分起“后衬”的作用，像谜底，十分自然贴切。在一定的语言环境中，通常说出前半截，“歇”去后半截，就可以领会和猜想出它的本意，所以就称为歇后语。汉语文明源远流长。五千年历史沧桑的沉淀、淬炼、凝聚成绝妙的语言艺术。其中歇后语以其独特的表现力，给人以深思和启迪，千古流传。反映了汉族特有的风俗传统和民族文化，品味生活，明晓哲理，提升智慧。乡域歇后语蕴藏丰厚，流传广泛。

老鼠钻进风箱里——两头受气

和尚撑伞——无法（发）无天

小葱拌豆腐—— 一清二白

老鼠跳进白米囤里——吃不完了

逆水行舟——不进则退

哑子吃黄莲——有苦说不出

瞎子点灯——白费烛

风吹笠帽——告诉天

和尚头顶的虱子——明摆着

扎牙子吃西瓜—— 一耙清

飞机上吹喇叭——唱高调

张天师被娘打——有法无法

撵走狐狸住上狼—— 一伙更比一伙凶

念完了经打和尚——有用是亲，无用是仇

泥菩萨过太湖——自身难保

瘌痢头的儿子——自家的好

鸟儿搬家——远走高飞

偶像面前磕头——毕恭毕敬

瞎子吃馄饨——心中有数

王小二过年—— 一年不如一年

茅坑里的石头——又臭又硬

黄连树下弹琴——苦中作乐

呆头娘娘看天—— 一世也不晴了

落雨天挑灰担——越挑越重

墙头上的草——随风倒

沤烂的花生——不是好人（仁）

跑马使绊子——存心害人

炮打林中鸟—— 一哄（轰）而散

捧着泥鳅玩——耍滑头

胖大海掉进黄连水——苦水里泡大

砒霜拌大葱——又毒又辣（毒辣）

琵琶断了弦——谈（弹）崩了

螃蟹爬到路上——横行霸道

盼月亮从西出——没指望

皮球上戳眼眼——瘪了

判官玩魔术——鬼把戏

判官敲门——催命鬼

皮鞋打蜡——时光

盘子里生豆芽——根底浅

屁股上捅一刀——背后整人

骗子碰到骗子——尔虞我诈

拍照片不上卷——没影子

马屁拍到蹄子上——倒挨一脚

平地搭梯子——无依无靠

破罐子破摔——自暴自弃

破庙里的菩萨——东倒西歪

便宜买回的处理品——贱货

破网打鱼——瞎张罗

婆媳吵架儿子劝——左右为难

破蒸笼蒸馒头——浑身是气

七尺汉子六尺门——不得不低头

钱塘江涨潮——大起大落

浅滩上放木排—— 一拖再拖

七仙女嫁董永——采取主动

七八月的南瓜——皮老心不老

七石缸里捞芝麻——费工夫

拳头打跳蚤——吃亏的是自己

瘸子骑瞎驴——互相照应

骑驴望着坐轿的——比上不足，比下有余

骑驴看唱本——看多少算多少

葡萄汁充花露水——不是那块料

秦桧杀岳飞的罪名——莫须有

强盗发善心——难得一回

请小姨子作伴——不安好心眼

三个指头捉田螺——十拿九稳

强盗碰着贼爷爷——黑吃黑

棋盘里的老将——出不了格

青蛙笑蝌蚪——忘了自己从哪来

叫花子（乞丐）跳舞——穷快活

起重机吊鸡毛——大材小用

青石板上摔乌龟——硬碰硬

染缸里落白布——再也洗不清

热水瓶脾气——外面冷，里头热

让结巴念绕口令——强人所难

热锅上的蚂蚁——团团转

雪中送炭——急人之所急

人到矮檐下——不得不低头

人才市场填个表——自我推销

肉包子打狗——有去无回

热面孔碰到冷毛巾——无情

扔下讨饭篮打乞丐——忘本

旧时婚丧喜簿书写格式

（织里地区民间风俗）

喜簿书写格式（书写时应竖排，从右至左）

男家婚娶：封面

公元二〇　　年　　月　　日　　　縠旦

×××堂　启

麟趾呈祥（或龙凤呈祥，喜簿字要写成双）

正文：

谨选于农历　年　月　日黄道吉日　为长（次）子×××完姻花烛结婚喜期

承　蒙

邻族　宠赐隆仪　善礼谨登

亲友　台篆于左　恕不称呼

×××启

（说明：喜仪好看份子男女家都可用）

全贵富华荣庆喜寿禄福

伯伯×××贺 見儀××××元元喜栏双盒

娘舅×××同前毛料壹条

姑夫×××同前皮箱壹只

寄父×××同前喜栏贰盒

写八字：甲子　冬月　初六　卯时

称谓：伯伯×××贺、见仪×××元喜栏双盒禄

（长辈仪金写在前面，以下按序编号。）

女方出嫁：

公元二〇　年　月　日　榖旦

×××堂启

凤凰来仪（喜簿字要写成双数）

谨选于农历　年　月　日黄道吉日　为长（次）女×××出嫁完姻花烛　良辰喜期

吉喜凡蒙

邻亲：惠赐盛礼　隆仪谨登

族友：台篆于左　恕不称呼

×××启

素（丧）簿书写格式

公元二〇　年　月　日　寿终

×××堂启

慎终追远（丧簿字要写成单数）

痛于农历　月　日　时善终正寝，高寿　岁

祖父：公故祖考×××公　祖母：公故祖妣×××太孺人

父亲：故先考×××公　母亲：故先妣×××太孺人

承　蒙

邻亲：光吊赐唁　唁仪谨登

族友：台篆于左　恕不称呼

哀子×××率孙×××顿首拜

序号：接引西方早登仙界乐逍遥（按此竖写）

×××　元饼饭、荤飨一席、滚被一条

××× 元花圈一只

××× 元经忏一堂

（如死者系自杀或不足40岁逝世，不写彩头，素仪按顺序写号码）

男家定亲文书格式

执柯之敬（媒人2个）

文定之敬（内封礼金）2个全贴

名帖：吉正

谨选于农历 月 日黄道吉日 为子订婚吉期 谨具

微礼全函 结果万年

××××年家忝眷姻弟××× 鞠躬

礼帖：全福

谨具 堂 上 喜糖2盒

太堂上 金环成对

伯堂上

叔堂上

表礼

微礼全函 结果万年

奉 申

年家忝眷姻弟××× 鞠躬

女家定亲：媒人帖子2个

名帖：吉正

谨 具

微礼全函 结果万年

奉　申

年家忝眷姻弟 ××× 　鞠躬

礼帖：全福

谨选于农历　 月　 日黄道吉日　为女 ××× 允婚吉期

谨　具　奉　申

喜糕两盒

种鸡成对

喜谷丰登

喜种万培

年家忝眷姻弟 ×××　 鞠躬

男家通信

柯仪两个

谨选于农历　 月　 日黄道吉日　为子 ××× 结婚喜仪

妆奁之敬

年家忝眷姻弟 ××× 鞠躬

男家讨亲

媒人帖子2个：执柯之敬

送上大六礼及加笄（上头）堂上等

大六礼：

请新之敬　 请亲之敬　 请具之敬

三答之敬　 酒水之敬　 表礼之敬

厨师　成帐　茶师　成衣

奉申

年家忝眷姻弟 ××× 鞠躬

上头盒：
祥年瑞月　吉日良辰
小六礼
投帖　抱绸　鸣锣　蚕花　蜡烛　报厅　糕师　提水　邻居　蚕花
墙门　漆师　伙夫　妆奁　砎口　掌礼　放炮　管舟　添蚕花

男家办回门酒
十全红绿帖子横写：恭迎赴宴
用炮仗迎接新客人，接望早客

各类人情份子书写格式

端　汤：汤饼之敬
满　月：弥月之敬
周　岁：岁盘之敬
十六岁：初度之敬
祝　寿：寿比南山
上　梁：万年兴隆
搬　家：乔迁之喜
朋友酒：贺仪
素　酒：奠仪
小姐妹酒：喜仪或礼品名称
寄父酒：麟趾呈祥
寄子酒：贺见仪

老师酒：师恩如山
学生酒：贺见仪

婴儿（小毛头）剃头

忌初五、三十、丁日、火日。
在十八朝外或十八朝左右大利。
甜馅团子，三杯净茶。
写一位佛目：三世如来佛拜

搬家（乔迁）请利市

家宅利市　招财利市

十六岁写目纸

南堂广灵　赐福遐龄
三殿太君　北堂夫人

开星官写目纸

本命星官　西池王母

上头目纸

三世如来

利市目纸

三界神祇　一切圣众

土地目纸

土地正神

灶君目纸

东厨司命　　厨司正神

结拜小弟兄

金兰结义文书

××× ××× ××× ××× ××× ××× ×××

同等结拜为异姓兄弟。今后如同手足，互相帮助，患难相顾。逢荤素喜庆，极力帮忙，决勿推诿。恐口说无凭，立此文书为据，永远存照。

台力于左

荤喜事酒　×××元

素丧事酒　×××元

上 梁 酒　×××元

公元　年　月　日 吉立

第四节 乡村记忆

换糖换捻线

旧时农村中一种以糖或者日用小百货换取废旧物品的个体商贸形式，通常称“换糖换捻线”。其中的糖是指麦芽糖，方言称“饧糖”。“捻线”也就是缝衣针，指称各种日用小百货。经营的方式是个体业主挑担走村串巷，担子的一头是一个木箱，里面放日用小百货，有针、线、顶针箍、肥皂、木梳、牙刷、牙膏、镜子、发夹等等。上面一个方木盘，内放着一整块的饧糖。另一头是一个竹筐，里面放部分小百货，同时用以盛放换来的废旧物品。招揽顾客的方式是用手摇动拨浪鼓，当地称“摇卜冬”，以后也出现用吹奏一种竹笛的方式。交易方式是货郎对村民拿来的废旧物进行估价，根据村民的需要，给以相应价值的小百货品。有些村民特别是孩子喜欢吃饧糖的，就给以饧糖，即用一块薄铁按在糖上，一手用小榔头敲打铁片，从整块的糖上敲下一块，大小按废旧物的估价确定。交易过程也有讨价还价，业主或许会添一点百货或一块糖给对方等。换来的废旧物品则售给专门的回收店。织里农村从事这一营生的以清水兜村的农民最为集中而普遍，村上的大多数男人在农闲时分都要外出换糖换捻线，也有少数妇女参加。他们流动的地域范围很广，除了附近湖州、南浔、菱湖、双林等城镇的乡村，还远往本市德清、长兴、安吉县以及江苏吴江、安徽广德县等地。出远门一般由数人结伴，摇一条船，到一地后白天各自挑担出去营生，晚上则归宿于船中，一般在外10天左右回村。饧糖的来源是去双林等地购买半成品的麦芽糖，回来后加热，用两根木棍搅拌、拉伸，使之呈米白色，按成圆饼状，冷却后即为成品饧糖。

村域有村民做过换糖换捻线这种小生意，如莲花兜女村民吴阿宝干过多年换糖换捻线的生意。此外，她还卖过苗鸡苗鸭。

鸡毛肉骨头换草纸

“鸡毛肉骨头换草纸喽”，一声长长的吆喝声，唤起了人们对往事的无尽回忆。

鸡毛肉骨头换草纸是与“换糖换捻线”相类似的传统小商贩经营方式。通过以物换物方式回收废旧物品，再将废旧物卖掉换钱。当地经营者以清水兜等村农民居多。与换糖换捻线不同的是，交易的物品仅限于以草纸换取鸡毛（包括鸭毛鹅毛）及吃剩的肉骨头。出外经营的时节也限于正月里过年那一段时间，因为此时家家户户过年、请客，杀鸡、杀鸭、吃肉的较多，平时则不可能有很多的鸡毛、肉骨头供交换。交易方式也是对居民拿来的废料进行估价，换给若干刀草纸。收取的鸡毛、肉骨头售给专门的回收店。清水兜村流行从事这些以物换物收购废品的小商贸，主要原因是该村田地偏少，从事农业不足以养活家庭。这种小商贸对当地百姓摆脱困境、改善生活起到重要的作用。东湾兜也有村民从事此项副业。

扎草囤

用稻草扎制的圆形盛器，统称为草囤，旧时村域几乎家家户户扎草囤。草囤主要分为两类，一类是用来放置物品的，如用于储米，称为“米囤”，用于放饭锅并能保暖的称为“饭锅囤”，放“脚缸（暖脚的炭火缸）”称为“脚缸囤”等等。一类是用于安顿小孩的，如让小孩临时站立在内，称为“立囤”，让孩子当床睡的，称为“困囤”。草囤从样式上分大致也是两类，最基本的是呈圆桶状，有“米囤”“饭锅囤”“脚缸囤”“立囤”等，只是在规格大小、桶边的直与斜的的形态上有所区别。另一类是卧盆状的，有的如方盆，有的如元宝盆，如“困囤”。各种不同样式的草囤，其基本扎制方法大致相似。首先是清理稻草，就是用钉耙把干稻草的草叶（民间称“稻火叶”或“火叶”）清理掉。然后做草囤底，用三股稻草互相扫成一个结，作为底的中心，由此逐段均匀地添加稻草并扎缚，使稻草束一圈圈的盘起来，成为一个圆底。圆底的大小合适后，按同样的方法，让稻草束在上方一圈圈叠加，逐渐叠高即成为草囤的周边。有的草囤需要做盖，如米囤、饭锅囤、脚缸囤等，做盖的方法与做底相似。小孩用的立囤、困囤做底的方法与其它草囤有所不同。为冬天小孩取暖，囤的底下需要放置脚缸或炭盆，因此囤的底部要与地面有相当的间隔。做底的方法是用废弃的旧竹箣，拆去上部，留下的半只箣高约50分分左右，在周边加撑几根竹片进行加固，然后倒过来放置即作为草囤底，再在边上用草束一层层扎起囤边。为了防止竹箣底刺脚，囤底上要放上一块木板，冬天加铺一些絮棉以利保暖。扎草囤的工具很简单，就是一把铁制的“穿子”，基本构造是一根细铁管，一端成尖刺状，用以穿透草束，使扎缚的稻草从中穿过，来扎缚叠加上去的一股草束。有的地方也用竹制的穿子，形状与铁穿子相似。一般农村中扎草囤都为了自家使用，会扎制的人也不少。

旧时，东安兜村民把扎草囤作为了一项副业生产。扎制、销售一般都利用农闲时进行，村民们自己摇船，将草囤运销于长兴县一带农村。销售方式是以货易物，即用草囤换取米、番薯等粮食，用来弥补家用的不足。东安兜村民侯连夫农活件件皆精，被称为“连夫先生”。他所扎制的草囤光洁牢固，运到长兴山区，侯连夫的草囤总是被山里人家抢先买走。

拉渡船

据杨湾村民郑铸荣回忆，莲花兜北浒井港旧时有拉渡船。

织里地区水网纵横，人们出行经常需要穿越河道。旧时农村贫穷，许多地方造不起桥，渡船便成过河的主要工具。在人口往来频繁的主要河道上，一般都设有专人摇船的摆渡船，而在行人较少、地处偏僻的小河港上，设摆渡船显得很不经济，人们便想出了一种依靠过河人自己操控船只过河的“拉渡船”。拉渡船体型较小，一般长约3米，宽约2米，可容纳四五个人。船形较一般农船方正，船底平坦，以求渡船行驶平稳。船两头置有铁环，系上一根粗草绳，草绳的两端分别固定在两岸的石块或木桩上。过河人上船后，拉着连接对岸方向的草绳，边拉边收，利用反作用力使船向对岸前进，直至岸边。拉渡船一般都由附近村子出资打造，并且负责日常修缮。拉渡船设置简易，使用方便，特别在遇到桥梁被破坏的紧急情况作为临时过河措施，更显出它的简便优点。抗日战争时期，织里的不少桥梁被日寇炸毁，许多村子就采用拉渡船的方法解决通行。自然，拉渡船也有种种使用上的不便，碰到刮风、雨雪天气，行船会出现险情，船上结冰人容易滑落河中，草绳长期浸泡在水中容易糜烂，如疏忽更换就会出现断绳，人在船上的话就会陷入“来得去不得”的窘境。但在造不起桥梁的年代，拉渡船是解决过河交通的一种经济而实惠的办法。

第八章　古今人物

东湾兜村原为湖州小村落，历史上既无豪门富户，更无载入史册的显赫人物。本章内容经多次召开老年村民座谈会回忆收集资料，将民国以来在乡域有影响的历史人物、新中国成立后的主要村干部和优秀人物撰文记述。

第一节 历史人物

塘北闻人——陈金富

陈金富又名钱金富，1918年出生，杨湾自然村人。抗日战争时期，曾任国民革命军某师属下第一别动队大队长。

陈金富出生在杨湾自然村钱氏家中，3岁时过继给河西泥坝村其舅舅陈家，并由舅舅抚养，改钱姓为陈姓。陈金富自小聪明，而且胆子很大。虽然仅读过几年私塾，但在同龄伙伴中称为孩子王。时逢乱世，陈金富十多岁时在荻塘割羊草时捡到一支步枪，竟拉起一支队伍，“有枪便是草头王”，此后便称霸乡里。

1937年11月，侵华日军攻陷湖州城。有一天，陈金富到湖州办事，年仅20岁的他竟在市陌路空手杀了一个日本兵。这件事很快传遍湖州城北，陈金富被老百姓视为杀寇英雄。不久，陈被国民党军第一别动队郑凤林部收编，任命为大队长。

据莲花兜年已97岁高龄的村民吴阿平回忆，陈金富部队有300多人，步枪、机枪、驳壳枪都有，贴身有8名勤务兵。许多老年人回忆，当年东湾兜村有数人参加了陈金富部队。东安兜的吴阿木是陈金富的副官，杨湾嵇火生是贴身勤务兵。陈金富部队虽然名声不大好，但“兔子不吃窝边草”，规定部下不得骚扰本村乡亲。杨湾陆水林回忆说，当年有个叫哈六正的人，是陈金富近亲，哈六正冒充陈的名义在湖州城北大钱乡敲竹杠。哈六正敲诈事情被陈金富知道后，即刻命部下把哈六正抓到杨湾村，用麻绳绑住，拔出手枪要处决他。哈六正跪在地上眼泪鼻涕，大喊饶命。这时哈的父母赶来求情，念在亲戚情分，陈大队长放了哈六正。

抗日战争后期，陈金富部参与打击日伪军。莲花兜村民钱坤宝回忆，那年他亲眼目睹了精彩一幕。当时日汪伪军驻扎在旧馆镇，陈金富闻讯带领部属赶去，一下子就把伪军的机枪步枪缴获，然后带人回到杨湾村。

1949年4月23日，人民解放军百万雄师横渡长江，占领国民党首都南京。消息传来，湖州的国民党军政人员惶惶不安，大多数人选择逃跑。国民政府吴兴县长与陈金富私交甚深，特地赶来劝陈金富与其共逃台湾，陈因有家属，不愿离开故土而婉言谢绝。不久，人民政府开展剿匪，陈金富部被人民解放军击溃缴械。土匪被捕后，有的被人民政府镇压，有的被判处刑罚。陈金富被捕后关押在菱湖（新中国成立初期吴兴县政府设在菱湖）监狱。1950年因病亡于菱湖监狱中，时年32岁。

机枪排长——陆宝生

陆宝生，1923年出生，杨湾自然村人。陆宝生出生于太湖诸溇村，生父姓杨。宝生3岁时父亲因病亡故后，母亲转嫁到杨湾自然村陆家，宝生随母生活，陆茂生是其养父。

1948年，解放战争进入反攻阶段，国民党军队连吃败仗，大肆抓壮丁补充前方兵员。时年，陆宝生与同村青年嵇火生被抓壮丁，编入国军后运往东北。途中，嵇火生从火车上跳下辗转逃回了家中。陆宝生到东北后，辽沈战役刚刚结束，所有壮丁被中国人民解放军东北野战军收编。陆宝生成为人民解放军战士。

南京解放后，陆宝生随部队南下。部队暂驻在湖州东门外升山，陆宝生顺路回杨湾老家一次，仅仅逗留几个小时。这时陆宝生已是解放军某部机枪排排长，回家时腰间佩带手枪。同来的战士带着冲锋枪，还在杨湾村的水田里扫射了一梭子弹，陆荣炳等村里的孩子在旁边观看。陆宝生告诉养父与母亲，这次探家是路过，部队只批准了几个小时的假。随后立即开拔，要参加解放上海的战役。父子短短叙了一会，陆宝生就带着两名战士匆匆赶回部队。

1949年5月27日上海解放，陆宝生所在的部队在嘉兴休整一个月。宝生写信给家中，邀请养父去嘉兴会面。陆茂生因此到嘉兴部队上住了三天。这次会面之后，陆宝生就与家中失去联系。后来听说宝生去了朝鲜战场，又有人说去了舟山参加解放一江山岛的战斗。

1950年代初期，家人已无法联系到陆宝生，非常焦急。陆茂生多次到乡政府的武装部打听，但有关干部回答并无确切消息，陆宝生已然下落不明。家人只得苦苦等待，日复一日，年复一年。后来几年的春节期间，浙江省军区与吴兴县人武部多次派军官来慰问陆茂生家庭。但他们只是询问陆家有无困难和要求，并没有具体告知陆宝生的生死消息。据陆茂生次子陆央毛回忆，上面每年派军人来陆家，这种情况一直持续到“文化大革命”开始，后来就再无军人来访。

陆茂生为了寻找养子，就委托时任织里公社人武部长的钱柳毛帮助与有关部队联络，并把早先陆宝生写给家中的信件，在部队拍摄的照片等装了一蛇皮袋，交给了钱柳毛。然而，钱柳毛并没有打听到任何结果。

1960年，织里公社人武部曾为陆茂生家挂了块“烈属光荣”的牌匾，这块烈属牌匾在东湾兜村旧村改造时丢失。

早期乡村干部——陆连章

陆连章，男，1929年出生，杨湾自然村人。幼年曾在本村读过私塾。新中国成立后担任杨湾村农会主任，后被选为杨湾村村长。

1950年代初期参加人民政府组织开展的土地改革运动和剿匪斗争，并兼任村夜校文化教员，开展扫除文盲工作。农村合作化时期被上级调到织里乡政府工作，担任过织里乡副乡长并兼任乡人武部有关职务。20世纪60年代初期（国家三年困难期间）离开公职，回杨湾自然村参加生产队劳动。1972年因病逝世，享年44岁。

人武部部长——钱柳毛

钱柳毛，男，1932年11月出生，杨湾自然村人，小学文化。1954年10月参加织里乡政府工作，任乡人民武装部部长职务。1959年7月加入中国共产党，1959年3月至1961年6月担任太湖人民公社织里管理区副主任。1962年起任织里公社人武部部长。1976年10月至1981年10月，任织里公社革命委员会副主任。后任织里公社党委委员、兼任织里公社人武部部长。1983年12月提前退休。钱柳毛一生从事乡镇人民武装工作，开展基层民兵训练，挑选优秀青年义务兵役，工作勤勉。退休后发挥余热，担任织里镇妙园居民会主任及镇机关老干部支部（夕阳红支部）书记等职。2010年10月因病故世，享年79岁。

第二节　已退休党支部书记、村委会主任（大队长）简介

黄细毛　1933年7月出生于东安兜自然村。1940—1941年，莲花兜庙小学读书。1942—1954年本村务农。1955—1957年，任互助组组长、联合社副社长。1958—1960年，任民主社副社长，太湖公社织里管理区杨湾连连长。1958年11月加入中国共产党。1961年，

担任杨湾生产大队党支部书记。1969年担任红丰大队革命委员会主任。1970年红丰大队合并入织里大队后，任党支部委员和革委会副主任，分管农业生产。1971年去职。

黄细毛是村域首任党支部书记，为人诚实，工作勤勉。享受织里镇农村退休干部待遇。2019年6月逝世。

钱和宝 1933年12月出生于杨湾自然村。1941年在莲花兜庙小学读书。1942—1955年在杨湾自然村务农。1955—1957年，任互助组组长、杨湾初级农业生产合作社社长、联合高级社副社长。1958—1960年，任联合社副社长，太湖公社织里管理区杨湾连副连长。1958年12月加入中国共产党。1961年，担任杨湾生产大队党支部委员、杨湾生产大队大队长。“文化大革命”期间受到批斗。1971年担任织里大队党支部委员、革命委员会副主任，分管农业生产。1980年，织里大队调整规模后，担任红丰大队党支部委员，兼任红丰服装厂负责人。1984年撤队建村时退休。2000年任东湾兜村老年协会委员，继续发挥余热。

钱和宝为人耿直，办事公正。在30年的农村干部生涯中，工作踏实勤恳。现享受织里镇农村退休干部待遇。

侯六寿 1932年2月出生于东安兜自然村。侯六寿出身贫苦，11岁时沦为孤儿，自小未上学念过书。1942—1949年在清水兜村务农。1949年春回到东安兜自然村故宅。1953年，担任本村互助组组长、云村乡高级社社长。1954—1956年，任织里乡第四高级社监察主任。1954—1956年，在太湖人民公社农业机械厂工作，先后担任车间主任、副厂长。1955年10月，加入中国共产党。1958—1970年，担任杨湾大队机埠管理员。1970—1979年，任织里大队党支部副书记，分管财务工作。1980—1984年，担任红丰大队党支部副书记。至1984年撤队建村时退休。2000年任东湾兜村老年协会会长。

现任东湾兜村老年协会副会长。

侯六寿担任30余年农村基层干部，为人正派，处事公正，工作作风踏实勤勉，退休后仍为村老年人事业工作，发挥余热。现享受织里镇农村退休干部待遇。

侯阿三　1931年出生于东安兜自然村。1937年仅上5天私塾，因日军攻陷湖州即辍学。1938—1957年，在东安兜自然村务农。1958—1969年，担任杨湾大队民兵连连长，负责民兵训练、配合上级人武部门征兵等工作。同时分管杨湾大队农业生产。1969年被选为红丰大队革委会委员，分管大队的农业生产。1970年任织里大队革委会委员、大队民兵连副连长。1980年从织里大队分出后，担任红丰生产大队大队长，1984年撤队建村时退休。2017年1月逝世。

侯阿三在担任20多年的农村基层干部工作中，办事扎实，刻苦勤勉，尤其是在落实农村联产承包责任制的年月里，承负了大量的工作。享受织里镇农村退休干部待遇。

陆荣炳　1938年11月出生于杨湾自然村。1948—1951年，在莲花兜港南读私塾。1952—1957年在杨湾自然村务农。1958年，参加青年突击队并入团，担任杨湾大队团支部书记。1961年兼任杨湾大队治保、调解主任至“文化大革命”开始。1973—1985年任红丰大队第二生产队队长。1986—1990年，任东湾兜村村民委员会副主任。1989年加入中国共产党。1990—1992年，担任东湾兜村村民委员会主任。1993—1999年，被组织安排在织里镇收费站工作。2000年，担任东湾兜村老年协会副会长。2008年，被选为东湾兜村老年协会会长。

陆荣炳在担任30多年的农村基层干部工作中，办事认真，踏实勤勉。现享受织里镇农村退休干部待遇。

侯玉平　1954年出生于东安兜自然村。1962—1967年，莲花兜小学读书。1967—1975年在东安兜自然村务农。1975—1979年，参加人民解放军在福建厦门部队服兵役，任班长。1977年入党。1984—1993年，任东湾兜村党支部委员、村民兵连长。1993—2011年，任东湾兜村党支部副书记、村民委员会主任。期间正值织里镇开发，侯玉平兼任东安建筑公司董事长。在旧村改造、折迁安置中做了大量工作，参与1999年东湾兜村老年活动中心大楼建造。2001—2004年，兼任东盛社区居委会主任。2011年，退居二线工作，同年退休。

侯玉平在村主任位置上整整干了20余年，是东湾兜村历史变迁的亲历者和见证人。

侯金芳 1960年出生于东安兜自然村。1966—1976年先后在织里小学、织里中学读书。1976—1978年红丰小学任小学教师。1978—1983年，中国人民解放军某部服役。1983年退伍后任织里公社蚕桑干部。1985—2001年回村从事童装生产。2001—2003年湖州东盛公司上班。2003—2004年任东湾兜村党支部委员。2004—2011年任东湾兜村党总支委员、浙江湖州东盛集团公司副总经理，参与东盛商贸区开发等工作，期间2005年—2007年兼任东盛幼儿园园长。2011—2017年任东湾兜村党总支委员、东湾兜村村民委员会主任，在旧村改造中完成莲花兜南、北自然村共100余户村民的房屋拆迁重建工作，并启动杨湾旧村改造规划。2017—2020年，任东湾兜村党支部委员。2020年退休。

侯金芳任本村村干部期间，执行上级政策，踏实工作，加快村级经济发展，维护本村治安秩序，受到村民好评。

侯国民 男，1962年出生于东安兜自然村。1978年高中毕业，1980年任红丰大队团支部书记。1984年当选为东湾兜村村民委员会主任。1990年任村党支部书记，后兼任东盛集团董事长、总经理，2004年任东湾兜村党总支部书记。任职期间，先后被评为“湖州市优秀共产党员”“吴兴区成长型企业家”“党员‘双带示范户’”

“2001—2002湖州市劳动模范”“湖州市吴兴区人大代表”等多项荣誉称号。2020年退休。

侯国民在村干部岗位上历时40年，担任东湾兜村主要领导长达36年。在漫长的“父母官”生涯中，初心未改，坚守生于斯的土地，踏踏实实为乡亲服务。侯国民尽了村民共富领头羊的责任，为共富村庄建设付出心血。

第三节　当代人物（专记）

大跃进年代的杨湾“七姐妹”

1958年，党中央发动的“三面红旗”运动，参加人员之广、声势之大，历史上少有。凡是生活在那个年代的人们，无不留下深刻的印象。1958年10月1日，太湖人民公社成立，下设10个管理区。东湾兜村当时属织里管理区，编为杨湾生产队（不久改为杨湾生产大队）。

高举“三面红旗”运动在全国形成浩大的声势。全民大炼钢铁，农业产量“放卫星”。杨湾“七姐妹”突击队就是在这样的背景下诞生。

当年太湖人民公社织里管理区的领导在寻找农村青年先进标兵时，发现杨湾生产队一群思想积极上进、干农活既快又好的姑娘，于是组织她们成立“七姐妹”突击队。这些姑娘年龄大的20岁出头，小的只有十七八岁。她们自幼就跟随父辈在田间劳动，插秧、割稻，手脚麻利，个个都是农活能手。

杨湾“七姐妹”突击队队员有邹林娥、蒋掌珠（已病故）、陈金凤、李丫定、钱阿三（已病故）、蒋明珠等。据当年的团支部书记陆荣炳回忆，杨湾“七姐妹”种田特别快，比一般男劳力要快好多，从早上种到下午都不觉腰疼。当时的吴兴县委对她们的事迹进行表扬和宣传。当年的杨湾“七姐妹”之一，如今年逾七旬的蒋明珠依然身板硬朗，忆及往事时她感慨颇深：“那时我们都很年轻，朝气蓬勃，有一股使不完的劲。我们与男社员一样掮谷桶、捻河泥，整天干活不知道累。”她们不仅在杨湾大队参加突击劳动，有时还去别的大队支援。有一次，“七姐妹”奉命去郑港大队支援插秧，连续种了几天，帮助他们提前完成任务，受到了郑港大队群众的赞扬。蒋明珠说，当年她们还经常做无名英雄，做好事后不肯留名。有一次夜里到辫圩阡帮邻队割了稻田，第二天人们不知道是谁割的。那个年代的生活是火热的，公社干部每天下农村，有的还住在老百姓家里。我记得其中有位叫赵阿惠的干部，晚上还经常在莲花兜庙里教我们跳秧歌舞，排演文艺节目。

杨湾“七姐妹”的事迹被公社树为青年先进典型，进行大力宣传并给予表彰，给每人发了一个印着大红“奖”字的凉帽，对“七姐妹”进行鼓励。公社文宣单位还专门为她们编排了文艺表演节目。据有关人员回忆，有个表演唱节目的唱词内容大致如下：

织里管理区呀，
杨湾生产队呀。
有个七姐妹，
劳动生产跑前头呀。
每天割稻一千二百绞，
种田插秧个个是能手。
真正了不起呀……

杨湾“七姐妹”中的蒋掌珠还被公社安排在广播站介绍交流。

（雨人2014年撰文）

“共富村庄领头人”——侯国民

侯国民1962年出生，高中文化。曾任东湾兜村党总支书记，东盛集团有限公司董事长。2000年度湖州市劳动模范，吴兴区第二届人民代表大会常务委员会委员。

侯国民1980年任红丰大队团支部书记。1984年行政体制改革时，被选为东湾兜行政村村长。1990年担任村党支部书记。2004年当选为东湾兜村党总支部书记。2020年退休。

进入20世纪90年代后，侯国民抓住本村优越地理位置的契机，致力于发展村级集体经济，为村民创造福祉。初期建造了织里加油站、东安建筑公司等企业。1994年创办东盛集团。1998年，在侯国民主持下，村委会决定划拨好地块，投资250万元建造老年活动中心。2000年建成开放，侯国民在开张典礼上作弘扬敬老之风的主题发言，充分阐述敬老理念与构建和谐农村的内在关系。目前，尊重孝顺老人的传统美德在东湾兜村形成风尚。

（乡闲2021年撰文）

海军大校——陆强强

陆强强，男，汉族，东湾兜村杨湾自然村人。1978年11月20日出生，1985—1988年在莲花兜小学读习，后在织里镇区中心小学、织里中学就读。1997年9月，在湖州市第二中学考入海军大连舰艇学院指挥专业，1999年9月入党。硕士研究生学历。

现任中国人民解放军海军某航空母舰副舰长，大校军衔。曾任护卫舰舰长，先后参加中华人民共和国成立50周年国庆天安门阅兵、多国联合军演、海军成立70周年海上阅兵等数十次重大任务。

4次荣立三等功，多次获“学习成才先进个人”“优秀共产党员”等荣誉。

陆强强是当代中国军人的优秀人才，是东湾兜村的杰出乡贤。

（钱利平供稿）

援川女侠——吴小红

吴小红，1966年出生在东湾兜村莲花兜自然村港北，小学文化（后来通过再教育取得成人教育高中学历），从小受祖母慈爱之心熏陶，善良勤奋，乐于助人。青少年时期，受村民经商之风的影响，开始在家做电风扇套、纽扣等。1986年出嫁至邻村，与丈夫白手起家做童装，1989年到北京做生意，经历商海锻炼。几年后回到家乡创办湖州小熊猫制衣厂，艰辛创业，凭着产品质量与良好信誉，赢得四方客户，是童装之都的成功女性之一。在生意不断扩大的同时，吴小红不忘回报社会，积极参与社会公益活动和慈善事业。2008年四川省汶川发生特大地震，她毅然关停自家正在生产的童装车间，携款带领十多名员工奔赴灾区现场，不顾危险，昼夜参与救援，时间长达19天。得到灾区人民与社会各界的高度赞扬，多家新闻媒体报道吴小红的事迹。2020年新型冠状病毒肺炎蔓延，吴小红捐献物资，奉献慈善爱心，承担了一份社会责任。

（乡闲供稿，汶川地震现场救援文章见丛录）

当代军嫂——朱金芳

家是动人的风景，家是温暖的港湾；每一户“最美家庭”都是一个标杆。他们用小家的美好温暖人心、诠释文明，充分展现了家庭家教家风建设的重要作用。2022年5月9日至15日是全国首个家庭教育宣传周，让我们一起走进吴兴这些“最美家庭”，听听“家”的故事，汲取最美“家”力量。

辛勤耕耘　培养栋梁

朱金芳是织里实验小学教育集团的一名教师，丈夫是一名海军军官。朱金芳与军人丈夫结婚十余年，组成了一个幸福又温馨的三口之家。怀揣着梦想的两人，相互鼓励，互相扶持，用坚守和奉献书写自己的家国情怀。

朱金芳年幼时的梦想就是成为一名人民教师，在她看来，在传授知识的同时，能够给学生带去正能量，用人格魅力吸引学生，是一件值得骄傲的事情。课堂上她是学生的严师，生活中她是学生的慈母。作为一名一线的教育工作者，朱金芳的心里时刻装着学生，面对家庭困难或者需要帮助的学生，朱金芳用平等的方式和他们交流，尽可能地保护孩子，帮助他们走过迷茫期。她多年的付出换来了学生们的喜爱和信赖，成为学生心中最可爱的“朱妈妈”，她用深厚的理论功底教育学生，用自己的言行恪守职业的准则，担负起时代赋予教师的重任。

默默奉献　始终坚守

朱金芳的丈夫是一名优秀的海军军官，她也就成为了一位名副其实的“军嫂”。由于丈夫的工作需要长期驻扎在部队，因此结婚17年来夫妻俩一直两地分居。但是，朱金芳从未有过一句怨言，她深知丈夫的梦想就是驾驶着战舰驶向深蓝，保卫我国的海洋权益和海上利益。她总是说：“既然爱他，就要热爱和支持他的事业，就要融入他的精神世界，陪他披荆斩棘，长风破浪。”

十多年来，朱金芳夫妻两人聚少离多，每当别人阖家团聚时，他们只能通过电话询问彼此的生活近况，相互鼓励。为让丈夫安心工作，她总是报喜不报忧，家里家外都是自己操持，默默地扛下了所有的事，让丈夫安心执行任务。2021年，朱金芳被评为湖州市“最美军嫂”，这份荣誉的背后，是她十年如一日的奉献与付出，饱含的是一名军嫂对国的忠诚，对家满满的爱。

传承家风 弘扬情怀

丈夫因为工作不能时常陪伴儿子，朱金芳时常告诉儿子：“你的爸爸是英雄，他非常爱你，爸爸正为了保护祖国，保护更多家庭的幸福安康而努力着。”在母亲的言传身教、耳濡目染之下，他们的儿子懂事明理，他为父亲这种“舍小家为大家”的精神感到自豪。

朱金芳的儿子经常热心参与校内外的公益活动，尽自己所能弘扬正能量。他告诉妈妈：“将来，我要成为像爸爸这样顶天立地的男子汉。”为了更好地培养儿子的责任感与使命感，朱金芳用家庭的名义资助了一位贫困儿童。逢年过节，朱金芳都会和儿子一起，通过写信来关心孩子们，注重教育的她，不仅会给孩子们寄衣物等生活用品，还会让儿子挑选一些书籍给贫困的孩子们寄去，她用自己朴实的行动诠释着自己良好的家风。

在朱金芳的小家庭里，无论是人民教师还是部队的军人，他们都有着优秀的品格和高尚的情操，用自己的青春年华，耕耘在三尺讲台和祖国的边疆，诠释着军人家庭的赤子情怀。

（湖州市妇联）

第四节 慈善人物

钱连法积善修凉亭

钱连法 1928年出生在莲花兜北自然村。年轻时学得厨师手艺，会炒一手好菜。钱连法为人坦荡随和，集体化生产年代，凡大队、生产队干部外出开会，村民参加修建水利工程等，村里都派他负责食堂炊事工作。20世纪70年代曾被聘为织里公社机关食堂的炊事员。莲花兜到织里老街有二里多路，途中隔两只田畈和差鱼兜（小河港），中间并无歇憩之处。夏季天气变化无常，行人在途中突遇雷阵雨，前不着村，后不着店，只得任其风吹雨淋。20世纪70年代后期，钱连法将平时省吃俭用积攒下来的钱拿出来，购买水泥立柱和砖瓦、毛石、椽子等建筑材料，在这段路的中心处建造了一座凉亭。凉亭建成后，方便过往行人。老年人上街，总要坐在亭内憩息和聊天，凉亭成了附近田里干农活村民躲避风雨的场所。钱连法的善举，成为当时织里公社范围内的美谈，人们把这座凉亭称为积善亭。

钱连法于1993年4月因病逝世。

（雨人2014年撰文）

蒋阿黑解囊建车亭

蒋阿黑学名蒋银林，1948年出生，莲花兜南自然村人，曾担任织里大队兽医。

1984年5月1日，织里至晟舍连接318国道的公路建成通车，织里镇群众终于告别了乘坐小轮船的历史。然而，公交车沿途停靠站设置较少，东湾兜的村民乘车非常不便，群众颇有意见，纷纷要求村干部向上级转达。为了解决这一难题，东湾兜村委会委托陆荣炳向上级有关部门反映情况，请求在杨湾自然村设置一座公交车停靠站。

陆荣炳找到湖州市公路管理部门。经了解，分管乡村公路的干部叫郑长华，陆荣炳心中暗喜。原来郑长华是曾经在莲花兜插队的知识青年，互相熟悉。与陈见面后，陆讲述了需在杨湾设置停靠站的情况。郑长华听后非常爽快，说：“只要你们答应3个条件，我就批准你们建造。这3个条件是，第一选址必须是直线，不能有弯头，以免挡住司机的视线；二是建造停靠站的费用由你们自己承担；第三，公交车的票价与织里起点的票价相同”。陆荣炳答应回村里商量决定。

陆荣炳回到村里，汇报了上述情况。村领导粗粗算了一下，建造这个停靠站估计要1000多元钱。20世纪80年代初农村还很贫困，大家正在议论如何筹集这笔资金时，村民蒋阿黑正巧来到村里办事。他一听要建造公交停靠站，连声说“这是好事，资金是小事，只要方便村民就好。这笔钱我来出好了。”蒋阿黑曾是大队的赤脚兽医，改革开放后即开始做枕套生意，这时已是小有名气的万元户了。他当即拿出1000元现金交给陆荣炳，说：“这点钱你先拿去买材料，以后需要钱可再向我拿。”

建造材料购置齐备后，东湾兜村委会发动党员和生产队长做义务工。每天抽8个人，大家轮流做工。短短一个多星期，晟织路公交车杨湾停靠站就造好了，与公路管理部门联系后，这个停靠站就正式启用，大大方便了附近几个村庄的村民。

杨湾停靠站总共建造费用1280元，蒋阿黑又拿出280元交给村里，成就了一件善事。蒋阿黑于2008年12月故世。

（陆荣炳2014年讲述）

一生行善的吴惠江

吴惠江　小名阿黑，绰号糊涂。1949年出生，莲花兜北自然村人。1968年参加中国人民解放军，1971年退伍，1972年到湖州酒厂工作。

吴惠江出生在一个贫困农民家中，其父吴阿平是村上闻名的勤劳节俭好心人，受其家庭影响，从小生活俭朴艰苦。吴惠江为人老实，做事宁愿自己吃亏，不要他人便宜。平时不修边幅，大大咧咧，甚至还闹出过笑话。至今村上老人还说起他的故事。

吴惠江，有一颗浓浓的爱心、善心。他一生行善，做了不少的好事，留下很多感人的事迹。

吴惠江于1972年到湖州酒厂工作，开始工作是烧锅炉。由于诚实，工作积极，没有几年就调到厂供销科工作，负责外出购销业务。1983年，他结婚成家的这年冬天，天气特别冷。农历十二月初的一个夜晚，天下着雪。吴惠江刚从广东湛江出差回来，由于天下雪，车开得慢，到湖州已经是晚上十点多钟了。在离出站口不远的墙角处，看见有母女俩蜷缩在那里，浑身发抖，母亲抱着小女孩，女孩冻得哇哇大哭。吴惠江立即跑过去，原来是流浪要饭没有钱住旅馆的母女。了解情况后，他告诉她们不要乱走，在原地等他。当时街上空无一人，没有三轮车（当时还没有出租车），吴惠江跑步到家（湖州西门红丰），家人早已睡觉。他把情况告诉了妻子，问家里有没有多余的棉被，妻子告诉他，只有娘家嫁妆新丝棉被一条。吴惠江二话没说，毫不犹豫从衣柜中拿出这条新丝棉被，跑步到车站，送给母女俩，又掏出20多元钱给她们，叮嘱她们天亮后，早点回家。

吴惠江对家乡怀有特殊的感情，19岁参军离开家乡，22岁复员回家，23岁被安排到湖州酒厂工作，自上班后每逢周末都要回乡下。莲花兜到织里老街有条小泥路，一半是田埂，是村里老人早晨上街喝茶，群众购买生产生活用品的必经道路。小路长2里多，宽不足60厘米，要穿过两只长田畈。由于是田间小路，路边长满杂草，路面不平，到处坑坑洼洼。晴天上早街，鞋子被路边杂草上的露水打湿，雨天一脚水，一脚泥，路越踏越烂，行走相当困难。每年总有好几位老人不是滑入路边水田，就是滑入路边水渠。

时间进入20世纪80年代末，不少地方造了新房子，但莲花兜到织里老街那条泥泞小路没有改变。目睹这种情况，吴惠江决心出资把这条窄长的泥泞小路，修建成水泥路。他把这个想法告诉了村上从小一起长大的好朋友吴海乔、黄毛宝、黄林江等人，大家一听，认为是好事一致支持。他们一起实地勘察，规划方案，计算工程量。吴惠江提出修建该路所需的水泥由他一人出资。村上群众得知这个消息，非常高兴，于是有钱的出钱，有劳力的出劳力。1988年3月修路工程开始，群众顶风冒雨，肩扛手推，到九月底，全长1.5公里，宽1.5米，厚度10厘米以上整洁平坦的水泥路建成。吴惠江出资4000多元，是修建该路出资最多的人。据具体负责修路工程的吴海乔回忆，当时修路场面很感人，群众不仅自发参与，途中因筑路而毁损的桑树及庄稼，没有一人提出要求赔偿。

吴惠江家中经济并不宽裕，他不是有钱人，更不是富翁，夫妻俩都是普通职工。老家两次造房子，他只拿出一千多元钱。他平时生活节俭，几年都舍不得买一件衣服，除结婚买一套新西服外，再没有买第二套西服。平时总是穿件当锅炉工时发的工作服。但对于行善做好事，从不吝啬，给修桥铺路、修庙建寺捐钱，给贫困学生捐钱都很慷慨。1993年7月他被查出患鼻咽癌，后转移到肺部，不断地化疗，化疗后的疗养，耗费了家中本来很少的积蓄，但吴惠江没有因自己身患绝症而放弃他行善的事业。1995年他从电视、报纸上看到我省不少地方的很多孩子，因为家庭贫困上不起学。他毅然决定一次就同衢州文成县毛东雅、郑明相等4位同学结对子，每学期每人180元，资助他们上学读书。哪怕生命垂危也不间断，连续四五年，累计超过1万元，直到这4位同学初中毕业。而2002年吴惠江病故时，除一套全家共同生活的住房外，没有余钱留给他的家人。

一代伟人毛泽东说过，一个人做件好事并不难，难的是一辈子做好事。吴惠江可以说是一辈子做好事的人，他把行善做好事，作为一生奋斗的事业。他常说，假如每个人做到只做好事，不做坏事；每个人乐于公益活动，伸出自己的手帮助需要帮助的人，那么人与人之间必定是和睦相处，我们的社会必定是和谐安定，我们的国家必定一天比一天强盛。

行善事助人为乐，人们是不会忘记的。吴惠江虽然已病故多年，但他那感人的事迹，至今在村里传扬。

（吴惠明2014年撰文）

第五节　孝行人物

孝行女婿徐毛信

在杨湾自然村，只要提起徐毛信，人们都会翘指称赞：钱火林家招了个孝顺女婿，杨湾村多了一个热心的好村民。钱火林在东湾兜村当了近30年的蚕桑干部，膝下生有2个女儿。按照乡下的习俗，大女儿留在家中招赘上门女婿，以传承本宅香火，钱火林的次女则出嫁本村莲花兜。

1981年，25岁的徐毛信经人介绍，与钱氏长女相识，经过一段时间的恋爱，当年就入赘到钱宅，成了上门女婿。

徐毛信的老家在织里镇的郑港村，距杨湾村不过三四里地，彼此来往也很方便。自从进入钱家第一天起，徐毛信就立下这样一个誓愿：既然当了上门女婿，就要把岳父母当作自己的亲生父母一样侍奉，尽孝是做人子的本分。对待村庄也一样，来到杨湾村，就要当个好村民。

那时农村还是集体化生产年代，岳父钱火林还在当大队的蚕桑干部，岳母沈林珠参加生产队里的劳动。徐毛信除了参加集体劳动外，做家务，种自留地，饲养猪羊，里里外外都是一把好手。他对村里人的事情非常热心，如哪家建造房子需要小工等杂事，徐毛信都会主动过来帮忙。

1983年后，织里镇的农村全部实行家庭联产承包责任制，农田划分到户，农民的积极性得到了充分发挥。可是也有一些劳力困难的人家，杨湾村村民钱阿二的丈夫身体不好，家里劳动力紧张。“双抢”期间，徐毛信总要抽出一些时间帮助她家收割和插秧，样样农活帮着干。钱阿二在接受采访时感动地说：“我的丈夫去世早，毛信对我家的帮助是很大的，我有困难时，他总是出力相助。平时，他经常帮我家干活，挑猪粪等脏活都干，甚至连腌咸菜这种事也帮着做。毛信真是个好人啊。”

20世纪80年代中期，与织里地区大多数农民一样，徐毛信家也经营童装生产和销售。开始时，他与同村的妹夫家合伙经营，厂房设在自己的家里。凭着优越的地理位置和自己的勤奋聪慧，每年的经济效益还不错。但是，与他合伙经营的妹夫当年迷上赌博，输了钱还负了不少债。徐毛信就对妹夫进行苦口婆心地规劝，说辛辛苦苦做出来钱输给别人是非常愚蠢和不应该的。赌钱既影响自己的身体，也会造成家庭的不和睦。作为男子汉，就要对家庭担当责任。妹夫被感化了，终于戒了赌。浪子回头金不换，前几年，妹夫独立办了童装厂，一心一意搞经济。

进入新世纪后，岳父钱火林身患肺气肿、糖尿病、高血压等多种疾病。经常气喘吁吁，行动极其困难。当时，毛信夫妇还在开童装厂，雇了不少工人。选童装样品，进购布料，打样裁剪，生产成衣，洽谈客商，常常忙到深夜。虽然这样，徐毛信对岳父的关心依然细致入微。岳父稍感不适，就请医生给岳父打针服药，病情严重时，就连夜送岳父住院治疗。2008年秋天，岳父吃晚饭时说头晕，毛信马上把他送到织里医院，紧接着又送到湖州医院，医生说老人患的是脑溢血，幸亏及时送来，再晚点就有危险了。后来在湖州中心医院治疗期间，徐毛信发现护理岳父的护工照顾很周到，人品也不错。就与那位护工商量，征得她同意，谈妥工资，把那位护工请到家里专门护理岳父，直到2011年老人家离开人世。

据村里人说，钱火林生病的时间里，无论童装厂里的生意多么忙，徐毛信总要抽出时间陪岳父聊聊天，说些村里发生的事情。有时还推着轮椅让岳父到外面转悠一圈，让其晒晒太阳，吸些新鲜空气。后来岳父病情危重了，徐毛信与妻子商量后，决定停办了自己的童装厂，全身心照料父亲。

钱火林逝世后，村民都说他的福气好。老干部钱和宝至今还说："火林家的女婿是少有的，可以说比亲生儿子还要孝顺。"在东湾兜村，火林家女婿的孝行是首屈一指的。

徐毛信夫妇生有一个女儿，也招了上门女婿。女婿在省城杭州工作，是位建筑工程师，女儿从事营养产品的销售工作。女儿女婿既有文化，也对父母恪尽孝道。2014年，徐毛信夫妇已有了孙子，阖家美满，其乐融融。

（雨人2014年撰文）

百岁老人的子女们

莲花兜港南的李和珍生于1916年，虚岁100岁，是东湾兜村有史以来最长寿的老人。在老人即将百岁华诞之际，幼子李新宝讲述了老人与子女们的故事——

母亲出生在莲花兜港南，平生务农，从小没有念过一天书。与本村农民李建章建婚后，生有5个子女。在集体化生产年代，我们一家小孩多，劳动力少，家庭负担重，年年都是生产队里的“透支户”。父亲非常勤劳，每到夏天，他都在渠道边和荒芜的地滩边种植许多芋艿，冬季挖出后到上海卖掉换些钱。年终生产队的预算分配方案造好后，父亲就知道今年自家要透支多少钱的大概数了。于是与关系好的可支户私下约好，到自己的芋艿卖掉后再支付他们的可支款。贫困生活也养成孩子们的节俭习惯。我年幼不懂事，有一次看到别人家吃带鱼，嘴馋了，吵着也要买带鱼吃。父亲瞪了一眼，然后叹口气说：“孩子，我们家穷，想吃带鱼你投错胎了。”时隔四十几年，我依然清晰记得父亲当年那句无可奈何的话。

母亲年轻时天天参加劳动，又要操持家务，从来不顾自己的身体，加上长子患病过早亡故，积劳成疾，不到60岁时患上了神经衰弱病，多次在织里医院和湖州二院住院治疗。父亲待她体贴入微，一有空就到医院里陪护。母亲出院后卧在床上，为了让她晒到太阳，父亲天天背她到廊檐前的椅子上坐着。父亲的言谈举止，给儿女们心中植下了一颗孝善的种子。

我的大姐金妹招了上门女婿，二姐宝珠出嫁织里镇増圩村，三姐宝英嫁与东安兜村民，我也早已成家立业。我们的生活都很幸福，家庭美满。父亲李建章已逝世多年，我们把尽孝之心、感恩之情都投注到了母亲李和珍身上。

出嫁的女儿经常探望母亲，逢年过节送些营养品和衣服之类，在当今农村则是很普遍平常的事情。而出嫁多年的女儿轮流服侍病母，在农村却不多见。

2009年夏天的某日夜晚，94岁高龄的母亲在弄堂里乘凉时，不小心摔了一跤，造成股骨断裂。我即刻把她送到湖州医院治疗，三个姐姐闻讯连夜赶去陪护。白天，她们在医院买饭送药，端尿盆洗痰盂，悉心照料。我单位下班后，晚上就赶去医院替换姐姐。毕竟是年迈之人，母亲出了医院之后，就不能像以前那样行走自如，连生活也难以自理了，只得一直卧在床铺上休养。好在老人头脑依然清晰，省却了我们的更大担忧。

母亲卧床5年多来，我们姐弟及我的妻子尽心服侍，从无怨言。老人想吃点什么，我们都尽力让她偿了心愿。与村里大多数老年人一样，我母亲也一直喜欢住在莲花兜的老宅里，似乎有一种老屋难离的情结。因为白天我要上班，平时，每日的3餐粥饭都由媳妇谈新妹安排，她尽量变换些花样，让老人吃得可口。母亲牙齿不大好，喜欢吃些松软的东西，她早上到店里买来馒头，有时中午煮点面条，还到超市买来了黑芝麻糊。母亲的衣被换洗，擦身洗澡这些费心事，由姐姐们包揽了，她们几乎天天都来探望母亲，帮她洗头，梳理头发，陪老人聊天，一来就是大半天。晚饭大多时间由我陪着母亲吃，怕她晚上孤独，我常常和她多说些话，告诉她一些村子里的新鲜事，老人听后很高兴，总要问长问短。有一天晚上，我发现母亲的脚指甲长了，就找了把剪刀为她剪。没想到她的脚指甲长得很硬，使上点劲老人就喊疼。我只得打来一盆热水，让她把脚伸入盆中浸泡，直到浸软后把脚指甲剪修完，我才回去睡觉。

我屈指算了算，从母亲这条根上发展开来的家族，已有四十多人了。其中重孙子辈13人，再往下曾孙辈也有6个了，已是五世同堂。按照农村人的说法，真是多子多福，洪福齐天了。一个农村妇女能活到百岁，真是件难以想象的事。待到母亲百岁寿辰，我们这个大家族要聚会，好好为老人家祝寿。一是为让老人高兴，二是要让中华民族倡导孝敬老人的传统美德发扬光大，薪火传承。

（李新宝2014年口述，乡闲整理）

第九章　村民文存

每一座村庄都蕴藏着无尽故事，每一位村民都有一些刻骨铭心的记忆。在流逝的岁月中打捞沉湮已久的陈年旧事，这就是村史，更是浓浓淡淡的乡愁。本章选编了8位村民撰写的回忆文章，还原了当年各种场景，还原了东湾兜村一段真实的历史。

第一节 旧时学校

在梅春先生的私塾里

郑铸荣

私塾是私家学塾的简称，古代很少把“私”和“塾”两个字直接连起来使用。私塾成为一个社会常用词汇是近代以后的事情，以示与官立或公立新式学堂的区别。古人称私塾为学塾、教馆、书房、书屋、乡塾、家塾等等，这些字眼都带有几分文雅气或亲情味。私塾学生既有儿童，也有成年人。按照施教程度，人们把私塾分成蒙馆和经馆两类。蒙馆的学生由儿童组成，重在识字；经馆的学生以成年人为主，大多忙于举业。

钱梅春先生开办的私塾，校址设在东湾兜村莲花兜港南。1949年春天，湖州刚刚解放，我与同村陆央毛、钱杏宝3人，去梅春先生的私塾上学。

按照本地习俗，蒙童上学须由舅舅及家人陪同前去。那天我腰里拴着红布袱，手里提着一盏状元灯笼，肩上背着书包，那时的书包很简单，仅是一块裁剪整齐的蓝布和一块木板。舅舅手里捧着一盒三角粽子，父亲手里拎着一壶糖汤和一包粽子糖。

一进学堂门，我们先向梅春先生行鞠躬礼。我偷着打量一眼，先生年近花甲，中等身材，穿一件蓝色长袍，手拿一管戒尺，神情有些严肃。梅春先生给我们指定听课的座位，发给学习的书本。接着舅舅就给孩子们分发每人一只粽子，父亲手拎茶壶挨个让大家喝了糖汤，还给同学们发盐枣，盐枣寓意是早早与大家结缘。先生讲了些学堂的规矩和要求，我们玩了一会儿，就回家了。这就是我第一天上私塾学堂的深刻印象。

梅春先生是莲花兜港南人，家中也有田地。年轻时读过经史子集，有一定国学功底。据杨湾自然村村民郑柏荣回忆，钱梅春先生的私塾大约是在1931年开办，直到新中国成立初期停办，前后总共开办了20年的时间。私塾先期开办在莲花兜港南钱氏本宅，1934—1936年曾搬迁在杨湾自然村的陆吉夫家中，后来又迁回莲花兜。私塾学费每个学期一次性交清，一般人家是用白米折算，也有人家是交铜钱的。钱梅春先生在教学上有自己的方法和经验，可以说为本村孩子的启蒙教育起了重要作用。钱先生教出来的学生中，好多人在解放初期都派上了用场，吴荣康、黄阿和等人都长时间担任了本大队的会计，而东安兜自然村的吴荣生后来则考上正规大学。

私塾学堂上学时间大约是8点半，下午放学在4点钟左右。我上学的时候，学堂总共有30多名学生，现在我能回忆起来的是李阿四、沈权生、黄阿三、黄阿和、周阿三、吴荣康等同学。梅春先生教授的课文内容先是《三字经》《百家姓》《千字文》，后来也教四书五经中的有关文章，他不会讲国语，说的是当地土话。学生也讲方言，跟着先生读。《三字经》《百家姓》人人会背，而且背诵如流。私塾学堂练字不用铅笔，我们每天都用毛笔描红。先生对大家交上来的作业都用朱笔批点，写得好的画上大圆圈，中等的划杠，写得差的打上大叉。我在蒙学时写字很认真，因而先生给了好多大红圆圈。

私塾学堂里学生课间上厕所，不用向先生报告。每只课桌上放有大小分明的两把杠尺，学生若要小便，只要把小杠尺放在自己的课本上，便可以可出去了，学生要大便时就放上大杠尺。旧时私塾学堂是可以惩罚学生的，常见方式是“立壁角”和“受戒尺”。“立壁角”是罚犯了错的孩子站在墙角落面壁思过，面壁规定时间，得到先生允许后方可走动。“受戒尺”的惩罚更为严厉，一般是对与同学打架、冒犯先生的学生进行惩罚。戒尺大多用檀树木制作，很坚实光滑，长30厘米，宽七八厘米。先生命令犯错的学生把手放在案桌的角上，放平伸直，先生手举戒尺打几下后，好多的孩子就哭着向先生求饶。我记得私塾里被梅春先生打得次数最多的是钱同学了。他幼时调皮捣蛋，每次打架总有份，因此，“受戒尺”最多也就理所当然了。

国学是中华文化的精髓，而今“孔子学院”已遍布世界各国。随着中国传统文化的复苏，私塾学堂又在国内的有关城市兴起。而梅春先生的私塾早已化为历史云烟，成为我们心中永远的记忆。

（2015年春）

古庙里的小学

吴惠明

2014年金秋时季，忽然接到老家村委会打来的电话，告知正在编纂《东湾兜村志》，约我撰写一篇记述家乡往事的文章。盛世修志，我非常欣喜，觉得我们村确实有许多东西应当记入史志，留给子孙后代。而编修村志是我们这代人的愿望，更是应尽的责任。于是满口允诺。

我出生在名字叫莲花兜的古老又美丽的自然村，童年和青少年时代都在这里度过。清澈的河水与浒井港连接，春夏季节，两岸尽是碧翠杨柳、楝树，参差的民居。农舍旁有茂密的桑园，成片的稻田。至今让我魂牵梦绕的兜底头那座古庙，以及办在古庙里的小学。我之所以对古庙充满情感，将其作为撰写回忆文章的题材，是因为与它有着很深的渊源。我幼时在古庙里读的小学，时隔十年后又回到古庙的小学里执教。为人学生，为人老师，古庙里藏着我千丝万缕的情缘。

查阅清同治《湖州府志》，古庙名叫“莲花庵”，应是佛教寺庙，还可能有过尼姑住持。民国年间，村里没有办过正规小学。新中国成立后，东湾兜村（由莲花兜、东安兜、杨湾3个自然村组合）划属织里乡。人民政府关心农村教育，第二年就在古庙里开办了莲花小学。为什么把学校建在庙里，当时原因有两个：一是莲花兜在自然村西侧，正好是三个自然村的中心位置，行走方便，便于农家儿童就近入学；二是国家才刚刚建立，经济困难，百废待兴，没有资金建造新的学校。

说起莲花兜古庙，现今50岁以上的人都有印象。古庙属于江南农村普通的乡间庙宇，规模较小，分南、中、北三殿，三重结构，宽度都是三开间。信众为附近3个小自然村的村民。由于是乡村小庙，香火不旺，加上解放前战乱灾荒，庙宇年久失修，墙壁石灰脱落，墙头杂草丛生，残檐破瓦，满目疮痍，到解放初已成一座破落庙宇了。莲花小学占用古庙南殿西南角一间庙舍作教室（这里原供置总管老爷猛将菩萨），南殿与中殿连接的西厢房（俗称灶披）作老师办公室，庙南门前一块不足百米的空地是学校晨操、体育课、课外活动的地方。教室里讲台用原来菩萨前的供桌，课桌一部分是庙里僧人的餐桌，学生自带凳子（地蚕凳）坐着听课。很多小学生，特别是男生搓一根草绳，一头系着小书包，一头系着小板凳，往肩上一搭，早晨背着上学，下午放学背着回家。当时农村不通电，没有电灯，教室里光线昏暗，几十个人的教室就靠房顶揭开几片瓦，装一块尺把见方小玻璃（俗称蠡壳的天窗）的透光来照明的。坐在教室靠后位置的学生，看不清老师黑板上写的字，要走到讲台前看一眼，再回到课桌记一下。特别是下雨天，屋顶多处漏雨，有的学生抱起书包，躲到不漏雨的地方，站着听课。学校条件之艰苦，今天已无法想象。

我是1961年进莲花兜小学读书的，1965年下半年新学期开始，转到织里镇西银杏树下的织里中心小学读五年级，1972年3月又回到莲花兜小学当民办教师。其中亲历的两件事，至今还记得清清楚楚。

第一件事，从小同我一起玩的小伙伴，莲花兜港北黄林根上学读书用的纸书包。1962年9月新学期开学，黄林根那年7岁，那天上午9点左右，当邱宣英老师宣布欢迎新同学黄林根时。我看到黄林根没有背新书包，而是拿了个用糊蚕匾纸折成的小纸包，白色、长方形。黄林根低着头，在大人陪同下，慢慢地走进教室。当时他家弟兄多，父辈虽勤劳节俭却依然很贫困。他只读了两年书，9岁就辍学回家，参加生产队集体劳动，开始挣工分了。以后再也没有回到学校读书。

第二件事，发生在我已经是莲花兜小学民办教师期间。1972年9月新学期开学，头几天是新生入学报到时间。对于当时已经在校读书的学生来说，欢迎新同学是最高兴的事，因为有糖吃。那时有个旧习俗，新生入学第一天，家长陪去学校报到时，都带上糖果，发给其他同学，每人一粒糖，也有新生家长每人发两粒糖的。这年新学期开学，东安兜村有个小女孩名叫闵玉琴，长得清丽、漂亮、可爱。9月2日她父亲闵细毛陪她来学校报到，当父女俩刚进教室，教室里的同学看到闵细毛拎了只竹篮，篮里装着红绸包的包裹。于是一双双稚嫩的小手拍个不停，一对对小眼睛滴溜溜盯着竹篮里的红绸包裹，小朋友以为今天可以吃到两粒糖了。当我把闵玉琴新同学介绍好，她父亲打开红绸包裹，里面露出一把青花陶瓷大茶壶，还有一只小土地盅子，原来是给每个小朋友喝一盅子糖汤的。顿时掌声没有了，一些平时爱动、调皮的小朋友，有的吹口哨，有的用小指头敲桌子。教室里口哨声，嬉笑声、敲桌子声响成一片。

我从进莲花兜小学读书，又回到莲花兜小学做民办教师，其间相距十年多时间。这十年多时间，莲花兜古庙还是老样子，教室还在古庙里原来的位置，村里农民的生活跟以前一样艰苦。所不同的是1966年以后，村里农民除了天天田间劳作外，还要参加“文化大革命”。但对我个人来说，这段时间，开启了我探求知识的大门，我养成了喜欢读书的好习惯。依靠这十年多时间的学习积累，“文化大革命”结束国家恢复高考后，我顺利考入杭州师范学院（现杭州师范大学），成为莲花兜小学里走出来的第一个正规大学生。

莲花小学在莲花兜古庙里存在了23个年头，这漫长的岁月里中，前后有5位教师走进这座学校，奉献他们的才智与青春年华。1974年，村委会决定拆去莲花兜古庙，在古庙的南殿位置建造大队大礼堂，北殿位置建了并排3间平房作学校教室。1996年，莲花兜小学被撤销，师生并入织里镇中心小学。

古庙里的小学，人生中的难忘记忆。

第二节　年代记忆

伴行村庄七十年

侯六寿

人生犹如一条小溪，流过了无数弯曲的山涧和田野。在它将要归纳大海的时候，总想回头望一眼那些无法重复的路程。

1932年冬，我出生在东安兜自然村一个贫困的农民家里。6岁那年，日本人攻陷湖州，旧馆、晟舍的大片房屋被日寇焚烧，人们四处逃难。我依稀记得，当时父母亲曾带我躲在农田里的埂头上。这年父亲侯宝林患了重病，因为无钱治疗，不久离开了人世。我10岁时，祖父侯卯生也因病故世。11岁那年，母亲又因病离我而去。我成了无依无靠的孤儿。

当时，本族人要领养我，可是我不大愿意。于是，投靠了同母异父的兄长蔡阿江。兄长家住在邻村清水兜，我在他家总共住了6年，种田、踏车、割稻等农活都很卖力气地干。其间，还帮别人家做过短工。

18岁那年春天，湖州解放，我从清水兜回到了祖宅。踏入老屋，真的可以说家徒四壁，那番情景至今让我欲哭无泪。一座空闲了好几年的灶台积满尘土，一只铁镬子竟少了半只边。我洗刷干净后想烧饭，可是又没有镬盖，只得用洗脸盆当镬盖。我的洗脸盆当时有3个用场，一是当提桶拎水，二是洗脸用，三是当镬盖。就在这艰难环境中我开始了独立的人生。

回东安兜不久，村民推选我当了组长（相当于后来的生产队长）。1950年政府开展土地改革，我们村没有地主富农，但是参加“一贯道”的人很多，杨湾钱汇角，莲花兜都设有大香堂。还有好几个村民是“点禅师”，这些都是政府打击和取缔的对象。我当时参加了取缔“一贯道”的工作。不久，我当了云村乡第五村的村长。

那时，国家要向农村征收粮食，而有些农民有顾虑，不肯把多余的粮食卖给国家。政府就开展反瞒产，我们这些乡村干部成了反瞒产的骨干。有一次，刁家兜某村民明明收了很多稻谷，但他就是不肯卖，还把稻谷藏在后墙的夹缝中。我们赶去做思想工作，把藏在夹缝中的稻谷找了出来，他才把多余的粮食卖给了粮管所。

1953年开始办互助组，之后又办初级社、高级社。这期间的工作最艰难最复杂。有的村民不愿入社，要多次做思想工作。大型农具要折价，如农船、水车等。还有桑地也要作价，有的农户桑地年年施肥，桑树长得很粗壮，桑叶产量也高。有的农户桑地很少施肥，桑树长得稀落瘦小，桑叶产量相差一大截。要解决好这些问题，社里推选了办事公正的人负责处理。折价后登记造册，但没有现金支付，以后逐年还给农户。有的合作社几年付清了，有的合作社到办人民公社时也没还清，结了烂巴。后来连续搞运动，大型农具折价的事再也没有人提起了。

1954年太湖流域发生特大洪灾，我们这里的许多农田被淹。几十辆水车昼夜不停地车水，人们披戴蓑衣笠帽筑圩埂。但是暴雨不停，貌四圩堤毁被淹。杨湾莲花兜到湖州请来了机器船抽水，我们东安兜到上海请来机器船。当船开到清水兜东面的鸾章桥时，因河面水满一下过不来，清水兜的人要强拦机器船为他们抽水，因此，两个村的村民斗殴打架。

1955年10月，我加入了中国共产党。是东湾兜村最早入党的党员。

1958年成立太湖人民公社，东湾兜村办了好多个公共食堂，大家吃饭不要钞票。国家号召“大炼钢铁”，当时的李老四书记叫我到湖州机械厂参加学习，回来后在织里漾西滩办了太湖农机厂。接着是三年困难时期，村民吃蚕豆叶糠圆子充饥，生活的艰苦无法用语言形容。1962年，国家因经济困难精简城镇职工，我回了家，在县桥机埠工作了7年。

1970年,红丰大队合并入织里大队。我担任了织里大队党支部的副书记。

这一年，姚家甸的民兵沈阿章在参加8383国防工程建设中牺牲，被浙江省革命委员会追认为烈士。织里大队是沈阿章的出生成长地，那时候讲究政治第一，理所当然要大力宣传。大队礼堂办起沈阿章烈士展览馆，吴兴县组织全县青年民兵参观英雄事迹。1971年6月28日，嘉兴地区在湖州召开4万人大会，隆重召开追认沈阿章烈士大会时，织里公社每户派1人参加，凌晨4点出发，步行到湖州海岛人民广场。

在织里大队工作10年，分管财务这一块也常碰到矛盾。那时农村生产力水平低，村民年人均收入才100多元。年终分配造总方案时，除了国家的公余粮外，集体提留的公积金、储备粮的比例公社有规定，往往与社员产生矛盾。有的生产队表面服从公社的规定，私下却留些钱分小方案，公社发现了就批评我们，这是很头痛的事。“农业学大寨”活动也是这10年工作的重头，大队、生产队的干部每年都要参加县里召开的农业学大寨现场会议，回来后贯彻落实。田野插满红旗，平整土地，挖掉埂头，填平污潭。东安兜原先租给栖梧长宝奶奶养鱼的东河也填平造田。

1979年，红丰大队从织里大队分出。我担任了红丰大队党支部副书记，负责全面工作。当时从织里大队分得了1万元钱，我们用这笔钱在莲花兜庙前建造礼堂。东面5间开大会用，西面3间其中1间做办公室，另2间租赁给李六贵摆放机器。就这样我们重起炉灶，重组班子，运转了红丰大队的工作。

1983年，全村实行农村家庭联产承包责任制，农田分到了户，村民开始绣枕套，做童装，走南闯北做生意。在属于他们的新天地里施展聪明才智，很快走上勤劳致富的道路。

1984年，上级决定进行行政体制改革，撤销公社和大队。红丰大队撤销后改为东湾兜行政村。这年，我已年近花甲，理所当然地从支部书记的位置上退了下来，让给了年轻人。

往事似烟，人生如梦。而今东湾兜村面貌大变，完全处于新型城镇的中心，已无半点旧时的痕迹。村民生活皆已达到小康，圆了我们这一代人的梦想。编修村志留给后人，这是现任村委领导的智慧，也是我这位耄耋老人的心愿。让子孙后代记住原先的东湾兜村，记住村里曾经发生的那些事，记住祖辈曾经走过的农耕岁月。

（2015年春）

从互助组到“文化大革命”

钱和宝

新中国成立至今已整整65年了，东湾兜村从一个贫穷村到如今的小康城镇，这是我们曾经梦寐以求的愿望。在庆祝中华人民共和国成立65周年之际，村委会决定编纂村志，全方位记述本村的过去和现在，是具有非常意义的事情。

修志是一项重要而繁杂的文化工程，需要全体村民参与，尤其是需要我们这些东湾兜村沧桑变化的亲历者和见证人参与其中。我出生在杨湾自然村。1955年，人民政府要求农民走集体化道路，杨湾村办起3个互助组，我和姚炳元被选为互助组组长。那个年代讲究阶级成分，起先贫下中农都可以参加互助组，富裕农民要自己申请才能参加。互助组的性质是农户之间相互协作干农活，规模是8户以上。不久即办起初级农业合作社，农户的大型农具折价，登记造册后分期归还。办社过程中也经常发生矛盾，如杨湾村民陆德宝曾在1956年闹过社，他要求退社没有同意，就到办公室掼算盘。这件事在当时影响很大。

1957年，杨湾与东安兜两个自然村成立联合高级社，黄细毛与我担任正副社长，侯阿林、姚炳元等都是社里干部。办联合社时所有村民都入社了，社员劳动实行工分制。

当年，杨湾联合社还办起了缫丝加工厂，主要帮湖州丝绸公司加工。加工厂有15台脚踏丝车，30多个人分二班制工作。职工由社里记工分，丝绸公司按蚕丝加工数量给联合社结算工钱。

1958年，太湖人民公社成立，10月1日在晟舍老当基召开声势浩大的成立大会。这一年，我在织里村老地下党员闵达同志的介绍下加入了中国共产党。闵达当时任织里乡的党支部书记，他的思想很好，为乡里工作却不要国家的工资。

太湖人民公社成立后，农村短时间实行军事编制。杨湾联合社被编为杨湾连，黄细毛任连长，我当副连长。接下来是办公共食堂，全民大炼钢铁，农村一片浮躁狂热景象。

由于“五风”破坏了生产规律，加上自然灾害，公共食堂不久即停办了。1960—1961是农村最艰苦的2年，粮食连年歉收，老百姓无米下锅，只得采树叶、水草以及糠食充饥。还有少数村民行乞讨饭。

1961年，太湖公社调整为5个小公社，我们村建立了杨湾生产大队。黄细毛任党支部书记，我担任杨湾大队的大队长。钱火林管蚕桑，李阿毛当经济保管员。那时大队的开支靠收生产队的上交款，每亩田收1元一年。1962年底贯彻中央农村工作60条文件，明确了人民公社的组织性质和分配原则。其中提到“农村人民公社是适应生产发展的需要，在高级农业生产合作社的基础上联合组成的。它在一个很长的历史时期内，是社会主义的互助、互利的集体经济组织，实行各尽所能、按劳分配、多劳多得、不劳动者不得食的原则。”当时国家实行计划经济政策，许多物资都凭票供应。有粮票、布票、糖票、烟票、油票、火柴票、煤油票、豆制品票等，手表、自行车、缝纫机称为三大件，更是紧俏物品，弄到这些票证得有点本事。那是真正的票证年代。

1963年起农田曾经一度包到户，有的队包工包产到户，有的队包工不包产。

生产队划分自留地，社员按人头每人1分地，可以自由种蔬菜。对农村的泥木工匠都处理好政策，外出做工要交给生产队管理费。当时上层政治气候多变，不久包工包产不准许了，农田又收归了集体。连村民自养的鸡鸭到街上去卖，有村民换糖、卖点香烟之类的小生意都被当成资本主义，要大队干部禁止他们。

杨湾大队离织里机埠较远，村民一直点不上电灯，很有意见。1965年，我们与晓河机埠商量请求供电，不花一分钱，他们就同意了。那时的人很朴实，好办事。织里供销社也很支持，供应给我们400米电线，用毛竹撑作电线杆，农户终于点上了15支光的电灯。

1971年，组织上同意我担任织里大队党支部委员和革委会第一副主任，与唐四宝一块分管农业。1979年恢复红丰大队，侯六寿担任大队党支部书记，侯阿三当大队长。我继续当支部委员，并且负责组建了红丰大队服装厂。直到1984年行政体制改革，红丰大队改成东湾兜行政村，我们退下来了，年轻人接了班。

岁月风霜催人老。村庄沧海桑田，而往事记忆犹新。愿我们的子孙了解东湾兜村的历史，发奋图强，创造出更加美好的明天。

（2015年春）

第三节　回首往事

赤脚医生，我的人生选择

沈爱珠

1964年，我初中将毕业时，在织里医院马驹英医生的推荐和杨湾大队的培养下，选择做了一名赤脚医生，也是东湾兜村历史上第一位赤脚医生。我非常喜爱这一职业，无论当年设施如何简陋，环境何等艰苦，我信守自己的初心，一直干到年老体弱，不能胜任这一岗位时才退下来。

赤脚医生是中国卫生史上的一个特殊产物，出现在20世纪60年代，是“文化大革命”中出现的新名词，指的是乡村中没有纳入国家编制的医生。人们管那些光着脚丫下田种地的乡村医生叫做赤脚医生。它是那个时代基层医疗体系很重要的一环。

我在学校里没有学习过一点医疗知识，初当赤脚医生的时候，心里紧张也害怕。但是我觉得也有自己的优势，一是年轻（那年我才16岁），二是自小就有一种勤奋好学的精神，很自信学习成绩不会比别人差。在公社医院举办的培训班上，我认真地做好每一堂课的笔记。课后，细细揣摩老师讲过的每一堂业务知识课。而让我想得更多更远的，是怎样当好一名真正的赤脚医生，真正能够为乡亲们治病、治好病。我多次参加过织里公社、吴兴县乃至省里组织的医疗业务知识考试，每次考前都进行认真复习，考试场中我认真仔细地答好每一道试题，因而考试成绩优秀，都在90分以上。

1965年6月26日，毛泽东主席发出了“把医疗卫生工作的重点放到农村去”的指示。随后，全国各地农村涌出大批赤脚医生，并普遍建立了农村医疗卫生防治网和大队合作医疗站。时间过去了50多年，仍有学者认为，赤脚医生对改变当时中国农村缺医少药的状况和农村落后的卫生面貌，对开展预防工作和促进农业生产起了积极作用。这个时代真是赤脚医生的春天，当时上映一部叫作《春苗》的电影，题材是源于农村赤脚医生的。

当年农民对赤脚医生的要求是较高的。既要求赤脚医生会治疗一般的常见疾病，也要会开中药处方，会针灸，要学会为产妇接生。因此，我付出大量的学习精力和心血。我经常抽出时间去医院实习，向马驹英医生学习接生知识，向王济民先生请教中医药知识，向冯利群老师请教如何掌握针灸的穴位的方法。为了学好针灸，我多次在自己身上一遍遍试验扎刺，从腿部的“足三里”穴位开始，到手上穴位的“合谷”，再到耳朵上的多处穴位，慢慢地摸熟了针灸的基本规律。实践出真知，经过向老师请教和自己的努力，我基本上掌握了人体的多处穴位，在以后为村民治病的过程中，我的针灸技术收到了学以致用的效果。针灸对治疗牙齿痛、腰酸痛等毛病有良好的作用，只要针灸穴位准确，即能收到效果，好多老人至今还记着当年我为他们针灸治疗的情景。

人民公社化年代农村的卫生网络比较健全。大队设有合作医疗站和赤脚医生，生产队还配有卫生员。那时上级倡导“草医草药”治病，既省钱又有实际治疗效果。赤脚医生和卫生员成为采集中草药的主力军，村子河边地滩上的野草野花，好多就是患者平常煎服的中草药。在老中医王济民的指导下，大家认识了不少中草药。卫生员郑鑫水、钱小毛等人非常敬业，协助合作医疗站把采集到的草药洗净晒干，切碎后装入药柜，上面贴好草药名称的标签，有的药材还用脚踩的铁划船碾细。本村附近的草药采得差不多了，我们又组织卫生员用农船渡过南太湖，到北山上去采。那里草木茂盛，阳光雨水充沛，草药的种类非常多。合作医疗站还买来苏刀、盘秤，像模像样开处方撮药，俨然似一座正规的中药房。上级开展防治血吸虫病，查挖河边的钉螺，为小孩注射各类预防针（破伤风、麻皮症、百日咳、白喉等），发放预防流火、血丝病、勾虫病药片，卫生员都参与其中。而发放预防针药之类的工作，都是卫生员负责登记和到户上通知，配合相当密切。

“双抢”大忙前，大队合作医疗站组织卫生员学习急救知识，发放备用药品，用于社员中暑、镰刀割伤等。那时赤脚医生实行“半农半医”，我与本村赤脚医生周淦民轮班，半天参加生产队劳动，半天背着药箱到田间巡回医疗。“双抢”期间，公社医院的医生也下到各大队驻点，为农民治病，农忙结束后再返回医院。合作医疗站实行为村民免费治病，费用由生产队里的公益金统一上交到大队，每人全年仅收1元钱，由医疗站统筹安排。药品根据需要，每月到医院领取，赤脚医生也能较好地掌握药品的使用状况，做到对症下药而不滥用药品。医药费基本上做到自足，略有积余。

农村赤脚医生是没有年节假日和上下班时间的。无论你刚刚端起碗吃饭，或正在自留地上干活，只要有村民叫唤，我就背起药箱随他走。因此，我的药箱总是随身带着的，久而久之，养成了药箱不离身的习惯。现在已经无法记清楚在半夜的睡梦中被人叫醒多少次了，但是有两次是我此生中难以忘却，而且是刻骨铭心的。

那是20世纪70年代中期的一个除夕晚上，我们全家高高兴兴地吃完年夜饭，给孩子发完压岁钱，正在与母亲聊天。忽然有人急匆匆上门叫我出诊，我转身背起药箱，即刻随其赶到莲花兜港北黄红毛家里。原来是红毛妻子小英分娩，脸色煞白，正躺在床上痛苦地呻吟，此刻她丈夫急得一点主意也没有了。我上前一看，就觉得情况不妙，凭经验确定这个女人是难产，弄不好就有生命危险，而且凭织里医院的设施不一定能够及时救治。我当机立断，马上联系大队的机动船（吸泥机船，是当年织里镇最先进的交通工具），连夜将产妇送到湖州第二人民医院（现今中心医院），为预防途中发生意外状况，我也随船陪同。经过二院医生的努力救治，产妇终于脱险，并且顺利产下一女婴。母女平安，家属感谢不尽。我在第二天（大年初一）下午高兴地回到了家中。

另一件事则是悲剧。莲花兜港南村民邹柳毛之妻李阿玲婚后数次怀孕，却都落了胎。大约是1970年，阿玲又怀孕了。当时农村人家大多数很贫困，没有很强的胎前保护意识，也没有经济条件去妇保院检查以及做保胎之类的防护。阿玲自小与我很熟悉，她是一个弱小但很勤劳善良的农村妇女。闻讯阿玲将要临产，我就匆匆赶去，发现又是难产，我即安排他们用吸泥机船送她到湖州医院抢救。然而，阿玲竟是难产大出血，虽然医护人员努力抢救，却无力回天，阿玲年纪轻轻离开人世。丈夫邹柳毛哭成了泪人，幸喜产下的女儿长得很健康，如今早已成家立业，生儿育女了。阿玲之死，在我心中至今还是一个极大的阴影，一种永远难以抚平的伤痛。

30年中，我除了从事赤脚医生这一主要职业外，还担任过大队团支部书记、民兵连的副连长、大队妇女主任等职务。参加过“文革”期间大队毛泽东思想文艺宣传队的演出，在歌舞剧《东海小哨兵》中我饰演了小哨兵的女主角小红。每年国家开展征兵时，我为应征青年填写政审表，做体格检查，做家属的思想工作。

花开花落，云卷云舒，时间似无情流水。从青丝到白发，也只是一眨眼的工夫。如今我已步入老年人行列，在家带孙子，空余时间打打牌跳跳广场舞，可以说是安享晚年生活了。而回首往昔，总觉得有些事情尚能安慰我的人生。

莲花兜港南的李和珍老人，年轻时患过多种疾病，我曾经为她作过无数次的治疗，记得有次住了好长时间的医院，我陪着她打针服药，终于病愈康复。后来，她一直还能参加生产队里劳动。现在李和珍已是百岁高龄，是东湾兜村目前最长寿的老人。老人的子女儿媳都非常孝贤，孙辈绕膝，家庭美满幸福。每当想到这些，我的脑子里像过了一场电影，心情总是起伏难平。或许，这也是一种人生的感悟吧。

人在年轻时对自已的职业总有好多种抉择。我这一生选择当了赤脚医生，至今无怨无悔。

（2015年春）

那年我们办文艺宣传队

陈梅林

人的一生中总有几件值得回忆的事，而我却忘不了当年办文艺宣传队的那些情景。

1964年，杨湾大队的青年为改变枯燥的业余生活，在出生于千年古刹利济禅寺、从小学过各种民族乐器的侯团毛带动下，成立杨湾大队俱乐部。大队党支部书记黄细毛表示支持，但大队没有经费，也不能给俱乐部人员记工分，只能是业余活动。尽管如此，短时间内，村里就有爱好文艺的40余名青年自愿报名参加。

没有活动经费，没有服装道具。创办伊始，俱乐部就面临难题，大家聚在莲花兜庙商量寻求解决的办法。团支部书记陆荣炳提出男青年可以做搬运，女青年可以纺麻线挣钱，有些道具可以自己制作，这一提议得到了大家的赞同。俱乐部成员郑铸荣第二天就赶到织里茧站，联系到了一笔搬运活，几天后大家扛完了丁香萝卜和大头菜，收入了80元人民币。那时的80块钱可不是一笔小数目，足以可抵现在的上万元。俱乐部用这笔钱买了化妆品和一些服装，做一些简单道具。当时政府开展破除封建迷信活动，杨湾村的万云坛道士班解散了，遗留下几只箱子和一些乐器及服装，这些东西正好被俱乐部派上了用场。尤其是那几只沉重的樟木箱，上面装着铜锁扣，古色古香，写有“万云坛”楷体大字。后来宣传队停办，这些樟木箱被大队用于存放账簿和传票用。

俱乐部推选村民侯团毛为负责人兼导演。团毛虽然文化不高，但在文艺演出方面有天赋，脑子里有许多想法，被大家起个绰号叫“旋花头”，意谓出主意的人。俱乐部里最忙碌的人是郑铸荣，他写得一手好字，也会画画，因此，抄写剧本，刻印曲谱，绘画布景的事，全是铸荣一人包揽。郑还要参加演出，而所做的任何事都任劳任怨。因此，大家戏称他为“贱骨头”。

俱乐部成立之初，大家兴致很高。白天参加生产队劳动，晚上排练节目。所有节目为农村题材，自编自演，源于生活，为农民喜闻乐见。剧目形式多样，有三句半、杨柳青调、苏滩、独唱、合唱、表演唱等。还有即兴表演的相声，诙谐滑稽，常常令观众捧腹大笑。

1966年秋，“文化大革命”开始，全国学唱样板戏。为赶当时的潮流，俱乐部改名为“杨湾大队毛泽东思想文艺宣传队”。此时，邻村织里大队宣传队排演革命现代京剧《沙家浜》，清水兜大队宣传队排演革命现代京剧《智取威虎山》，还有联漾大队排演现代京剧《红灯记》等，上演后在织里公社范围内反响都很好。我们宣传队经过多次商量，认为样板戏严肃，演出要求高，典型人物不好把握。而且别的大队已经演了，我们再演就容易落入俗套。于是，商量决定另选题材，另辟戏路。

被宣传队人员称为“脚板头”的陆荣炳，第二天即赶到塘南新兴港的后浜兜，向老艺人阿满师傅求教。阿满师傅自幼学艺，“文化大革命”前带着徒弟走过许多江湖码头，颇有影响，此时因“文化大革命”赋闲在家。陆荣炳说明了来意，老艺人认为，根据时下政治形势，演出剧目应以阶级斗争题材为好。她手头正好有一部《血泪荡》的剧本，愿意赠送给你们。陆荣炳大喜，拜谢了阿满师傅，携着剧本返回杨湾村。

《血泪荡》的剧情内容是，旧社会诸暨县的恶霸地主勾结官府，与国民党县长狼狈为奸，欺压百姓，称霸乡里。为了霸占几亩鱼荡，竟派家奴打手，残害了几条人命。而蒙冤百姓告状无门，叫天不应。

宣传队人员认真研读了剧本，分析了剧中的人物性格，选定了角色人员。虽然时隔半个多世纪，我至今仍清晰记得剧中扮演者的名字，令人遗憾的是，其中有几位已经离开了人世。

钱团毛饰贫苦农民任老爹，郑铸荣饰贫困病人王桂堂，黄永珍饰王桂堂之妻腊梅，郑鑫水饰王桂堂之子王金牛，陈梅林饰演恶霸大地主，吴金根扮演二地主（称杀人魔王），蒋阿三饰演恶霸地主之妹（人称雌老虎），邹柳毛演狗腿子红眼睛阿二。蒋阿黑饰演国民政府诸暨县县长，闵央毛饰县长之副官。还有沈爱珠、钱顺娣、黄新华等人也在剧中扮演了相关角色。

经过队员们连续认真排练，“杨湾大队毛泽东思想文艺宣传队”演出的现代剧《血泪荡》一炮走红。首场在本大队演出，村民们早早来到了戏场，有的帮助搬道具，好多小孩挤进了化妆室。演出开始后，看着非常熟悉的演员，随着曲折悲惨的剧情，每到高潮处，观众报以阵阵掌声。那时的村民很纯朴，当看到贫苦农民遭恶霸地主欺压被逼得家破人亡的场景，有的妇女流下同情的泪水。

《血泪荡》符合当时“以阶级斗争为纲”的政治形势，得到上面认可和观众欢迎。之后，我们多次应邀出外演出。本公社有五星（田畈里）大队、立新（珍珠桥）大队、胜利（陈家兜）大队等。还应邀到太湖公社的许溇、汤家甸大队，晟舍公社的胜利等大队演出，受到群众的欢迎。当时所有的农村宣传队都是义务演出，不收分文演出费用。每到演出地，所在大队总是为宣传队准备了丰盛的半夜餐，有鱼有肉有鸡，还请厨师烹烧。但是，我们宣传队有规定，不准吃外大队一点食物，宁愿饿着肚皮回家。侯团毛回忆说，那天夜里在许溇演出，邀请方特地准备了好多菜，厨房的菜香味扑鼻飘来，我心里馋极了，但大家都没有吃。我回到家里一点吃的东西也没有，就饿着肚子睡觉了。现在看来宣传队的人真傻真可笑，但当年确实是这样的。大家认为这也是纪律，谁都不愿破这个规矩。

与此同时，我们宣传队还编排了反特题材的歌舞剧《东海小哨兵》及《无形网》等剧目，较好地配合了当时形势的宣传。

人过了花甲之岁，回忆往昔也很开心快乐，甚至有“老夫聊发少年狂”的感觉。当年办宣传队给了我们快乐的回忆，有几件难以忘怀的小插曲顺便记述于下。

初演《血泪荡》时，郑志荣饰演贫病交加的老农王桂堂。蜡黄的面孔上挂着两点醒目的眼屎，嶙峋瘦骨破衣烂衫还拄着根拐杖，当他走到台前亮相时，人们已分辨不出老农王桂堂是何人所扮。而郑铸荣新婚不久的妻子则一眼认出，回到家里后还责怪铸荣为何愿意扮演这样丑陋的角色。

还有一次在白地头演出《血泪荡》，剧情中有恶人火烧民房的一场戏。宣传队员周小毛在后台负责喷火，当时用的都是土设备，燃火的煤油是喷火人含在嘴里喷洒出去的。周小毛一不留心，喷出的火返回射到自己的脸上，结果脸被烧伤了。这一意外使我们在往后的演出中更加小心翼翼，也留下了一个至今难忘的记忆。

“杨湾大队毛泽东思想文艺宣传队”早已成为逝去的历史。把这段陈年旧事写入村史，是为了记住那个曾经的年代，那些至今还健在的宣传队员，怀念已经离开了我们的朋友。

（2015年春）

我曾经担任生产队长

侯团毛

20世纪60年代末至70年代初，我曾经当了几年生产队长。现今梳理当队长那些年那些事，别是一番滋味在心头。

我所在的东湾兜村，“文化大革命”前叫杨湾生产大队，1969年改名为红丰大队，当时有10个生产队，我们是第五生产队。

1971年又合并为4个生产队，叫做东安兜生产队。

当时生产队长由社员选举产生。当队长的人要具备以下条件，一是要贫下中农出身；二是要有点文化和生产经验；三是要身体好和办事公道。生产队长的职责是对全队的生产和粮食、经济分配负责。

年初，召开社员会议，按照公社和大队的规定，对每个家庭的口分、底分、工分进行一次调整和评定。男正劳力1天工分为10分，妇女正劳力1天工分为7分。老年社员作为半劳力，工分相应减少。十三四岁儿童刚参加劳动时评2分工，以后逐年增加。口分和工分评定后一年内不变动。年初的社员会议上，对猪羊肥料的报酬政策，泥木工匠外出做工上交生产队的政策都要进行确定，社员外出积肥也在会议上进行抽签定号。而自留地则按人口分配，每人1分地，这是公社的统一规定，一般蔬菜都可以自由种植。

麻雀虽小，五脏俱全。生产队也有一套班子。有副队长、蚕桑队长、妇女队长，还有记账员、经济保管员、仓库保管员、植保员、放水员、卫生员等。各人有各人的责任。

生产队长平时的职责是安排好每个社员的劳动工种。明天哪些人捻河泥，哪些人耘田摸草，哪几人采桑喂蚕，都要事先考虑安排，并隔夜写在黑板上。次日早晨挂出，大家都会根据分工安排去干活。当然，写在黑板上的名单也有变动的，比如阿三夜里肚皮痛了，干不了捻河泥的重活，队长这就临时安排阿四去干。我们生产队有两条载重7吨的木船，外出积肥、卖菜等除了按抽签号序轮流外，有时发生特殊情况，也要生产队长安排协调妥当。

我刚当生产队长时正值“文化大革命”时期，因此还兼任“政治队长”的角色。早上我打了两遍出工的叫子声，社员们就集中到了白场上。先是齐声唱《东方红》歌曲，做“三忠于”活动，接着是背诵毛主席语录，有“下定决心，不怕牺牲，排除万难，去争取胜利”等内容。然后唱着《大海航行靠舵手》歌曲，扛着红旗到田里干活。

集体化生产年代劳动最紧张莫过于抢收抢种的“双抢”，时间是在7月中旬到立秋前。上头把“双抢”说成是一个战役，吴兴县、织里公社和大队都召开“双抢”动员大会，机关干部全部下到农村。各行各业都要支援“双抢”，供销社的物资送货下乡，医院派医务人员驻村并到田头巡回治疗。公社开办“双抢”专题广播和出刊“双抢”快报，每天报道各大队的生产进度，宣传“双抢”中出现的好人好事，稿件由生产队和大队送上去，有时还搞田头批判会。

“双抢”时正值伏天。为了提高工效，我们生产队经常开早工。凌晨3点半，我就起床打叫子，漫个村子打了两遍，催促大家起来。4点钟到田里干活，6点回家吃早饭。因为开了早工，太热的天气有时中午也适当多休息点。有时打稻脱粒紧张，也安排开夜工，参加的社员补贴工分，还烧半夜餐吃。

在当生产队长这几年时间里，有几件事至今让我难以忘怀，甚至是刻骨铭心的。1969年，毛主席发出了“深挖洞、广积粮、不称霸”的指示，农村也搞起了备战备荒。公社派了粮管所的老刘和小杨来到大队，他们先是在莲花兜港北的河滩上挖防空洞，老刘是北方人，曾经当过兵。老刘干事很认真也有毅力，天天扛着铁橇挖洞不止，有时一个人也挖。不久，一个十多米的地洞挖好了，上级组织我们去参观。回来后，我们生产队也组织青年在兜底头的竹园处挖洞，挖了好长时间，花了很多劳动力。洞挖好后却没有用，只是有些小孩子打打游击战，后来村里所有的防空洞都坍塌了。

第二件事是种香瓜。大约在1971年，织里公社的好多生产队为了增加经济收入，在空闲的田边地角种香瓜。我们生产队也种了好多亩，香瓜长势很好，香瓜摘下后去附近城镇出售，销路也很好。可是上面却以为这是搞资本主义。在公社召开的一次干部大会上，有关领导对种香瓜的事开展了批评。公社书记在会上编了段顺口溜：“香瓜甜，要现钿；香瓜香，田里干活无心相（心思）。”有一天，我在田边为香瓜地用料勺浇水，突然有人拍了我后背，“团毛，香瓜好香啊！”一口浓重的山东话夹着笑声，我被吓了一跳，回头一看，原来是公社干部杨建歧。老杨驻我们大队，平时为人很随和，他没有当场批评，我也装做若无其事应付过去了。而事实是，田边地头种香瓜确实增加了农民的经济收入，这一年年终分红每个劳动日有4角8分，是我们生产队历史上劳动分红值最高的一年。

第三件事是“农业学大寨”。这是一场全国性的运动，从中央到地方，每年都要召开农业学大寨会议，前后持续了好几年。生产队长这一级，好几次都曾到莫蓉公社三田漾大队参加县里召开的农业学大寨会议。内容是学文件，听报告，开展学大寨经验交流。会期一般要四五天，以公社为单位集体开伙，上面有补贴，每天晚上还有露天电影看。回来后，就要贯彻落实。几年中，我们生产队挖掉了西港、黄老亩、河南阡、长埂、东河滩的埂头，还填平了许多污潭。农业学大寨时还成立青年突击队，田头都插满了红旗。

生产队里办了畜牧场，推选有经验且细心的社员担任饲养员。我当队长时畜牧场的饲养员是吴金六，养了两头婆猪（母猪）和十来头肉猪。吴金六很敬业，每天把猪栏打扫得干干净净，精选饲料，婆猪和肉猪都长得很好，苗猪出售给社员，为生产队增加了经济收入。春节前，畜牧场宰了两头肉猪，按工分和口分分到每户人家，让大家过年能吃到新鲜猪肉。

当时经济水平低，社员一年中除了出售生猪外，很少有其他的经济收入。而平时的油盐酱醋，穿着的衣裳，孩子的书学费等都要现金支出。于是，就出现了一些社员的提前借支，生产队里对社员的提前借支也有个把握的度，即是预测该社员的借支不能超过年终分红的金额，生产队长对借据签字后，经济保管员才可以付现金。而上头，认为社员的提前借支违反财务规定，称为是“乱三支”。

年终分配可以说是人人关心的一件大事。生产队首先要盘点全年粮食、经济的收入支出情况，然后编造三者关系安排分配总方案。所谓三者关系安排，国家公粮余粮是固定的硬任务，开支部分已经化掉了，剩下的就是生产队的积累和社员分配的关系。积累是指公积金、公益金、储备粮、种子谷、下年的生产成本。集体积累上面也有规定，因此，编造总方案时要大队干部把关。社员的分户明细方案很详细，全年的劳动工分乘以劳动值，加上应得的肥料报酬，等于每户全年总收入，扣除春夏季已经预分的，剩下的就是年终分红的所得金额。

我们生产队年终分红的劳动值很低。最高的年份10分工分不到5角，最低的一年10分工分仅2角8分。因此，年终分红时分得现金最多的人家不到200元，那是有好几个正劳力的农户。大多人家分60元至80元之间，扣掉预先的借支款后，真正到手的现金是寥寥无几了。队里还有五六家是透支户，我是生产队里最困难的一家，劳力少吃口多，几乎年年透支。记得有一年春节前，我因交不出透支款，口粮被抵押在队里。看到别人家高高兴兴过年，而我家连年夜饭揭不开锅，孩子们哇哇大哭，面对此种情景，我真是肝肠寸断了。大队干部侯六寿看到我这种状况，也心酸极了，他提议生产队在储备粮中借给我家100千克稻谷，社员们都表示同意。我们全家才勉强饱着肚皮过了这个春节。

集体化生产年代逝去久矣。然而，那个年代的那些事，都是我有生之年中记忆深刻的事。历史应当告知后人，愿东湾兜村的后人了解村史，珍惜生活，创造更加美好的未来。

（2015年春）

我与红丰大队的知青情结

谭瑞宗

20世纪70年代初期，知识青年上山下乡运动风起云涌。作为那个年代的青年，我曾经在织里公社红丰大队经历了4年多的知青生活。

1970年4月3日，一个春光明媚的日子。我和插友们在湖州潘公桥堍的码头踏上了织里班轮船，大家开心地谈笑着，不知不觉中，小轮船已到了织里西市的斜桥码头。在此迎候的公社干部把我们接到了位于老街的公社会议室，作了简单的介绍后，我与周凤英被分配到红丰大队杨湾生产队。

红丰大队距织里街不过二华里，步行十多分钟的路程，有杨湾、东安兜、莲花兜3个自然村。一到大队部，生产队长姚炳元已在等候，我们被安排在第一生产队。姚队长是一个很朴实的农民，瘦高个子，面相和蔼。他不善言辞，问了几句话后，就背起我们带来的行李，一路来到了安置屋。

杨湾自然村是个古老又美丽的村庄。总共六七十户农家皆粉墙黛瓦，村庄西侧有一条清澈小河，曲曲弯弯通向荻塘运河与织里老街。我们的安置屋在村子北端，原为生产队的小仓库，近几日才腾出来作知青屋的。姚队长已帮我们买好了生活用具和铁耙锄头等劳动工具。小仓库一隔为二，外间是矮灶台和一只吃饭桌子，还有一口小水缸。内间用竹榻搭的二张小床铺，算作是卧室。

下乡的第二天，我们即下田劳动。在妇女队长钱锦珠的带领下，我的第一天农活是撒播秧谷。赤着脚踏在泥泞的田埂上，觉得很冷很滑，脚步有点踉踉跄跄。我脱口说了声“滑叽滑塌”，不料被旁边的妇女听到，后来她们用“滑叽滑塌”这句话做我的笑话，当然，这应该是善意的玩笑。下午，天空飘忽起小雨，姚炳元队长下令早点收工。

初当农民，就让我碰上了为难事。我是独生女，从小几乎没有做过家务。而知青屋里的小矮灶，烧的柴是油菜梗或黄豆叶梗，点燃后满屋皆是黑烟，熏得我双眼迷糊，直流泪水。住在隔壁的阿娥姨是个好心人，不仅亲手教我们如何烧柴才不会冒烟，还叫自己的小女儿阿黑天天帮助烧饭，让我们从田间劳动回来就能吃到现成饭菜。

过了不久便是养蚕季节。杨湾村3个小队先是共同培育蚁蚕，到蚕宝宝稍大点才分开归各队饲养。我起初见蚕宝宝像毛毛虫，很是害怕，慢慢地就习惯了，而且觉得蚕宝宝很可爱。我们每天采摘桑叶，定时喂蚕。蚕宝宝长大后，就分散到各户的地上饲养，为方便喂叶，屋里搭起了地蚕跳，喂叶人可在跳板上行走。大蚕期，夜里也要喂桑叶，有时我睡着了，别人就顶了班。蚕宝宝大眠后过几天就上蔟，放上稻草做的蚕龙，它们自己会爬上去，然后吐丝做茧。

“双抢”是农村最繁忙的季节。收割早稻，插种晚稻，都要在近二十天的时间内完成。各行各业支援“双抢”，农村劳动力高度集中，还要开早工夜工。我长得瘦小，身体又弱，因此队长安排我给社员记工分，过磅记录从各户挑出的猪羊粪肥。这份差使相对轻松些，至今我对队长和乡亲们心存感激。

1970年年底，红丰大队合并入织里大队。上一年的11月，姚家甸的青年民兵沈阿章在8383国防工程施工中，为抢救战友而壮烈牺牲，不久被浙江省革命委员会（即今省人民政府）追认为革命烈士。当地掀起了学习烈士事迹的热潮，并建立了沈阿章烈士事迹展览馆。展览馆由吴兴县委主办，设在织里老街，各公社组织基干民兵参观。我被大队推选到展览馆担任讲解员，负责讲解英雄事迹的一个部分，在教育他人的同时，自己也接受了一次革命英雄主义的教育，感受深切。讲解员做了大半年时间，其间还到有关公社和大队巡回展览，这是我知青生涯中一件最难忘却的事情。当时担任展览馆讲解员的大多是我们大队的知青，而我至今尚保存的一张摄于1970年12月的合影，是一份弥足珍贵的念想。上级对下乡知青的思想教育很重视，大队每月安排一天时间为知青学习日，由大队发给工分单。大家聚在一起，学习文件，读读报纸。而所谓的交流接受贫下中农再教育体会，无非是谈些日常事而已。

当年织里大队的毛泽东思想文艺宣传队小有名气。继上演现代京剧《沙家浜》之后，还排练了现代京剧《红灯记》，女知青杨萱明在剧中饰李铁梅，我也在剧中扮演了有关角色。那年大年初二，我从湖州匆匆赶回织里上台参加演出。当时宣传队还配合政治形势排演短小精悍的文艺节目，如“批林批孔”运动中，我们用三句半、快板等文艺形式进行宣传，许多人还写了批判稿上台发言。那个年代，我们知青是农村政治运动的主力军。

知识青年在农村，学会了各种农活，懂得了农民生活的艰辛，体味了“谁知盘中餐，粒粒皆辛苦”的深刻道理。同时，也利用自己学得的文化知识，尽心为农村服务，为农民效劳。当年，杨湾村阿毛婶的儿子陆锦荣在部队当兵，老人不识字，凡儿子的来信都是我读给她听，还根据老人家意思认真写好每一封回信。在生产队长闵水江的推荐下，1972至1974年，我断断续续担任了红丰小学的代课老师，与吴惠民老师各教两个复式班。我很喜欢这些小孩子，在他们身上倾注了自己的心血和精力。期间，我们还响应上级号召，义务办起了扫除文盲的文化补习夜校。我与莲花兜知识青年韩李明各带一个班级，本村有40余名青年报名参加。我们利用业余时间认真备好课，晚上在小学的教室里上课，教这些大龄青年认字，帮他们摘除了文盲的帽子。因而，我也被织里公社评为农村文化补习班的优秀教师。

农民的感情是纯朴的，他们应当是值得尊敬的人。4年多的知青岁月中，他们对我关怀有加，照顾备至。记得惠娥大姐经常帮我磨割稻用的镰刀，“双抢”期间每天为我备好放有老姜和盐的防暑茶水，那种情景记忆犹新。我当代课教师期间，铸荣大哥一家待我胜似亲人，年迈的阿婆每天烧好可口的饭菜，济芳大姐待我亲如姐妹。那时，他们家有三个幼小的女儿，家庭负担很是沉重。可是，铸荣大哥硬是不肯收我的饭费。每当想起这些，我常常热泪盈眶，夜不能寐。因此，我与他们结下了深厚的情感。回城后，与他们常有往来，至今依然。大哥的女儿结婚时，我很高兴地赴了喜宴。

1974年11月，我上调回城。分配在湖州生活资料公司下属蔬合商店，后调入甜美果品商店，不久担任了该商店下属分店的负责人。1987年8月，我与单位办理了留职停薪的手续，同丈夫创办了“湖州城北皮件服装厂”，生产各种皮制拎包、中小学生书包、各种旅行包和雨具等。由于我与丈夫都有知青经历，能吃苦耐劳，并且掌握市场信息，经过几年打拼，终于创造了一定的经济效益，小有收获。因而政府也给了我们许多荣誉，我曾被选为湖州市个体私营企业协会第一、二届代表、湖州市城区个体私营企业协会理事、湖州市女企业家协会会员。企业曾获得湖州市第一届明星企业、重合同守信用单位，产品曾获得多届湖州市名优特产品奖。后来，为响应党的号召，支持政府公共事业拆迁，我们带头将自建在祖基地的企业无偿拆迁，企业关闭。

如今我已步入老年人行列，回首峥嵘岁月，不禁无限感慨，是艰苦的青春环境铸就了自己的奋斗精神，而艰辛的知青生涯则是我创造社会财富的力量源泉。红丰大队，我有着“剪不断，理还乱”的知青情结。

（2015年春）

第十章　丛　　录

本章收入1982年织里公社关于联产承包责任制的两份文件，是织里镇域乡村历史和农业体制改革的重要文献。东湾兜村的《村规民约》等村民约定，是一个时期村庄治理的缩影。东湾兜村以敬老闻名，《浙江省老年人协会章程》是老年工作的指导性纲领。乡域内的自然村名在逐年消逝，而票证年代尚存记忆。还有村民援川救灾的感人事迹，应当存史。本章分“重要文献”“杂记”“专记”三节记述。

第一节 重要文献

织里公社关于一九八二年有关经济政策的决定

为了把今年的农业生产搞上去，搞得更好。根据上级有关精神，结合我社实际，对八二年有关经济政策的处理，作如下决定。希各大队、生产队认真研究，贯彻执行。

一、社员的口粮分配

为更好地体现“按劳分配，多劳多得”的社会主义分配原则，八二年对社员的口粮分配实行“按劳分配加照顾”。具体办法是：底分保口分，投放工分保照顾口粮。照顾标准：按基本口粮每10分口分600斤计算。底分保口分的标准是：全队的总口分除于全队的总底分，等于每10分底分所需要负担的口分数，然后进行逐户框算，达不到这个平均数的，不予照顾；超过平均数的，超过部分的口分，照顾基本口粮。投放工分保照顾口粮是：凡通过框算对照需要照顾的社员，一定要完成全年应完成全年的劳动投放。如果完不成，工分少做几成，照顾口粮也打几成折头。

实行这种分粮形式后，下列社员要给予合理安排和照顾：

1. 五保户的口粮。仍吃全队平均水平，不能降低。

2. 社员生病要给予照顾。照顾办法：生病10天以上，按生病天数照顾基本口粮。对长期生病、影响家属劳动，造成全年用粮水平过低的困难户，经社员讨论，要在粮食和经济上给予安排和照顾。一次生病10天以下的，不予照顾。

3. 妇女生小孩，分两种情况：属于计划生育的，产期45天，照顾基本口粮；对于不符合计划生育的，产期粮食不予照顾。

4. 男女绝育的口粮照顾：男的照顾不少于7天，女的照顾不少于半个月。特别情况例外。照顾期间，照顾基本口粮。

5. 对在读书的青少年。虽然有底分，但很少参加劳动，因此框算底分对口分时，读书的青少年的底分可以不放进去计算。星期天、假期参加劳动，工分照评。

6. 对有些底分不少，参加劳动天数不多的老年社员，生产队可以排出来，参照前几年的实做工分和该社员体质强弱，在底分对口分时，底分要从实际出发，分别情况给予评定。对照后需要照顾的，就要给予照顾。平时参加劳动的工分，仍按原底分评给。

二、社员家肥报酬

为有利于畜牧生产的发展，家肥报酬的处理，一定要稳定，不能多变。在处理1982年家肥报酬政策时，总的原则应不能低于去年水平。对于今年采用肥料粮按粮食总产量提留的大队，一定要注意比例这个基数的正确性。我们建议，一般可以采用前三年全队肥料粮总数占前三年的总产量的百分比，作为全年肥料粮的比例。这样计算比较合理。

三、社办人员与生产队经济关系的处理

目前社办人员已基本脱离农业生产。这样，这些人员在与生产队经济关系的处理上，可以采取“一交三基本”的办法。即社办人员向生产队交管理费，每个月男工6元，女工5元（从81年12月开始到82年11月止）。生产队给社办人员600斤稻谷，600斤草柴，6斤油票（10口分），自留茧照分。

学徒工。学徒期间管理费打对折，每月交款男工3元，女工2.5元，三个月基本照付，学徒期定为一年。满一年后，按全劳力标准计算。

社办人员向生产队交管理费的时间与办法，公社统一规定全年分五、八、十一月三次。每次由大队分管财务线的同志负责帮助生产队向各社办企业领取，领取后及时转入生产队存款户。社办单位擅自付社办人员本人的，则生产队不予承认，由社办单位负责。

公社事业单位，如机电站、兽医站、广播站、电影队、农技站人员的经济处理，仍按原办法不变。

民办教师按市委〈1981〉38号文件规定办理。

四、对卖枕套等外出搞副业社员的经济处理

搞家庭副业，首先要以不影响集体生产劳动为前提。大队要规定什么时候可以外出，什么时候不可以外出，可以外出的起迄时间。

第二，在规定不能外出期间内而擅自外出的人员（包括大队干部、大队会计、队办人员），予以罚款处理，每天3—5元。情节严重的，可以加倍罚款10元，甚至更多。在可以外出期间外出，也要交管理费，交管理费每天不能少于0.50元，交款的具体办法由各大队自定。对拷边、五匠、做小工等社员的管理费由大队讨论规定。

第三，对于拿固工资的队办人员和拿固工分的大队干部，离开生产工作岗位，外出卖枕套搞副业，外出期间工资和工分要照扣。机埠人员外出，需要临时工由大队安排，不能由机埠人员叫替班。管理费仍按第二点规定执行。

五、生产队正副队长的职责扼要可以规定这样三条。

1. 认真执行上级党委的方针、政策、规划。

2. 积极工作，带头劳动，搞好集体生产。具体可以有生产指标，看完成得好差。

3. 不甩纱帽，不躺倒不干。

报酬处理。正副队长的全年补贴工分，可以按同等劳力高百分之十到十五（视规模大小）参加生产队分配。同时年底大队给予现金奖励，奖励金额一般不少于16—20元。其他生产队干部的补贴工分，由生产队讨论评定。

五、大队干部的报酬处理

大队干部的报酬，一律采取工分制，不搞工资制。

大队主要干部的工分，可以按本队的同等劳力高百分之十到十五，同时要在年初定好每个大队干部全年参加劳动的天数，使大队干部既参加生产，又领导生产。各条线上的大队干部，可以采取误工评分办法，也可以参照其他办法。不管什么办法，支部都要加强误工管理，防止不工作而乱领误工。

六、认真落实队办企业的经济责任制

为了讲究企业的经济效益，提高企业人员的积极性和创造性，必须认真落实好企业的经济责任制，明确企业人员的责、权、利。企业责任制一般采取两种形式。

第一种：四定一奖赔。定劳动力，定产量、定产值，定成本费用。超产奖，减产赔。

第二种：大包干。对于很难搞四定的企业，如砖瓦窑等，可以根据历年来盈余情况，在不能走偏方向的前提下，全年包干上交多少利润。超利润指标，大队与企业分成，完不成的要赔偿。产量产值、成本费用可以不定。

责任制形式落实下来后，大队与队办企业签订好经济合同。双方都要承担经济责任，任何一方不得以任何借口推翻合同。

中共织里公社委员会

一九八二年二月十八日

织里公社关于统一经营联产到劳责任制的规定

按照中央有关规定，结合我社实际，参照外地经验。经过公社、大队干部讨论，制定本规定：

1. 统一经营，联产到劳，是在坚持基本生产资料公有制的基础上，以生产队为基本核算单位，分户承包土地的一种责任制形式。

统一经营、联产到劳，实行“四定一奖二包干”。“四定”即定产量、产值、成本、工分；“一奖”即超产全奖、减产全赔；“二包干”：包交售公余粮任务、包上交集体提留、各户收获的产品，在完成国家征购任务、交足集体各项提留以后，其余的全部归社员。这种责任制度把生产队的统一领导和社员个人的自主权较好地结合起来，把社员的劳动与自己的物质利益结合起来。有利于调动社员积极性，发展农业生产。

2. 坚持生产资料公有制不变。承包到户的土地，仍然是集体所有。只有种植权没有所有权。生产队可以根据需要宣布收回或调整承包土地，而社员则无权处理承包土地，承包者应该按生产队的计划种植，不准转让、出租、买卖、荒废，不准建造房屋、不准损坏土地、破坏水系。如有违者，生产队有权收回，并根据情节轻重，给予处理。国家建设和集体建房需要征用土地时，承包户应该服从生产队统一安排。社员建房，必须按上级有关规定办事。建房用地，在生产队规定调整土地时予以安排。

3. 土地承包办法：土地承包总的原则应以劳动为主、劳需结合。水田承包劳六需四，每人负担在一亩二分以上的也可以劳七需三，对吃口重劳力少，承包水田产量达不到基本口粮的（即10分口分、分600斤）生产队可以多划一些承包田，以补足基本口粮，但要适当减少一些桑地。桑地划分也是劳六需四，也可以劳七需三。

支部书记、大队长承包按需部分和按劳部分的50%；其他支委、管委会成员及各条线上的人员全部承包土地。社队办人员、民办教师、大队会计、代销店、机埠和全年在外单位拿工资人员，只承包按需部分土地，不再承包按劳土地。现役军人不承包土地，复员退伍后，在一季收获后从承包给社员的机动圩中划给，然后，社员与社员之间找平，桑地按生产队规定的找补时间里补给。

五保户不承包土地。

对那些致残和严重缺乏劳力的困难户，他自己自愿少包或不承包土地应当允许。如果要承包土地，不准转让，生产队可以组织代耕，给予照顾。

承包土地的计划，为了有利于机械耕作，作物布局、田间管理，应适当集中，不要过分零碎，也不能过分集中，现有界埂不能搬动。

下年度的人员变动，土地找补时间截至本年度十月三十一日止。

4. 四定一奖赔：

一定产量：粮食和油菜籽产量按前三年平均单产和总产。

蚕茧产量以前三年平均总产为基础，增产5%—10%。副产品、稻柴、麦柴、菜蒲柴、桑梗柴按产量计算。

二定产值：以产量计算产值，价格上生产队内部分配的产品，按原价计算，交售国家的产品按国家统购价和加价计算，其中蚕茧以前三年的平均单价计算。

桑地蔬菜每亩产值30—50元。

其他副产品收入如船租金、房屋租金、社办人员管理费、利息等由生产队统一收入。

三定工分：以前三年平均总工分打七至八折为承包总工分。

四定成本：以前三年实化成本（总成本除去畜牧、水产、副业支出）节约10%为承包成本总数。一般每亩桑地50元（包括养蚕费用），每亩水田60元。

一奖赔：超包产全奖、减包产全赔，超用成本自负、节约成本归己。

5. 核算和分配方法：联产到劳后，生产队必须编造收益分配方案，实行统一核算，统一分配。具体办法：生产队年初根据四定的指标，编造全年计划收入分配方案。

粮食分配：总产量按包产产量计算，公余粮按劳六水田面积负担，种子每亩80斤由集体提留，按面积计算到户，由户保管，其余粮食就是社员的口粮和肥料粮了。

经济分配：总收入按包产产值计算，农业税各项提留（包括公积金、公益金、折旧费、管理费、干部报酬、社会负担）按总收入提取，再按包产收入分摊到各户，成本统一扣除按面积计算到各户，包干使用，其余均是社员分配部分出售农副产品的加价收入，不按总工分分配。

包干和交售的具体规定：

公余粮：春粮完成总任务的10%，早稻完成80%，晚稻完成10%。

茧子交售任务，按前三年平均交售数（不包括自留茧），按桑地面积分摊落实到户，作为社员一年的交售任务数，完不成交售任务，生产队要实行经济补偿。

集体提留、公积金、折旧费：提留总收入5%，公益金2%，同时加上其他应负担和上交提留。提留时间：春季提留和上交60%，早稻40%。

6. 生产队要认真核实全队的产量和收入，联产到劳以后，取消了产品，收入统一交队，再按工分分配的环节。因此，弄清全队的产量和收入会带来一定困难，但仍然应该完全反映生产队的经营成果。为了做好这项工作，生产队可以用抽样典型调查和实打实测等办法来核定全队的产量，同时要确定3—5户社员为典型调查户，该户要求详细记录产量、收入、开支，根据典型的原始材料，推算出全生产队的产量、产值和开支，尽可能保证上报数字完整、准确。

7. 干部及其他人员的报酬处理，实行联产责任制后，我们要减少误工、减轻社员负担。支部书记、大队长补足少承包部分的定额工分，全年工分补贴高于同等劳动力的30%，另外，年终根据规模大小给予适当的岗位补贴。

支委、管委会和各条线人员，实误实记；队办、代销店、机埠人员、大队会计，可以付工资，也可以评工分，拿工资人员一律从工资中扣5%交生产队作为积累和社会负担。

赤脚医生、兽医，采取社员看病付诊费。大队按赤脚医生、兽医收取的诊费再评给误工，诊费与误工作为赤脚医生、兽医的报酬，公社开会、医管会培训班误工照评。

生产队干部开会实误实记，另外生产队队长还可以全年补贴工分或者现金，生产队会计可以设专业会计，一个专业会计分管3—4个队，报酬由分管队负担。放水员，拖拉机手，在明确职责的前提下，全年定任务，定报酬。其支出现金按田亩负担。社办人员管理费按工资10%年终一次交生产队（其中单位负担5%）。

8. 烈军属、残疾军人应按政策优待。其优待款由大队统筹支付，列入承包合同。对分到土地的烈属、残疾军人，劳力有困难，可以组织代耕，代耕用工，由大队负责。

五保户的吃、穿、烧、用、住仍由大队或生产队包下来，保证供应粮食、油票要由集体负责，落实到某户社员，在集体包干提留的粮食、油票中统一解决。不能让他们到各户自取。疾病治疗、死亡殡葬要妥善安排、负责到底，所需费用从大队或生产队公益金中支付。

对因工伤亡、残疾和疾病丧失劳力等困难户，应组织代耕、公益金补助、社会救济等办法给予照顾。

9. 对于粮食、茧子、油菜籽等农副产品的收购，可以分户出售，由队统一结算。社员不能领现金。贷款、预购款仍由生产队办理手续，由队统一管理使用，社员与信用社不发生联系。国家供应的化肥农药等物质，可以由生产队同意购买，按田亩分摊到户，茧子奖售化肥按茧款分摊，其资金可由生产队暂垫，到季度出售农副产品时，全部归还。

10. 水利排污，要由生产队统一管理，制定灌溉管理公约，由社员民主推选放水员，确定专人放水，实行同意灌溉，违反公约，强行放水、制造水利纠纷，无理取闹，按情节轻重给予批评、罚款、直至追究法律责任。

防病治虫应由大队统一指挥，什么时候防治病虫、用什么农药、如何使用，都要明确规定，统一布置，分户实施。

生产队有些生产项目应统的要统起来，如早稻催芽、选留良种、做秧田等。

11. 饲养春夏秋蚕，要强调做到小蚕共育，大蚕到户，充分发挥集体设施和技术特长。

12. 生产队固定财产，如农机具、公房、晒场、农船等要全部清理，由生产队统一管理，维修使用，财产不准变卖，不准拆毁平分，已经分掉的要收回来，已经无法收回的要折价收回，生产队在同一经营前提下，确定专人管理，定好工分报酬，拖拉机、脱粒机为社员操作，都要合理收费，经全队讨论同意，临时租给社员使用的房屋、农船要付租金。

生产队小农具可以合理折价归户，收回价款，作生产队基金。生产队的储备粮，仍由集体统一管理，并建立必要的管理制度。储备粮用于备战备荒，不准乱分，经社员同意“推陈出新”的要当季归还，已经分掉的要分季归还。

13. 生产队原有的公积金、公益金、生产费基金、折旧基金等集体公共积累，应由生产队统一掌握，建立严格的基金管理制度和现金管理制度。并定期向社员公布财务账目，生产队的公共积累不准分给社员，已经分掉的要记账立据，限期收回来。

生产队的粮、钱、物往来账目，债权、债务要认真清理，整顿该收的收回来，该付的要付出去，社员三支款要归还，到期不还的应按信用社利率计息。

14. 生产队要同社员签订好经济合同，合同应明确规定分户应交售的茧子、油菜籽和公余粮任务，上交集体的粮食和各项提留，写明社员对集体应负的责任。签订经济合同，要经过充分讨论，签订后生效。不允许少数人中途借故推翻合同，如遇到人力不能抗拒的自然灾害或其他特殊情况，需要修改合同，必须经过社员民主讨论决定。

15. 大队干部、生产队干部的职责和任务：

（1）坚持四项基本原则，坚决贯彻党和政府的方针、政策和法令，做好群众的思想政治工作，加强“三爱教育”和“三兼顾教育”，积极参加上级召开的各种会议，及时传达贯彻会议精神，完成市社布置的各项工作任务。

（2）帮助各队健全和完善农业生产责任制，凡是不符合上级规定精神的要做好工作，并帮助承包户解决生产过程中的各种矛盾和纠纷。

（3）签订好承包合同，检查合同的实施，完成国家农副产品统购、派购任务，收好管好用好集体财产，集体资金和集体储备粮，做好清账理财工作，及时向群众公布账目，做到经济民主，财务公开。

做好烈军属的优抚和五保户、困难户的照顾工作，办好合作医疗，抓好计划生育，搞好民办学校、幼儿班和卫生等公共福利事业。

（4）大队要抓好治安保卫、民事调解工作。

（5）发挥现有科学技术队伍的作用，积极推广科学种田和科学养蚕，抓好水利设施和农田基本建设。

（6）核实统计各户的产量、收入、开支，如实填报各种统计报表。

织里公社党委

一九八二年八月十一日

《东湾兜村村规民约》

为了增强全体村民自我教育、自我制约、自我管理的意识，促进我村两个文明建设，根据《中华人民共和国村民委员会组织法》的规定，结合本村实际，特制定本村规民约。

1. 热爱祖国，遵守社会公德，爱护集体财产，争做有文化、讲道德、守纪律的村民。

2. 村民应当学法、知法、守法、不恶语伤人，不打架斗殴，不搬弄是非，不侵犯他人合法权利，同一切违法行为作斗争。

3. 夫妻之间应互相关心、爱护、敬老爱幼，家庭和睦，搞好邻里之间团结。子女必须履行赡养义务，对拒绝赡养、虐待老年人的，先进行教育，不接受者，根据情节轻重，由村民委员会作出处理或提交上级相关机关处理。

4. 计划生育内容。

5. 共同做好外来人口的管理工作。私房出租必须与村签订外来人口管理责任书，并负责好外来人员的用水、用电、有线电视和垃圾卫生费等规定的收缴工作。

6. 爱护珍惜全村的公共财物和水电、通讯、道路设施及绿化苗木。村镇主要道路不准乱堆各种建筑物资以及其他物资。如发现偷盗和破坏公共财产，根据情节轻重进行处理。对揭发不法行为者，给予表扬和奖励。

7. 村民房前屋后一包清洁，二包绿化，三包秩序。做到垃圾入桶，保持村庄内整体清洁卫生。村民要按时交纳清洁费，对拒交清洁费者先进行教育，对多次不听者予以罚款。

8. 使用自来水必须自觉按规定交纳水费。拒交、拖欠水费的，村将停止其使用自来水。偷自来水的，除补交水费外，给予罚款。对多次拆表启封偷水的，将采取水电并断的措施。新增安装自来水用户（企业），必须向村民委员会申请：待同意后并缴好有关费用方可安装，如私自安装，村将没收材料，并处罚款。

9. 村民有义务支持全村各项公益事业，如镇村道路维修、扩建、改建、新建，公共厕所选址定位，电线整网立杆等公益事业的顺利开展。对符合大多数村民利益的，若个别村民无理阻挠，先进行教育，不服从的村民委员会可采取强制措施。直到移交公安机关处理。

10. 提倡文明健康的生活方式，严禁赌博和封建迷信活动。

11. 村民委员会实行村务公开制度，接受村民监督。

以上村规民约，自村民会议或村民代表会议通过之日起实施，望全体村民共同遵守。

《浙江省老年人协会章程》

第一章 总 则

第一条 老年人协会（以下简称“协会”）是在本村（社区）内开展活动的老年人进行自我管理、自我服务、自我教育、自我保护的老年群众自治组织。

第二条 协会的宗旨是遵守国家法律，积极维护老年人的合法权益，围绕“老有所养、老有所医、老有所教、老有所学、老有所为、老有所乐”的目标开展活动，促进老年人身心健康，促进村（社区）三个文明建设。

第三条 协会在村（社区）党总支（支部）委员会、村（社区）居民委员会（以下简称“两委”）的领导下开展活动，接受当地政府老龄工作机构和登记管理机关的指导和监督管理，并贯彻属地活动的原则。

第二章 会员条件、权利和义务

第四条 条件：

1、凡居住在本村（社区）的老年人和在本村（社区）定居1年以上的外来老年人，均可自愿入会。

2、热爱中国共产党、热爱社会主义。热心村（社区）“三个文明”建设，热心发展老龄事业。

3、积极参加协会组织的各项活动。

第五条 权利：

1、有选举权、被选举权和表决权；

2、有参与协会各项活动的权利；

3、有对协会工作提出意见和建议的权利；

4、有在协会中受教育、表彰及奖励的权利；

5、有要求协会帮助维护自身合法权益的权利；

6、入会自愿，退会自由。

第六条 义务：

1、遵守国家的法律法令，遵守社会公德；

2、遵守协会章程，执行协会决议，参与协会活动，致力于实现协会宗旨、目标和任务；

3、积极参加社会主义“三个文明”建设，协助村（社区居）委会做好老龄宣传、维权、文体活动、调解帮教、治安环保等工作；

4、弘扬社会主义道德，搞好家庭、邻里关系，教育好子女，争创“五好家庭”；

5、每年交纳5元会费（老优抚对象、社会孤老、残疾、“五保”、“低保”、困难老年人等可减免）；

6、履行协会规定的其它义务。

第三章　组织领导

第七条 协会由会长、副会长、秘书长和会员组成。

第八条 协会设会长1人，副会长1至2人，秘书长1人，理事若干名，每届任期3年，可以连选连任。协会会长可由老年人自己担任。也可由村（社区居）委会主任或副主任担任，并由村（社区）内热心于老年人及社会公益事业的老同志担任常务副会长，主持协会日常工作。在村（社区居）委会的领导下，组织开展协会的各项工作。会长、副会长由全体会员选举产生。

第九条 协会的养老保障、医疗保障、生活照料、文化教育、权益维护等工作小组的组长可由副会长兼任。

第十条 协会每年召开一次会员大会报告工作，每月召开一次会长例会；各工作小组每月活动至少一次。

第四章 工作任务

第十一条 协会工作任务：

1、围绕党和政府的中心任务，组织会员参与经济和社会发展。按照自愿与量力、社会需求与个人志趣相结合的原则，鼓励老年人从事力所能及的社会公益活动，帮助老年人与时俱进，同步进入全面小康社会。

2、组织会员学习马列主义、毛泽东思想、邓小平理论和“三个代表”重要思想，学习党的基本路线、政策，开展民主与法制教育、科学文化教育和保健知识教育，做好老年人思想政治工作，协助政府和“两委会”依法开展工作。办好各类老年学校。

3、积极协助当地政府及村（社区）“两委”调解组织调解邻里、家庭等纠纷，维护基层社会稳定；督促赡养人落实对老年人的家庭赡养和扶养，维护老年人的合法权益。

4、组织会员积极参与创建文明村（社区）活动，推进农村行政村老年人协会规范化建设和城市社区老龄工作规范化建设（实施“3587工程”），参与“星光老年之家”和老年活动室的管理与服务工作，开展老年人自助、互助活动，协助村（社区）“两委”为需要帮助和照料的老人提供及时有效的服务。

5、提倡科学文明健康的生活方式，反对邪教侵害和封建迷信活动，组织会员开展各种有益于身心健康的文化、娱乐、体育等活动，丰富老年人的精神文化生活，促进老年人健康长寿。

6、根据当地实际和资源情况依法积极发展老龄产业，组织会员从事力所能及的生产和劳务活动，为协会活动积累资金。

7、积极向有关部门反映老年人的要求和愿望，为党和政府制定有关老龄政策法规提供依据。

第五章　经费、资产

第十二条 协会经费来源主要由村（社区）拨款和经济实体的收入，同时接受单位和个人资助。

第十三条 协会经费必须用于老年活动室、老年电大、老年学校日常管理和设施维护，救助本村困难老人，“老人节”开展活动和重大节日慰问高龄、特困老人等，不得挪作他用。

第十四条 本协会的资金使用情况每年向会员公布一次，并向拨款、捐赠者报告。

第六章　协会终止

第十五条 协会终止动议须经会员代表大会表决通过，经村（社区）“两委”审核，报乡镇（街道）老龄工作委员会。

第十六条 协会终止前由所在村（社区）“两委”主持成立清算组织，清理债权债务，处理善后事宜。

第十七条 协会终止后的剩余财产，在所在地村（社区）“两委”和乡镇（街道）老龄工作委员会的共同监督下，按照国家有关规定，用于发展与协会宗旨相关的老龄事业。

第七章　附　　则

第十八条 本章程的解释权和修改权在本协会。

第二节 杂 记

自然村名小考

世 尧／文

村落是我们祖先最主要的聚居形式，承载着漫长的农耕岁月。当今古村落在不断地消逝，人们能留住她的名字吗？能把尚存的村落名字，纳入湖州市地名遗产名录吗？

织里镇目前有46个行政村（含高新区）、427个自然村，分布在荻塘以北太湖之阴。近日整理镇志资料，将其粗略分类，发觉这些古老的自然村，其所冠村名极有意思，不仅通俗易记，更有厚重的人文内涵，足见先民之智慧。细数这些自然村名字，多数以所处地理环境命名，或抖浜，或河漾，或圩田；也有以桥梁、村庄、族姓、堂号命名。

太湖的形成和演化，目前学术界尚有多种说法。而太湖南岸应是冲积平原，形成年代久远。自人类社会第一次大分工后，分散的乡村聚落逐渐出现。轧村分水墩、织里谈港等遗址出土的陶片证明，商周时期就有先民在这块土地上生活、生产，繁衍生息。江南独有的水利工程塘浦圩田始于春秋时期，可见那时形形色色的村落，已分布于菰草弥望、泥泞沼泽旁的高土墩地上。

一方水土养一方人。织里的村落就是“土”和“水”做成的。笔者粗略统计，以土字偏旁组合命名的，带有抖、塘、墩、坝、圩、埭等文字的自然村172个，占村庄总数40.2%；由三点水偏旁组合命名的自然村共89个，湾、港、汇、漾、荡、河、滩、溇、浦等文字是其特征，占村庄总数的20.8%；第三类由、桥、田、庄、村、里、巷、堂等族姓、堂名和乡里村等命名组合，约占村庄总数39%。

古代村落选址的基本要素是：逐水而聚，择田而聚，缘路而聚，崇安而聚。

抖浜是江南地带最多最普遍的地理形态，是河港水流到底的地方，被称为“瞒抖浜”。织里先民沿抖浜筑室而居，便于生活和劳动，因此以“抖”（“抖”为湖州地方用字，音dōu，通“兜”）命名的村落有116个，占全部自然村分类之首，其中许多“抖”以族姓冠名，如织里的金家抖、傅家抖，晟舍的严家抖、姚家抖，轧村的阮家抖、范家抖，太湖的蒋家抖、宋家抖，漾西的钱家抖、董家抖等。大港村就有9个自然村以“抖”命名，分别是郑家抖、强家抖、大潘抖、南车抖、东陈家抖、磨坊抖、西陈家抖、蒋家抖、北耀抖。其他自然村“抖”的冠名或以形状，或以历史故事、文化传承，也有冠以吉祥名字。村域内的莲花抖、东安抖即是。

村落地名，尽显水乡特点。水乡地带，村以水命名，最是常见。有“大河”，也有“小河”。江南的小河流多称作“港”，于是村落有了“秦家港”“王家港”“重兴港”“大河港”“孟乡港”“叶家港”等等。

“湾”是指水流弯曲的地方，先民择湾而居，认为是风水之地，织里镇域内有30个村落以湾而名。水网密布，河流多湾。“湾”有形容曲折的“廿五湾”，表明方位的“下水湾”，还有聚族而居的“郁家湾”“陶家湾”。其中大河行政村就有陶家湾、沈家湾、念五湾、施家湾、东念五湾、毛家湾等6个带“湾”字的自然村。

河滩亦可以做地名，比如“陈家滩”，《晟舍镇志》说原本叫“澄鉴滩”，笔画太多，人们喜欢以俗名称之。

“溇”字，汉语词典有三种解释。“溇，雨溇溇也”，“溇溇，犹溇溇不绝之貌”。第二种解释是水名，其三释为水沟。在湖州，“溇”

字的解释应为后者，是太湖的溇港和紧傍溇港的村庄。“大白诸沈安，罗大新泾潘”的地名歌谣中，自大钱溇以东，有36个自然村以溇命名。诸如紧傍南太湖的大溇、潘溇、义皋溇、伍浦溇，一直到江苏的吴溇，织里境内有20个村庄名冠以溇字。2016年冬，太湖溇港成功申报世界灌溉遗产后，这个“溇”字更是名扬天下了。太湖溇港，塘浦圩田是特色。圩做地名的就更多了。“圩”在织里读半边白字，发“于”的音。自古有之的“谦四圩”“音四圩”，也有“河荡圩”“林圩”“增圩”“陈家圩”“官田圩”“西塍圩”等诸多圩村。

织里是水网地带，静静躺卧于宽窄河流上的桥梁，架通了四乡八里的村落。水乡也是桥乡，石桥、木桥、竹桥、砖桥应有尽有，据说织里老街上曾有一座东西向的小铁板桥呢。拱桥、石梁桥形态各异，水上多桥，桥名亦可以拿来做村名，有“大石桥”“砖桥头”这样简朴明了的，也有“元通桥”“药王桥”这样有古老悠久传说的。

镇域内因“桥”而名的自然村有31个。凌家汇村有庄前木桥、砖桥命名的村庄，大溇、潘塘桥村各有3个自然村以“桥”命名。解放初期的“东桥乡”，也是以村内石桥冠以乡名的。好多古桥有民间故事流传，如元通塘桥有明太祖朱元璋部将的传说，白龙桥有古代高僧智惑朝廷钦差的故事，郑港打子桥，有浪子回头的凄美传奇，凌家汇的砖桥，留有纪念抗战英烈的“安农桥碑记”。今天许多古桥消失了，但与之有关的自然村名字依然存在。

织里的许多村庄名字与历史人物有渊源。“汉元始二年，吴人皋伯通筑塘以障太湖”，于是有了“义皋”这个地名。晟舍因“唐将李晟驻扎”而名，轧村村名的来历更是“了脱”，民间传说是宋高宗皇帝金口所赐。还有上林村、晒甲斗、东阁斗、隐读村等，都有历史传说。“谈降”“后降”的自然村名，传说与元张士诚部将关联，这里曾为金戈铁马、杀声震天的古代战场。

织里境域内无山。而自然村中有两个带“山”字的村子，旧馆村有“庙岐山”，常乐村有“港北山”。为何称“山”，有待学者考证解“谜”。

岁月流逝，朝代更替，织里的地名村名在时间的河流里不断演变。

查阅地方志与古地图，对照今天的地名，多处地名有令人生奇的变化。今天的义皋村，在宋嘉泰《吴兴志》中记载为“义高溇”；联漾村的瑞祥圩，清光绪《乌程县志》里记为“石匠圩”。而让人不解的是南横塘北岸的秧宅村，乾隆《乌程县志》记载为“秧泽村”，同治《湖州府志》记为“淤泽村”，光绪《乌程县志》则改为“秧石村”，1984年生产大队改行政村后又变成今天的“秧宅村”。要弄清上述原因，年代蒙尘，绝非易事，只能望之生叹了。而在20世纪60年代中期，晟舍的“晟”字曾改为“仁”，漾西的“漾”字改为“洋”，查其原因，一是为了书写简便，也有说法是“破四旧”的年代使然。

同在这个年代，约有百分之八十的生产大队，自发改为时代色彩浓郁的名称。如东方红、朝阳、红丰、红旗、东风、卫东、曙光、先锋等，织里地域出现了不少重名的大队，大郴村与晟舍村同为“先锋”大队，李家坝村与旧馆村同名“红旗”大队，太湖公社与织里公社都有“向阳”大队，弄得许多外地来办事的人不知适从。好在1982年开展的地名普查，把人们不喜欢的地名村名，恢复了原来的名称。

“青山留不住，毕竟东流去。”新世纪伊始，城市化进程加速，时代递给人们一叠惊或喜。

“清水（圩）”“莲花（圩）”，推土机日夜轰鸣，一条条河港刹那间消失，一处处河漾默默地瘦身；“文昌阁”“婚对桥”，挖掘机舒展巨臂，百年老宅古桥被拆散肢体，连同它们的名字，荡然无存。

笔者呼吁：留住古村落的名字与故事吧，它是乡愁，更是历史赋予乡村干部的责任。

票证年代

雨　人／文

票证年代的走针已停摆了30年，而那些花花绿绿、形形色色的票证，在那个年代走过的人们心中或多或少烙上了印记。

国家层面发放的粮票等，20世纪50年代就已流通。各省地方部门颁发的票证，似在六七十年代泛行，有粮票、布票、棉花票诸类。织里一块乡镇级的地方，其属下的供销社、粮管所、食品站等单位，也曾印发了各种各样的票证有近百种类，凭票供应的都是当年的紧俏物品，十分吃香，人们争相拥有之。

人总能记住童年少年时的一些事。我第一次接触的地方票证，依稀记得是1962年春。那天放学刚回家，父亲说：“小队里有头绳（绒线）要撮阄（抽签），我有事要出去，你去抽一下吧。”我匆忙赶到队长阿火伯的廊檐下，已聚满了男男女女一大堆人，他们有说有笑，很开心的样子。不一会，记账员拿出一个陶瓷罐，里面装着小纸条。队长说，供销社分给我们小队半斤头绳票，一户派一人参加摸签，谁摸到头绳就是谁的了。我挤上去伸手一摸，抓住了一个折拢的小纸条，这就是平常所说的“阄”。拆开一看，上面写有“绒线”两个字。递给记账员看，他说你摸到了。几位大妈用羡慕眼光说“这个细硬几运道真好”。队长摸出了盖有供销社章的“绒绒票”给我，说“闶闶（藏）好，勿要落掉，这张票过了月底要烂掉（作废）的。”几天后，父亲给了我3元钱，让我自己到织里街上的供销社百货商店去买。百货店里的绒线有两种颜色，一黑色、一枣红色。营业员说，你是学生，买枣红色吧。这半斤绒线，母亲帮我编织成一件鸡心领褂（背心），人们都说很好看，我穿了好几年。读书时还与饭票有过交往，因为农村人家没有粮票，我在家里拿了几斤米，到西大众食堂换成饭票。可以买油条烧饼，买方糕馒头，买米饭买阳春面吃，今天则是很开心的回忆。

后来我参加工作了，第一份工作是杨湾生产大队的会计，那是与大量票证打交道的差使。公社每年要给农民发放各类票证，还有单位部门发的，经大队会计的手分发到各生产队，再分到农民户上。

当年，织里供销社是老街上最大的单位，担负着数万农民的生活生产计划保障供应。从老街斜桥头到南街年稔桥，大多是供销社的商店。发放的生活类票证有食糖票、酒票、烟票、花生票、酥糖票、火柴票、煤球票、鲜鱼票、水果票、肥皂票、煤油票、手表票、缝纫机票、自行车票、电视机票；生产类的有化肥票、柴油票、铅丝票、铁耙柄票等。织里粮管所发放的有菜籽油票、周转粮票、粉丝票、面粉票、饲料票；织里食品站发放的是猪头票、脚爪票、蹄膀票。二轻单位木器厂发放过木桌木凳、西式木床、五屉厨票，竹器社发放竹箩筐、扁担票，铁器社发过铁制农具票证。真是五花八门，应有尽有。

老街上的豆腐店在计划经济年代称“织里水作社”，负责织里区五个集镇二千多城镇居民的豆制品供应。据曾任水作社负责人的姚阿五先生回忆，水作社始办于1956年，后来改为集体企业。老街上是总店，晟舍、旧馆、轧村、义皋设有分店，人员统一调配，经济统一管理。黄豆由粮管所定量供应，水作社印刷豆制品票，给织里区范围城镇居民发放每人每月几角钱的豆制品票，凭票可以购买豆腐干、水豆腐、千张，春节期间还供应油泡。农民没有豆制品票，店里采取灵活方式，可以用自产的黄豆调换，这举措让农民能吃到豆制品了，深受欢迎。

织里水作社位于狮子桥北堍，地处老街中市，面临碧水清灵的织溪，随时可以望见摇橹划桨的农船渔舟。我与老街豆腐店的相识，有一个小小插曲。1970年“双抢”大忙季节，时任织里公社党委书记韩永勤到红丰大队蹲点指导生产，随行有信用社主任徐金桥。大队部设在莲花兜的古庙里，前厅是小学，后院为队部会议室与合作医疗站，我的办公室和宿舍也在此。韩书记把铺盖也带来了，用竹榻搭了个简易床铺，并与我一同烧饭吃。他们白天参加生产队劳动，晚上常开生产队长会议。老韩与我分工，要我买菜和烧中饭，晚饭由他们做。过了几天，韩书记忽然想吃豆腐干，让我明天到街上买点豆干回来。次日，我去水作社买豆腐干，营业员才林阿姆说要豆制品票，我没有，她不肯卖给。中饭时老韩见没有豆腐干，问我是否忘记了，我说没有豆制品票店里不肯卖。这位曾经当过吴兴县公安局长的韩书记大发雷霆，随即给公社陈文书打电话：“我们起早摸黑在农村干双抢，竟然连块豆腐干都吃不到，你去问问，这个豆腐店是为谁服务的?”半个钟头后，水作社头头打电话到红丰大队，说向韩主任（韩兼织里公社革委会主任）说明并道歉。明天开始，店里每天帮留好2角钱豆制品，上午去拿就行。此后到双抢结束，豆腐店果真信守承诺，每天留好豆制品。因此，我与水作社的人也熟悉了，有时自家去买点豆腐品，没有票也能买到。

1980年我调到织里公社文化站工作。与票证打交道的机会减少了，倒也没有觉得什么。只是香烟票弄不到了，我的烟瘾很大，日均超两包，30岁时就成为老烟枪。到文化站后，只有每月按人头分的几包西湖利群香烟，于我的烟瘾头是杯水车薪，大大不够，于是想办法走后门弄香烟。织里老街很小，从西村头到虹桥头也就四五十家商店，店里的职员大多认识。不久，了解到掌管全区香烟分配的总店是织里供销社生活商店，而商店经理是早就熟识的吴阿姨。某日，我穿过福泰昌东隔壁一条长长巷子，找到了生活商店仓库办公室，他们有好几个人，王副经理、劳女士、沈先生，都认识的。吴阿姨问我有啥事，我说买香烟，她说到前面门市部去买，我说没有香烟票。她又问我要香烟干啥，我说自己抽啊，她说自己抽不给的，要是单位里派用场，可以少量供应点，你是第一次来，给开一条西湖吧。开票的劳会计也熟识，有时叫我弄几张影剧院的戏票电影票的。她悄悄说，下次你开个证明来，说剧团演出需要，我们可以给开香烟。自此，我每月都去生活仓库买几条香烟，还分给同事一些，皆大开心。

大约是1982年，我兼着湖州报通讯员，每月要给报社写几篇新闻类稿件。有一次，从织里中学办完事出来，看到广场东侧厕所旁有两个小孩在抽香烟，我好奇，正巧手头有架海鸥照相机，随手拍了下来。小孩见我拍照，迎了过来。得知他们是刚上初一的学生，家在附近村坊上，刚才在街上的酱杂店买橄榄，商店搭配给三支香烟，扔掉舍不得，又不敢带给家中的大人，就自己抽了。我愕然，陷入了沉思。于是写了个小言论稿，连同照片寄给了报社，很快登了出来，还配了按语，标题是“买橄榄搭香烟，这家商店有奇招”，引起了读者的反响。

谁知这篇报道让我“惹了祸”，断了我几个月的香烟来源。几天后我去生活商店开香烟，一进办公室，他们用异样目光盯着，我说要三条蓝西湖烟，他们冷冷地说没有，吴阿姨说你还好意思来买烟，你报上登的文章和照片让我们挨了狠狠的批评。她还说，你买去的西湖烟是从外地采购来的，搭上杂牌烟卖给我们，因此也用搭配方法把杂牌烟卖出去啊。原来如此，我恍然大悟，感到内疚，又无辞解释，很是尴尬，默然离开了生活商店。

自己断了这个门路，香烟依然要抽，就要设法弄烟票，只得老起面孔求人。我后悔当初不该写这篇言论批评的稿子，真似猪八戒照了一回镜子。几个月后，在街路上远远望见吴阿姨，我感到不好意思，正想拐入弄堂回避，她却喊住了我，问我为何不去生活商店了，我说难为情。吴阿姨却爽朗地说，你以后再来吧，都是熟人，会给你开香烟的。之后去了几次，果真还给开了香烟。我至今还深深记着这个事。

票证年代往矣。它留给了我们这代人太多的念想，太多的故事。

第三节 专 记

2008，她在汶川地震现场

施国琴／文

回顾“5·12”，时光仿佛凝固在一瞬间。那一瞬间，夺去许多生命与辉煌，留下许多破碎与悲伤。那一瞬间，也见证了众志成城的力量，汇聚了漫无边际的善良。

在援助汶川行动中，织里力量迅速且强大。尤其是在织里打拼的企业家们，他们一次又一次用行动结结实实地编织着“发家致富不忘回馈社会”的爱心结。而其中，既有捐款捐物的硬核操作，更有浸润着女性柔情和温暖的贴心行动的代表人物，就是小熊猫制衣厂的吴小红女士。

“四川灾区的群众太可怜了，仅有爱心还不够，我想以实际行动来帮助他们，给他们支持的力量。灾区新闻看一次哭一次，整整两个晚上没睡好，我当时一直在思考着一个问题：要不要去四川帮助那些灾民？我向家人朋友提出想去的想法后，他们都劝我不要去，那里余震不断，况且我的身体状况不太好”，这是吴女士在2008年5月24日接受湖州在线记者电话采访时的话。

“灾民处境太苦了，我要去看看，尽点绵薄之力”，12年后的今天，当重提此事时，她说，“我们在汶川所做的事情是不值一提的。让我真正感动的是，大灾大难面前，来自全世界的爱心百川到海一样奔涌而来……这对我们一起去的12个人来说，意义很大，我想这会影响我们一生。”

聆听她的讲述，我们了解到——

5月20日—5月22日，他们分别赶到绵竹市剑南镇某村、汉旺某村村民家里了解灾情，统计生活急需品。途中发现整个村的村民，家里早已断了米，眼巴巴地等待救援。

看到这一幕幕悲惨的状况，吴女士十分焦虑：该怎么办？该求助谁呢？他们愿意相信我吗？犹豫再三，她在会友们中开始发布急需物资的消息。

出乎意料的是，消息一传十，十传百，一石激起千层浪！

只隔一天！也就是5月24日。他们就收到成都送来的一大批物资。凡是她救援消息发布的，比如米、水、牛奶、油、小手电、收音机、电池等都有了。于是她和同伴们收集倒塌房屋的木材，搭建一间简易房，当做临时物资仓库。第二天开始，他们一个个扛着物资，跨过一道道地震留下的深沟，走向一个又一个山头，挨家挨户送到灾民手上。

“当我的救援消息发出后，全国各地那么多素不相识的人，就把物资寄来了，他们是那么信任我们，我心里很感动，”据悉，那时吴女士因多日的辛劳，内心焦虑，病痛袭身，体力已经不支。“作为救援人员，想的就是能救一个是一个，能救一家是一家。和同伴一起扛米送油时，我都不知道哪里来的力气。”

这样令其感动的事情，还有一次，那是在5月28日。此时她带去十几万现金，已所剩无几。当他们爱心小分队在分发物资过程中，看到许多灾民因为无房、无帐篷淋雨得病，还有一位产妇分娩在即。必须要弄到帐篷，情况刻不容缓。再次求助会友吗？这次她没有再多犹豫，一方面派人帮产妇联系医院，一方面又向会友发布征集帐篷的讯息。

消息如前，一传十，十传百，讯息有灵，善解人意，穿梭在回音壁里！

又是“只隔一天”！也就在5月30日那天，他们收到一大批的帐篷。

“每次都只隔一天，需要的物资就源源不断地来了。我心里一次次被感动。”

吴女士回忆，当时，小熊猫制衣厂有11位分别来自安徽、河南籍员工也和吴女士一样心系灾区，他们纷纷表示要跟随吴女士前往。吴女士当下就关停了工厂，给这11位员工买了飞机票，以及装有帐篷等用品的军用包。

“这是一次集体行动，很有意义但毕竟余震还在。所以我每天做点笔记。”翻看吴女士的记录，12年前的这场爱心行动清晰地呈现出来，不由得敬佩其用心、细心。

5月17日：各自与家人告别，准备行装，厂里集合。

5月18日：从杭州到成都。到了成都，发现那里志愿者较多，马上转到德阳；到了德阳，打听到绵竹急需照顾伤员的志愿者，马上赶到绵竹。

5月19日：白天，在绵竹市人民医院参与医院后勤保障。夜晚，住在体育馆对面空地（自备帐篷）。

5月20日：3人到剑南镇某村了解灾情。（红、金、林）

5月22日：2人至汉旺了解灾情、了解急需品后，征集物资。（红、金）

5月24日：收到成都送来的一批物资。物品有米、水、牛奶、油、小手电、收音机、电池等。收集倒塌房屋的木材搭建一间简易房，当做临时物资仓库。

5月25日：3人带着物资租车到安县睢水镇罐滩村了解灾情，分发物资。安吉援助小队与沈阳2位援助者加入我们行动。（靖飞、红、金）

5月26日：6人带着物资租车再到罐滩村，分发物资。（叶飞、台建、靖飞、红、李金、金）

5月28日：5人带着物资租车到汉旺，分发物资，征集帐篷。（李金、家富、伯林、红、金）

5月30日：收到一大批的帐篷。3人到五福镇发帐篷。（家富、红、金）

5月31日：上午，5人带上物资，给罐滩孩子们过六一。下午，5人带上物资，给另外一村的孩子们过六一。（台建、靖飞、大卫、红、金）

……

清晰的时间，清晰的人员，清晰的行动，那是织里一位女企业家的组织力与领导力的集中体现。而简短的话，歪斜的字迹，我们可以想象奔波辛劳一天的她，疲惫不堪，歪扭在帐篷里，打着手电，在与浓重睡意较劲下，留下这一天的足音。

当时，汶川8级地震后，5级以上余震也仍频频发生。我默读着，也被感动着，万一……这些文字就是……。想至此，我想我不能删减这手记中的任何一个字。

“能去汶川参加救援，最要感谢的是我先生。起初他考虑到危险大，不同意我去，后来他知道如果我这次不去，很有可能会成为我一辈子心结。于是改变了想法，决定关停工厂，给我经济与精神上最大的支持。救援期间，他每天打电话来细心询问我的情况，有时还给我出出主意。”

“其次要感谢我的11位员工。他们背井离乡来织里打拼不容易的。因为要去汶川，工作停了，损失很大。其中还有独生子女。我劝过他们，这次援助有危险，但是他们还是很坚定，要和我一起去。他们在厂里做得也久了，都是亲人孩子一样。幸亏有他们在身边。到了灾区，我拿去的钱是有用，但不是最有用的。没有这11位亲人一样的员工，我是什么事都做不了的，我很感谢他们。”

后来，吴女士两次去绵竹，看望曾经的灾民朋友们。看到他们生活越来越好起来，心里挺高兴，也挺自豪。

如今，回想与吴女士座谈的片刻，其炯炯有神的双眼、清晰有力的谈吐，洋溢着的激情，以及话语里的一个接一个的“感谢”，给我留下深刻的印象。“爱出者爱返，福往者福来。”行善成就心灵美，行善聚集高能量。这也是吴女士身上所展现的一般人不具备的激情与昂扬的来源吧。

“5・12”的救援行动，如同一盏灯、一团火，照亮了困境中的他人，照亮了她脚下的路，同时汇聚了一片灯与火，照见了无数人心里的光明和温暖。从“5・12”起，吴小红女士把慈善也当作自己的一项事业来经营。

如果说敢闯敢干、吃苦耐劳、坚韧不拔，是吴小红女士作为女企业家的成功秘诀，那么扶危济困、热心公益、勇于担当，大概就是时代赋予企业家的历史使命吧。

“常怀从善心，乐为施德人”。织里慈善事业的蓬勃发展，离不开危难关头站得出的吴小红女士和她的爱心小分队，离不开经年累月哪里有需要就帮扶哪里的罗根娥女士和她的超级爱心妈妈团，离不开许许多多像她们一样对慈善执着而温暖的“她力量”。

编 后 记

国有史，家有谱，地方有志。

当一座古老的村庄彻底改换容颜与身份，当白发苍苍的祖辈用半生不熟的普通话与孙辈交流时，有乡贤提出用文字记录村庄历史，给后人留下一份村落记忆。2014年中秋时分，东湾兜村委会召开动员会议，启动编修村志的文化工程。乡贤与全村父老同心合力，打开尘封百年的村庄佚事，打捞失落已久的乡间记忆。

受村委会之聘，我很高兴地担任了村志主编，翌年因染疾停止编写。2021年夏天，新任村书记钱利平提议重启修志事宜，得到村委会赞同并付诸行动。一年多后，东湾兜村首部村志终于出版面世。

编纂工作前后历时8年有余。不久前的一个黄昏，我站在村委会大楼前的府前桥头，望着静静流淌的浒井港水，两岸的灯光色彩斑斓，映在河中的倒影轻轻摇曳，我蓦然发现，乡村的夜景竟是如此美丽。作为村志主编，与东湾兜村有着悠长渊源，是行走于这块土地上的过客。记忆把我的思绪拉到了半个世纪之前。

古老又宁静的水乡小村庄，是我走上社会的第一个驿站，曾经在这里工作整整十年，在这里印下了自己的青春与足迹。我熟悉当年的每一条小路，熟悉那一湾清澈如镜的小河，更熟悉一个个如今上了年岁的村民。

1969年4月，不满20周岁的我来到时称“杨湾大队”的村子，担任生产大队会计。此时还是“文化大革命”前期。杨湾大队则是织里公社有名的穷困村，拥有4个自然村和1050亩农田。大队办公室设在莲花兜底头的古庙里，也就是村志中记载的“莲花庵”。当时食宿均在古庙，人们戏称我是年轻的“守庙人”。

隔着一座小院，前面是大队办的小学，邱宣英与陶美华两位老师执教1–4年级的复式班。如今忆起这琅琅书声和嬉闹的童趣，似乎又回到了那个年代的情境。学校的大天井后面有3间平房，中间的是合作医疗室，沈爱珠和周淦民担任赤脚医生，他们还自己种植中草药。另2间分别是会议室和大队办公室。大队会计是很繁杂的工作，负责各种会议通知、管理户口档案、出具各类证明、财务账册、年季收益分配等，天天与村民打交道。当时杨湾大队有10个生产队，我至今记得生产队长的姓名以及他们的容貌。

1969年秋，杨湾大队易名为红丰大队。那时大队无经济来源，依靠收取生产队的“上交款”维持日常开支，我的工资也常常被拖欠。1970年冬，红丰大队合并入织里大队。

旧时，乡域流传“杨湾莲花兜，讨饭用箩头”的民谣，听了让人很是心酸和悲催。如今东湾兜村地处童装名镇的繁华路段，是闻名遐迩的共富村庄，村里的老年人事业独秀于林，村支书侯国民是村民共富的领头人。

在编修东湾兜村志的前期，村委会安排各类座谈会，安排村民陈梅林、吴水根、黄阿和、钱小毛分工调查各自然村的历史资料，陪同走访老人。虽然时过多年，许多情景仍历历在目。那年，近百岁高龄的吴阿平老人认真回忆民国年间的旧事，访谈结束后还在村老年活动室与我下了三局象棋。年逾八旬的陆水林、钱坤宝等老翁，认真回忆了那些鲜为人知的历史人物和事件，如今他们已作古，让人怀念。

座谈会上，侯六寿、钱和宝、陆荣炳、侯玉平等老干部认真回忆村里的历史大事、各个时期的村干部、生产队长名单。老会计郑铸荣找出红丰大队集体化时期的粮食经济数据，还凭着一腔热情和记忆，绘画了1996年前的村庄平面图，书写了对村庄美好祝愿的书法。这些都是弥足珍贵的历史资料。

编纂地方志有“存史、资政、育人”的功用，因而得到村民的广泛支持。吴惠民20世纪70年代毕业于杭州师范学院，是东湾兜村走出去的第一位大学生。他得知村里编纂村志，很快撰写了《古庙里的小学》的回忆文章。从古庙里读书到回古庙执教，细微的情节描写，字里行间渗透着浓浓乡愁。1970年曾插队于此4年多的谭瑞宗女士，杨湾村可是她的第二故乡，特地撰写了《我与红丰大队的知青情结》一文，深情回忆自己经历的那段不同寻常的岁月，与农民结下的深厚情谊，是一篇真实反映知青生活的好文章。她还献出了一张珍藏了40多年的老照片，为村志提供了一份难得的图片资料。文章不久即被《湖州晚报》和《南太湖》杂志刊登。

“众手修村志，直笔著村史”。老支书侯六寿年逾八旬，讲述了东湾兜村从民国年间到改革开放大半个世纪的变迁，他还提供了保存多年的历史文件和照片。老艺人钱团毛依凭自己的极强记忆，口述了曾经在村里流传数代，而面临失传的民间歌谣。年逾古稀的蒋明珠老人回忆了大跃进时期名扬全公社的“杨湾七姐妹”事迹，以及捻河泥、掮谷桶、深夜割稻不留名，上广播、排文艺节目等往事，老人心情激动，似乎又回到那个火热的年代。

每一位村民都有难以忘怀的故事。村志第九章选编了8位村民的回忆文章。按不同年代、不同身份，以个人所经历的往事，记述发生在东湾兜村的历史故事。无论是沈爱珠的赤脚医生岁月，陈梅林关于杨湾大队办文艺宣传队的故事，抑或是侯团毛担任多年生产队长的回忆，他们都亲历亲为，文字朴实，细节感人至深。

2015年，我因肺部手术住院治疗，休养恢复近二年。后因主持编修《织里镇志》，村志事一搁五载，心中难以释怀。重启编纂后，新一届村两委班子倾注大量精力，重新组成编委会人员，聘请湖州市党史方志办主任杨伟民，市委宣传部副部长、社科联主席谢占强，本土文史专家沈林江、施国琴担任村志顾问，对村志设定篇目进行研讨与指导。

村志编纂工作得到社会各界的关心和支持。《人民日报》原副总编辑周瑞金，吴兴区委副书记、织里镇党委书记杨治，本村老书记侯国民欣然作序。浙江省城乡与住房建设厅原厅长谈月明为村志题写书名。湖州书画艺术界的多位老师用艺术作品为村志增辉添彩。吴兴区档案馆、织里镇政府档案室为村志编纂提供大力支持。民俗文化的“村域典型词汇”章节特约朱剑平、徐永文老师悉心收集与编辑。谨此对上述人员与单位致以深切感谢。

志稿完成后，村委会与老干部对样书内容审读后进行补充修正。方志出版社受理审稿与出版申请。初审、复审、终审，出版社的老师细致严谨，逐字逐句审读，逐节逐目提出意见，并再次组织专家评审，让人感动与敬佩。

“造物无言却有情，每于寒尽觉春生”。一湾莲花，一部村志，集东湾兜村历史、人文、政治、经济、民风民俗于一体的资料性文献，是村民和修志人共同努力的成果，是留给后人珍贵的记忆。我与东湾兜村有着五十年的情缘，祝愿这座村庄的明天更加美好。

《东湾兜村志》主编 徐世尧

2022年12月